应用型高校本科专业
产教融合型课程体系改革与实践
会计学专业

高小雪 焦 爽 周璐璐 编著

清华大学出版社

北京

内 容 简 介

本书以黄河科技学院会计学专业的产教融合型课程体系的改革与实践为主线,以"学生的高质量就业"为核心,旨在打造更加适应市场需求的教育模式。会计学专业产教融合型课程体系改革是一项系统工程,需要围绕会计类岗位任务设立会计类项目化教学课程,围绕项目化教学课程的需要重塑会计类专业基础课程,这不仅涉及课程内容的更新,还包括教学方法、实践环节和与企业合作的多方面改革。这些改革旨在提升学生的专业能力和适应社会需求的能力,为学生的未来就业和发展奠定坚实的基础。

本书首先阐述了会计学专业的概况,其次具体分析了黄河科技学院会计学专业的现状,再次从专业需求调研出发构建会计学专业的"2+1+1"产教融合型课程体系,最后在相关理论的指导下对专业课程进行知识建模,并重新进行课程的教学设计。

图书在版编目(CIP)数据

应用型高校本科专业产教融合型课程体系改革与实践.
会计学专业/高小雪,焦爽,周璐璐编著. --北京:
清华大学出版社,2025.5 -- ISBN 978-7-302-69105-1

Ⅰ. G649.21

中国国家版本馆 CIP 数据核字第 2025FS5041 号

责任编辑:陈凌云
封面设计:常雪影
责任校对:李　梅
责任印制:刘　菲

出版发行:清华大学出版社
　　　网　　　址:https://www.tup.com.cn,https://www.wqxuetang.com
　　　地　　　址:北京清华大学学研大厦 A 座　　　邮　　　编:100084
　　　社 总 机:010-83470000　　　邮　　　购:010-62786544
　　　投稿与读者服务:010-62776969,c-service@tup.tsinghua.edu.cn
　　　质量反馈:010-62772015,zhiliang@tup.tsinghua.edu.cn
印 装 者:小森印刷(天津)有限公司
经　　销:全国新华书店
开　　本:185mm×260mm　　　印　　张:14.5　　　字　　数:280 千字
版　　次:2025 年 7 月第 1 版　　　印　　次:2025 年 7 月第 1 次印刷
定　　价:53.00 元

产品编号:109538-01

课程是教育教学活动的基本依据,是实现教育目标的基本保证,是学校一切活动的中介。课程教学是师生共存的精神生活过程,自我发现和探索真理的过程,生命活动和自我实现的方式。具体而言,课程的重要性体现在 4 个结合点:第一,课程是学生和学校的结合点,学校提供课程,学生学习课程;第二,课程是学校和社会的结合点,社会对人才(学生)的不同要求通过课程结构和内容的改变来实现;第三,课程是教学和科研的结合点,科研促进教学,载体是课程;第四,课程是学生个体文化和社会文化的结合点,是学生社会化的重要渠道。课程是学校最重要的事,同时也是最容易被忽视的事。学校领导往往认为,课程教学是教师们的事;教师则容易将自己的研究、关注点放在学术上,忽视对课程的研究。实则,课程是一个开放体系,与政治、文化、经济、民族、语言、性别、制度、学科等紧密相连;课程教学是一项合作的事业,需要政府、社会、大学、领导、教师、学生、职员广泛参与。

黄河科技学院是一所高度重视课程建设的大学。我与该校董事长胡大白先生、执行董事兼校长杨保成教授有过多次交流。2024 年 10 月,我和我们院校研究团队师生到该校进行了为期两天的考察学习。同年 11 月,我指导的一位博士生又到该校进行了为期一周的调研学习。黄河科技学院的课程建设给我留下了极为深刻的印象。

黄河科技学院遵从党中央"全面提高人才自主培养质量"的要求,从"让每个学生都享有公平而有质量的教育,使具有不同禀赋和潜能的每一个人都得到充分发展"出发,积极开展课程改革。在课程改革中,学校立足为地方和产业发展培育应用型人才的人才培养目标,开展大样本、全覆盖的专业岗位需求调研。通过调研,抓住在应用型人才培养中存在的"产教融合不够深入、师资实践应用能力不够、课程体系与市场需求无法紧密衔接"等问题,探索能够满足中国式现代化发展需求,以提升学生的岗位胜任力、就业适应力和职业发展力为目标的应用型本科教育模式。在这一课程改革过程中,影响深远、成效显著的当属创造性地提出并推进项目化教学体系改革。

项目化教学以能力目标为导向,以企业岗位任务为课程载体,通过真实的项目来促进学生主动学习。项目化教学具有真实性、实践性、探究性和创新性。实施项目化教学有利于增强学生知识整合和应用能力，有利于提升学生综合能力，有利于培养学生职业能力。从我们的考察中了解到，黄河科技学院从 2018 年开始推动项目化教学体系改革。在改革的过程中，学校做了大量工作。

（1）营造课程建设和改革的制度环境。学校积极营造有利于课程建设和改革的制度环境，出台相关支持政策。首先，开展覆盖全校的课程立项工作，制定各类课程建设标准，每门课给予相应的立项经费支持，累计投入了 3000 多万元支持全校 1300 多门课程的建设和改革。其次，实行优课优酬的制度，根据课程评估结果，给予教师们最高五倍课酬的课时费。最后，给予学校教师横向项目 20% 的配套经费，支持教师们将科研成果、横向项目转化落地、公司化、市场化，落地后给予 10 万～15 万元的经费支持，并鼓励教师们将这些成果积极转化，反哺到课程教学中。

（2）构建课程建设和改革的组织机构。大学产教融合课程体系的改革需要联合各个教学单位、职能管理部门和一线教师进行互动合作，逐步构建一个有利于产教融合型课程体系建设的组织机制。首先，学校进行了体制机制改革，在学校职能部门层面进行"大部制"改革，将原来的 13 个处级单位整合成教师中心、教育教学中心、学生中心三大中心，以及思政工作部、科技发展部、资源保障部等五个大部，实现了职能部门的扁平化管理，大大提高了职能部门服务课程建设和改革的效率。在教学单位进行"学部制"改革，将 12 个学院整合成工学部、艺体学部、商学部、医学部四个学部，打通了院系壁垒，整合了学科、专业、师资和平台等各类资源，为课程改革提供了有力支持。其次，学校创建了上下协同的组织机制。自上而下，主管校领导、教育教学中心组织项目化和产教融合型课程体系建设研讨会，激发和启蒙教师对于课程建设的热情和想法，鼓励教师投入课程改革实践，并通过咨询和课程指导推进课程改革的进行和完善。首批试点课程建设完成后，引导优秀教师利用教学学术思维进行研讨、反思和改进，并作为导师培训其他教师开展课程改革，起到了自下而上的效果。上下协同，推进产教融合型课程体系建设的良好发展。

（3）提供课程建设和改革的资源条件。资源条件包括软件条件和硬件条件。其中，软件条件是指利于课程建设和改革的"人"的资源，主要关注产教融合课程教学团队师资建设。聘请国家教育行政学院刘亚荣教授牵头的专家团队，主管校长亲自带队，通过多种方式对学校管理人员和教师进行培训，制定各类课程评估标准，掌握课程知识建模方法；定期组织课程改革交流工作坊，供教师们学习、研讨和互动；鼓励和动员教师到企业挂职锻炼，提高教师们的实践能力，更好地服务产教融合课程改革。硬件条件是指利于课程建设和改革的基础资源，主要包括项目实践场所、项目设计和实施物资以及产业和企业资源的支持。学校主动协调联系校内资源和企业资源，创办大学科技园、创客工厂、众创空间、各类工程实训中心等场所，并保证各类工具和物资的供应，为课程设计和实施提供条件。学校层面和学部层面都设有产教融合办公室，积极联系和对接企业，进行沟通合作，帮助教师们开拓更广泛的企业资源，保证课程植根于产业并最终走向社会。此外,学校还自主研发了集智能管理、智慧教学和数智评价于一体的数字化课程建设平台,为课程建设和改革提供了优质高效的数字化资源保障。

在实施项目化教学的同时,学校倒推整个课程体系的调整和改革,最终构建了"2+1+1"(基础+实践+应用)的产教融合型课程体系。在学校构建的产教融合型课程体系中,前两年的基础课阶段聚焦学生基本能力的养成,设置基础性课程,通过一些综合性项目,让学生"见过"和"做过";大三的实践阶段,通过项目化教学课程对接企业实践工作岗位的真实项目,培养学生实践创新能力,让学生能够"做成";大四的应用阶段,设置应用型课程,教师直接带领学生进入企业生产一线,通过企业委托项目,让学生能够"做好"。

黄河科技学院课程体系改革已经取得了丰硕成果,产生了广泛的社会影响。学校在教育教学改革后的师生满意度调查中,总体满意度高于98%。在改革的过程中,全校师生积极参与,共同创造,凝聚改革共识,产教融合走向深入,教师、学生能力显著提升,人才培养与行业企业岗位需求的对接愈发紧密,课程教学质量有了明显提升。改革成果受到省内外高校和社会的广泛关注,130多所高校、240多家企事业单位到校交流;课程改革总体设计者、负责人杨保成教授,应邀在国内各类教育学术研讨会及多所高校介绍改革的做法和经验。

现在,学校以"应用型高校本科专业产教融合型课程体系改革与实践"为题,在清华大学出版社结集出版系列图书,十分有意义。一方面,为应用型高校深化教育教学改革、创新人才培养模式、优化课堂教学方式方法、开展常态化课程评价、全面提升育人水平提供了参考。另一方面,为专业负责人、任课教师如何改革课程结构、改进教学方法,特别是在项目化教学中如何将企业的真实任务或者项目与专业课知识真正融合,以构建一门与人才培养目标相匹配、内容适度的课程等提供了借鉴。综上,我十分高兴地向高校同人们推荐系列图书。

黄河科技学院的"应用型高校本科专业产教融合型课程体系改革与实践"属于规范的院校研究。他们在立足本校课程体系改革的院校研究中,体现出了热心教育、关爱学生的奉献精神;学习教育理论、探索教育规律的科学精神;"勇立潮头,敢于破局",在突破难点、痛点中不断奋进的坚韧不拔的精神,值得我们学习。期望高校同人像黄河科技学院那样开展院校研究,通过院校研究推进学校的建设和发展。

是为序。

华中科技大学原党委副书记
中国高等教育学会院校研究分会创会会长

2024 年 12 月 8 日

序 二

党的二十大报告明确提出了"全面提高人才自主培养质量"的要求,党的二十届三中全会在此基础上审议通过的《中共中央关于进一步全面深化改革 推进中国式现代化的决定》进一步提出了"分类推进高校改革"的要求。为构建高质量的人才自主培养体系,教育部提出了具体的技术路径,包括编制学科专业知识图谱、能力图谱,推动项目式、情景式和研究式教学等深度探索,实现从"知识中心"到"能力中心"的转变。河南省教育厅出台的《河南省本科高等学校深化产教融合促进高质量发展行动计划》,紧密结合本省传统产业提质发展、新兴产业培育壮大、未来产业谋篇布局,全力推动人才培养供给侧和产业需求侧结构要素全方位融合,为加快构建河南现代产业体系,确保高质量建设现代化河南、确保高水平实现现代化河南提供强有力的人才和智力支撑。

作为高等教育体系的重要组成部分,应用型本科高校是形成产教良性互动、校企优势互补的产教深度融合发展格局的高等教育主要生力军,为全面建设社会主义现代化国家提供强大的人力资源支撑,在推进中国式现代化进程中扮演着至关重要的角色。然而,当前应用型本科人才培养体系改革存在很多堵点、痛点和难点,其中以下三个方面尤为关键。

其一,产教融合不够深入。高校与企业合作存在合作浅层化、利益差异化、供需不对接等问题,高校难以准确把握产业需求和企业的实际需求,服务产业发展和行业企业技术升级的能力不够,企业参与高校人才培养过程的积极性、主动性不够。

其二,师资实践应用能力不足。大部分教师毕业后直接到高校授课,理论知识丰富扎实,但缺乏行业经验和企业实践经验,难以紧跟行业最新发展趋势,在解决企业实际问题方面的实践应用能力不足。

其三,课程体系与市场需求无法紧密衔接。现有课程体系没有从市场导向出发进行系统设计,与市场需求衔接不紧密,课程教学目标、内容、测试方法不能有效促进应用型人才培养目标的实现,导致课程体系对人才培养目标的支撑力不够,学生能力与企业岗位任务要求出现脱节。

习近平总书记在 2024 年 9 月召开的全国教育大会上的重要讲话,向全党全社会发出了"建成教育强国"的动员令,系统部署了全面推进教育强国建设的战略任务和重大举措。习近平总书记指出,建设教育强国是一项复杂的系统工程。中共教育部党组在《人民日报》发表文章强调,面对新一轮科技革命和产业变革对全球秩序和发展格局带来的深远影响,能不能建成教育强国、为加快实现高水平科技自立自强提供支撑,能不能培养出世界一流人才和经济社会发展所需的大批高素质建设者,是摆在我们面前的重大课题。如何让每个学生都享有公平而有质量的教育,使具有不同禀赋和潜能的每一个人都能得到充分发展,是每一个教育工作者长期努力、不断改革的方向。

黄河科技学院作为全国第一所民办普通本科高校,肩负着为地方和产业发展培育应用型人才的使命。在新时代全面推进教育强国建设的背景下,学校清醒地认识到,要想真正实现面向未来培养人才,必须勇立潮头,敢于破局,重新规划未来学校发展定位,重构全新的产教融合人才培养体系,并且在专业层面、课程层面、课堂教学层面层层深入、彻底落实。教学改革改到深处是课程,改到痛处是教师。办学理念再好,体系设计再先进,没有教师的落地实施,人才培养成效是无法见真章的。为此,黄河科技学院从 2018 年开始,以英语课程和体育课程为破局起点,通过创新探索,让教师们初试初尝"以学生学习成长为中心"的课程和教学模式改革小成功的喜悦和红利;继而通过体制机制重构,全面触发和激励更深层次的人才培养体系创新和方法论创新;通过构建思想引路、问题导向、自我学习探索以及专家咨询等一系列行动学习式的有组织学习,推动全校所有专业所有教师,共同构建和实施了全新的人才培养体系。

人才培养是一个系统复杂的工程,体现在目的—目标体系多层复杂。具体而言,宏观层面必须以党和国家的意志和要求为根本遵循,即落实立德树人根本任务,培养德智体美劳全面发展的社会主义建设者和接班人;中观层面要体现区域需要,即精准对接国家战略和河南省"7+28+N"产业链群,深度聚焦发展新质生产力要求;微观层面,学校明确提出,要以学生的成长发展,提升学生的岗位胜任力、就业适应力和职业发展力为目标。

为实现上述目的—目标体系,学校以支撑目标实现的课程体系改革为突破口,构建了以能力逐级进阶提升为导向的"2+1+1"(基础+实践+应用)产教融合型课程体系(见图1)。其中,立德树人的课程思政点作为每一门课的育人目标,纳入教学设计要求。课程体系中的"2"代表本科阶段的大一、大二聚焦学生"基本能力"养成,设置基础性课程。学生通过基础性课程学习专业基础知识和技能,实现"见过"和"部分做过",为后续学习与实践筑牢坚实的理论基础和技能基础。中间的"1"代表大三基于企业真实项目和市场评价标准,创设基于培养实践和创新能力的项目化教学课程,设置就业、创业、应用型研究三个方向,实施分类培养。学生可根据职业发展方向自由选择,实现个性化发展。学生在参与项目化教学课程的学习与实践中,将理论知识与实际项目紧密结合,有效提高实践能力和创新能力,实现"做成"。最后一个"1"代表大四开设应用型课程,教师带领学生直接进入企业生产一线,直接参与工作实践,在获取工作报酬的同时接受职业应用性评价,更深入地了解职业需求,为未来职业发展做好充分准备,进一步提升职业发展力,实现"做好",同时为即将步入职场的学生增强信心与竞争力,铺就应用型人才成长之路。学校创新课程体系的最终目的是实现应用型人才的高质量培养,助力学生实现高质量就业。

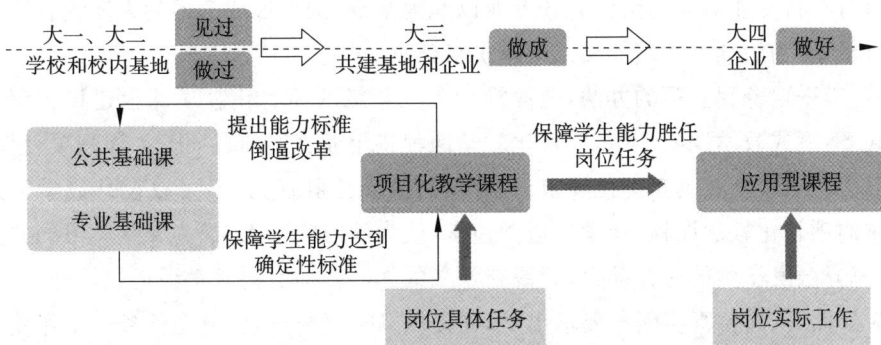

图1　黄河科技学院"2+1+1"(基础+实践+应用)产教融合型课程体系

之所以进行这样的课程体系设计,是基于学校在多年产教融合的探索实践中发现,教师按照基于学习产出的教育(outcomes-based education,OBE)理念构建课程和课程模块,将能力作为课程目标,其背后的假设是"课程直接可以支撑能力目标",实际上在操作层面较难实现;而把行业企业的真实岗位任务或工程项目、技术研发项目转化为项目化的课程,其背后的假设是"能力内含在操作真实任务的过程中"。因此,将项目化教学课程作为能力培养的真实载体,教师更容易操作。教师可将自己做过的项目转化为课程,用任务承载真实能力训练,学生完成任务即受能力训练,且培养的能力可在任务结果中体现并进行评价。当然,其难点在于如何将企业的真实任务或者项目与专业基础课程知识真正融合,以构建一门与人才培养目标相匹配、内容适度的课程。在此实践逻辑基础上,学校以此类课程为起点,倒推整个课程体系的改革、调整和融合。产教融合型课程体系构建涉及学校及教职工的办学理念层面、工作系统方法层面、落实行为层面和办学效果评价反馈等,是一个复杂的系统工程。为构建这套全新的产教融合型课程体系,学校做了以下基础性改革工作。

一、抓住关键环节,重构人才培养体系

其一,大样本、全覆盖的专业岗位需求调研。由学校商学部人力资源专业团队牵头,专业设计调研方案,培训所有参与调研的专业负责人和教师。学校所有的专业负责人组队深入到学生就业的主要用人单位,开展产业、企业、岗位调研,利用调研数据进行工作分析,最终建立就业数据库:产业—行业—企业分类标准、产业链人才需求标

准、专业人才培养质量标准。学校编制了人才需求能力标签,构建了职位标签等,以便更精准地匹配人才与市场需求。学校紧跟产业需求,将这些标签全部纳入自主研发的数字化平台,形成产业、行业、用人单位就业信息数据库。这些标签都是企业人力资源部门熟悉的用人标签,用人单位后续能够在平台上更新和组合自己的就业数据标签,进而发布就业信息。开放的就业信息数据库能够吸引越来越多的用人单位进驻,逐步覆盖所有本科专业对应的岗位。各专业以此为基础,倒推形成自己的人才综合素质能力评价模型,为后续人才培养模式改革提供依据。

其二,采取课程立项的办法,全面推行大三年级的项目化教学课程建设工程。与项目式、案例式教学课程不同,项目化教学课程将企业真实项目"化"为课程项目任务,既可以无缝对接企业真实岗位要求,提升学生的岗位胜任力;又可以设计成学生是学习主体的项目化教学课程,让学生边做边学,成为学习的主人,成为课堂学习的共同设计者,充分激发学生的内在动力,开展有意义的学习。项目化教学课程的设计,以市场需求为导向,从岗位真实任务要求出发,先提取"职位群—岗位典型任务—工作项目",然后优化这些项目所需要的专业知识图谱,将专业知识图谱与工作项目融合,形成一种新型的项目化教学课程的知识图谱。在此基础上,确定课程教学目标、项目任务、教学内容、课上课下学习任务等。学校制定了项目化教学课程的建设标准:一是强调项目"真实性",必须是来源于企业的实际项目,可以是即时性项目或延时性项目,按照岗位任务逻辑,将项目任务、项目流程、项目能力、常见错误和解决办法编排成学习任务单元;二是建立对接企业行业的项目资源库,及时更新,确保项目的延续性和内容的有效性;三是制定以成果为导向、市场直接评价或仿真评价的三级评价标准,学生考核合格即能达到课程对应的岗位任务要求,胜任岗位工作。项目化教学课程是"2+1+1"产教融合型课程体系中的核心环节,具有承上启下的关键作用。这个环节不进行改革,其他课程改革都只是理念,无法真正落地实施。因此,学校将大三的项目化教学课程的改革作为整个课程改革的切入点,以分批立项的方式完成了大三所有的课程改革。

其三,依托数字化学习平台,基于知识建模、课程教学设计的技术方法全面重构课程体系。作为课程改革的突破口,学校在全面实施项目化教学课程后,开始倒逼前修专业基础课程改革,支撑大四的应用型课程建设。前修基础课程需在目标制定、内容选择、教学模式和评价考核等方面提供有力支撑,以确保知识的系统性和连贯性。同时,项目化教学课程也为大四学生直接参与用人单位的真实项目和工作,提供更具技术性和实用性的知识,以及解决实际问题能力和创新能力的基础。为此,学校邀请国家教育行政学院刘亚荣专家团队,以课程知识建模为基础,全面重构公共基础课程和专业基础课程。一是绘制所有课程的知识建模图。本科专业的全部课程绘制知识建模图为新型人才培养体系搭建坚实的知识体系基础。二是重构基础课程。从支撑项目化教学课程或后续专业基础课程的需要入手,倒推专业基础课和公共基础课的知识容量和结构,全面梳理项目化教学课程所需的知识、能力和素质,将知识点进行详细分解、重新组合,重塑现有的知识体系,对前修专业基础课程的知识、能力、素质主模块进行组合,形成新的专业基础课和公共基础课。三是明确课程建设标准,推动新版教学设计和课程大纲的制定。基于课程知识建模图,重新制定 1206 门本科课程的教学设计和课程大纲,每门课的教学设计都重新设计和匹配了"以学生学习为中心"的各种教学、学习资源,包括线上课程、作业练习、各种学习评价工具等。四是建设数字化学习平台系统。所有课程的教学、学习资源都实现了线上师生共享,有效满足了教师教学和学生学习对各种学习资源和工具即时性、便利性的需求;解决了公共基础课学生基数大、师生互动难等问题;也解决了教考分离、多维评价、客观证据翔实的教学和学习评价真实难题;真正实现了学生随时可学,不受限于学期和专业,学完即可结业的泛在学习理念。

其四,基于市场真实评价的应用型课程建设。作为学校"2+1+1"产教融合型课程体系的最后环节,应用型课程是对应用型人才培养效果的有效检验和直接体现。学校指导各本科专业开展高质量充分就业调研分析,通过定性定量相结合,从知识能力素质要求、工作岗位经验、职业资格证书考取等维度对毕业生高质量充分就业的本质属性进行画像,提出高质量充分就业标准,并落实到应用型课程目标中。应用型课程的设计基于实际的产业发展和市场需求,由教师承接研发创新类等高质量真实市场项目,通过相应的教学设计(如学分、教学安排、课程考核等)赋予其课程要素,从而转换为课程。教师带领学生承接真实的市场项目,接受市场评价,产生经济与社会效益。在此过程中,教师的实践教学能力得以显著提高,逐步向"双师型"教师队伍转型。学生通过岗位任务从合格的入职者变成优秀的入职者,实现从"做成"到"做好",直接实现高质量充分就业。

其五,建立优秀本科生荣誉体系。为引领学生积极进取、全面发展,持续提升学生德智体美劳综合素养,进而激励学生追求卓越、奋发向上,营造"逢一必争,逢金必夺"的优良校园氛围,学校以德智体美劳全面发展为导向重构本科生荣誉体系,促进学生成长成才。一方面,学校表彰在学习、创新创业等方面表现突出的学生。他们或项目成果获企业采纳,实现高质量充分就业目标;或创新创业能力强,勇启创业征程;或勤奋好学,有一定学术成果。学校为他们颁发"全能英才奖""创新创业奖""学业卓越奖",激发学生的内在潜能和创新精神,促进学生更加积极主动地投入到学习和实践中,不断挑战自我,追求更高的目标。另一方面,学校表彰积极参与学校产教融合工作并做出努力和贡献的优秀毕业生。他们或积极牵线搭桥,为学校与企业搭建合作桥梁,不断拓展合作渠道;或参与学校课程设计,将企业实际需求与行业最新动态有机融入教学内容,助力学校构建贴合市场需求的人才培养模式;或为在校生创造大量实习与实践机会,促使学生在实践中茁壮成长。学校为他们颁发"杰出校友奖",对其做出的贡献和取得的成就给予充分肯定。同时,学校激励在校学生努力提升自己,力争成长为创新引领型人才。

黄河科技学院"2+1+1"产教融合型课程体系不同于传统学科逻辑下的本科人才培养体系,也不同于当前很多应用型大学倡导的校企合作的本科人才培养体系。三种人才培养体系对比分析见图 2。传统高校人才培养体系根植于学科逻辑,偏重知识传授,为学生筑牢坚实的理论基础。然而,在对接企业实际工作所需的应用技能培养方面却极为薄弱,使得传统本科教育的毕业生大多呈现出"眼高手低"的特点,必须经过培训期后才能适应岗位任务要求。在知识匮乏、缺乏信息技术传播知识的时代,这种培养方式是大学的不二选择。但在信息技术时代,知识可以泛在索取,这种人才培养体系已经不能再作为任何大学人才培养的基本方式。

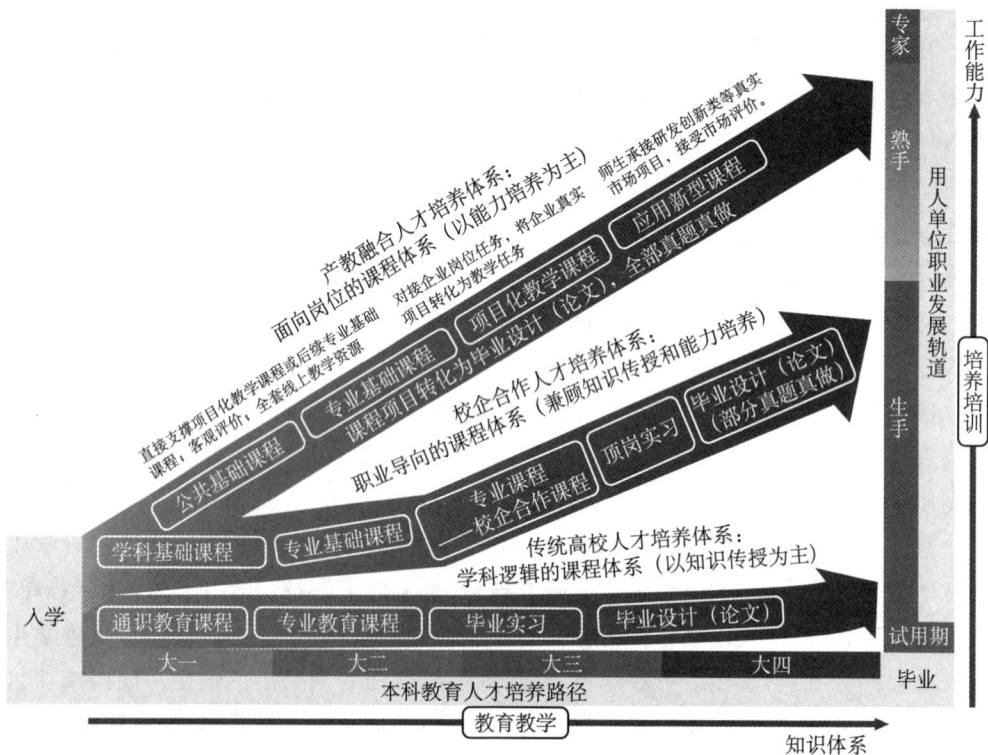

图 2 三种人才培养体系对比分析

校企合作人才培养体系以职业为导向,设置校企合作课程、顶岗实习及毕业论文真题真做等实践类课程和环节,既注重知识传授,又兼顾能力培养,尤其强调实践与应用,对提高学生实践能力和职业技能有较大帮助。但是也存在四方面的主要问题:一是课程体系内容衔接度不够。校企合作课程与前端的基础课程以及与企业真实岗位要求之间都缺乏有效衔接，导致课程体系连贯性欠佳，人才培养与市场需求不匹配。二是师资队伍实践应用能力不足。教师因缺乏行业经验与企业实践经验，难以有效解决企业实际问题。三是校企合作课程个性化程度不高。课程多由企业研发，雷同性强，与学校办学特色联系不紧密，无法满足学生的个性化发展需要和市场的多样化需求。四是校企合作课程覆盖领域不广泛。合作项目往往依托"订单式"人才培养开设，局限于企业所需的特定岗位，未能全面覆盖专业面向的所有岗位。

我校的产教融合人才培养体系，从锚定岗位需求出发，重新梳理了人才培养的学习逻辑。在未来的人才培养中，一旦产业中的工程师和学校的教师都具备课程领导力，便能够突破产业和学校的界限，随时将岗位的需求转化为培养的课程。届时，学校将成为任何产业人才随时获取学习机会的场所，也将成为产业孕育未来科技产品的场所。

二、强化支持保障，全面推进综合改革

人才培养体系改革是牵一发而动全身的系统工程，外部需要全社会方方面面的配合与支持，内部也涉及体制机制、数字化平台、课程建设、教学质量评价与持续改进等全要素多维度的支撑和保障。为此，学校主要从以下几方面进行了衔接配套改革。

其一，自主研发数字化平台，实现评价与建设全流程智能化。搭建集智能管理、智慧教学、数智评价于一体的课程建设数字化平台，统筹全校课程资源，对外实现各高校课程资源共建共享，对内实现课程数据与教师数据、学生数据互联互通，协同推进课程建设与评价、学生服务和师资培养；构建基于质量标准、全量化采集、大模型分析的智能化课程评价支持体系，通过统一规划、统一建设、统一管理、统一评价，优化课程结构、明确课程规格、分析课程目标达成度、智能化提供课程画像、过程性规范课程准入与退出，保障一流应用型课程的优质、高效、充足供给。

其二，评价牵引，推进课程高质量建设。学校与国家教育行政学院共同研创课程评价指标体系。分类研创教学设计、教学实施、教学产出评价标准，重点关注课程知识建模的完整性、教学活动目标与任务的一致性、师生交互过程的有效性、教学评价的客观性。聚焦教学设计、教学实施、教学产出三个关键环节，实现课程评估精准化。一是聚焦教学设计。考察 OBE 理念在每个任务和活动设计中的体现，强调选取活动的目标、交互、成果及评价标准的一致性，课程知识建模的完整性等。二是聚焦教学实施。评价教学过程与教学设计的一致性，重点考查学生是否进行高阶思考、是否积极参与各项学习活动、知识能力是否达到预期目标。三是聚焦教学产出。将课程考核评价标准、企业评价标准、企业采纳证明等纳入课程成果重点考察，将教师教学能力提升、课改论文发表等作为教师成果进行评价，将学生考核结果、学生作品、创作等作为学生成

果重点考察评价。学校充分利用大数据技术,将日常教学动态数据与专家评估相结合,建立线上线下相互支持,专业、学部、学校三级进阶式评价机制,实现常态化全覆盖"课程＋教师团队"评价。通过线上审阅课程资源和评审材料、深入课堂随机听课、组织课程答辩汇报、强化反馈改进四步骤,构建评价闭环,促进课程评价"反哺"课堂教学,推动全部课程锻优提质。评价结果打破职称定课酬惯例,实行优课优酬,最高给予5倍工作量奖励。

其三,深化体制机制改革,推动教学改革落地生根。学校充分利用体制机制灵活、行动决策迅速等优势,深入开展"大部制""学部制"体制机制改革,推动高校与产业、行业、企业资源共享、深度融合、协同发力、共同育人。在职能部门推行"大部制"改革,通过整合13个处级单位,成立教师中心、教育教学中心、学生中心三大中心,以及思政工作部、科技发展部、资源保障部等五个大部,提高职能部门服务教育教学工作的效能度和协同性。在教学单位积极推动"学部制"改革,打破原有的"校—院—系—教研室"多层级结构,将12个学院整合为工学部、艺体学部、商学部、医学部四个学部,依据专业集群下设科教中心,赋予其资源配置的自主权力。通过体制机制改革,充分汇聚学科、专业、师资、平台等各类优势资源,实现了以下三方面的提升。一是教师中心的成立,为教师提供了更专业的发展平台。鼓励教师深入企业实践,提升实践教学能力与专业素养,提供更多职业发展机会和激励机制,打造高素质、专业化、创新型教师队伍。二是教育教学中心的成立,有利于整合教育教学资源,推动产教深度融合。通过搭建教学平台,教师与企业专家共同设计与实施课程、共同制定并修订人才培养方案,促使专业设置紧密贴合产业需求,大幅提升专业与市场对接的精准度与紧密性。同时,引导教师将行业最新动态和技术及时引入课堂,促进教学方法创新,增强教学的针对性和实效性,为培养具有扎实专业知识和较强实践能力的应用型人才筑牢坚实基础。三是学生中心的成立,为学生提供了更多实践机会和职业发展指导。开展职业规划、职业咨询服务、优秀本科生表彰以及行业专家和成功校友经验分享等丰富多彩的活动,为学生在职业选择和发展中遇到的困惑提供个性化指导和建议,进而提升学生的就业竞争力和职业适应能力。

三、发挥改革效能,凸显人才培养成效

学校始终秉持"办一所对学生最负责任的大学"的办学愿景,全心全意为教师服务,全心全意为学生服务,人才培养新体系改革得到广大师生的高度认可和肯定。

学校采用调查问卷、访谈等多种形式开展了教育教学改革后的师生满意度调查。结果显示,总满意度高于98%。教师董菲菲分享村庄规划授课感悟时谈道:"当学生真正成为课堂的主人时,他们便不再是学习的被动承受者,而是积极投身于教学活动之中,化身为学习的主动探索者与协同合作者。他们的学习热情空前高涨,思维也更

加活跃。"教师杨颖分享道:"投身于学校课程改革实践,我深切认识到,卓越的教学绝非因循守旧,而在于大胆创新、勇于实践。身为一线教育工作者,我们不只是知识的传播者,更是变革的推进者。课改给予我宽广的舞台,使我能尝试新教学理念与方法。我将项目化、合作学习等理念融入课堂,激发学生兴趣与创造力,实现师生平等互动、共同发展。"学生崔锴洁分享了自己在服装与品牌设计课程中的体验:"在这门课程里,同学们模拟不同岗位,大家分工协作,展现出极强的团队协作精神和学习热情,我能深切地感受到有一股强大的力量推动着我在交叉创新的道路上不断向前。"学生司双颖谈道:"项目化教学课程风景园林规划与设计具有很强的实践性、应用性和挑战性。在一次次的项目构思与创作过程中,我被激发出全身心投入学习的热情,对这门课程产生了浓厚的兴趣。特别是当自己设计的园林方案被采纳并且最终得以建成的时候,之前所有的辛苦付出都转化为满满的成就感,那种激动和自豪难以用言语来表达,感觉所有的努力都是非常值得的!"

回顾6年的改革历程,学校聚焦人才培养模式改革、课程体系构建、课程开发、课程设计以及课程评价等关键环节,先后召开了主管教学部(院)长、科教中心主任、骨干教师等不同层面人员参与的研讨会300余场,投入3000余万元用于1300多门课程的建设。在此过程中,教师们对于人才培养模式改革理念、思路及步骤等有了更清晰、更深刻的认知。在全体师生的充分认可与深度参与下,全校上下已然凝聚起改革共识,产教融合持续走向深入,教师队伍的能力得到显著提升,人才培养与行业企业岗位需求的对接愈发紧密,课程教学质量有了明显提升。改革成果受到省内外高校和社会的广泛关注,130余所高校、240余家企事业单位等到校交流;受邀在中国高等教育学会、国家教育行政学院等举办的院校研究高端论坛,郑州大学、成都大学等高校做主题报告28次;成果在第61届、第62届中国高等教育博览会上展出,获得省内外高校教学管理人员和一线教师的高度好评;办学成效被中央电视台《新闻联播》、新华社、《光明日报》《中国教育报》等广泛报道。

斗转星移,岁月如梭,黄河科技学院在时光的长河中稳健前行。2024年5月,学校迎来了辉煌的四十华诞。值此之际,我们集结学校人才培养新体系改革成果,分专业出版"应用型高校本科专业产教融合型课程体系改革与实践"系列图书,为应用型高校深化教育教学改革、创新人才培养模式、优化课堂教学方式方法、开展常态化课程评价、全面提升育人水平提供有效借鉴和参考。这一本本沉甸甸的册子,凝聚着全校教师在课改历程中的智慧与汗水,折射出全体教师的睿智与灵性,更满溢着全体教师"以学生为中心"的教育理想与不懈追求。

此举,一为抚今追昔,以文字铭刻学校波澜壮阔的发展历程,为辉煌历史留存厚重见证;二为激励莘莘学子奋发图强,在知识的海洋中砥砺前行,以拼搏之姿努力成才,为未来铸就璀璨华章;三为鼓舞吾辈同人不忘初心,励精图治,以昂扬斗志勇攀高峰,在教育的新征程上再创佳绩，为国家培养更多栋梁之材，为时代书写更壮丽的教育诗篇。

回顾往昔，那些奋斗的足迹、拼搏的身影，皆是前行的动力源泉。展望未来，我们深感责任重大、使命光荣。我们定会牢记为党育人、为国育才的初心使命，不负重托，与时俱进，努力谱写无愧于前人、无负于时代的璀璨新篇章。

黄河科技学院执行董事、校长

杨保成

2024 年 10 月 16 日

随着社会经济的快速发展和科技的进步,会计行业在国民经济中的地位日益凸显,社会对会计人才的需求也日益旺盛。然而,传统的会计教育模式已经难以满足现代社会对会计人才的需求。会计人才的供需存在结构性失衡。因此,聚焦应用型高校会计专业产教融合型课程体系改革与实践研究成为当务之急。

本书旨在探讨应用型高校会计学专业产教融合型课程体系的改革与实践,以期为我国会计教育的发展提供有益的借鉴和启示。全书共分5章:第1章为会计学专业概况,阐述了专业发展历程、专业现状及专业发展趋势和展望;第2章为会计学专业课程体系构建,包括会计学专业的人才需求分析、岗位任务分析、课程体系和人才培养方案;第3章为会计学专业课程知识建模,包括项目化教学课程和专业基础课程的知识建模;第4章为基于OBE理念的教学设计,首先阐述了以项目化教学为核心的教学设计思路,然后列举了两门项目化教学课程和两门专业基础课程的教学设计实例;第5章为结语。

本书在编写过程中充分借鉴了国内外相关研究成果,力求做到理论与实践相结合,既有理论深度,又有实践指导意义。希望本书能为广大会计教育工作者、学者和学生提供有益的参考,为我国会计教育的发展贡献一份力量。

在此,我们对参与本书编写的所有人员表示衷心的感谢,对给予我们支持和帮助的专家、学者和同行表示诚挚的敬意。同时,我们也期待广大读者对本书的不足之处提出宝贵的意见和建议,以便我们今后进行不断地改进和完善。

高小雪

2024 年 7 月

目 录

第 1 章

会计学专业概况

1.1 专业发展历程

会计学作为一门古老而持久的专业,其发展历程悠久且内涵丰富。从最初的简单记录和计算,到现代的复杂财务管理和决策支持,会计学的发展历程反映了社会经济环境的变化和科技的进步。在这个过程中,会计学不仅积累了丰富的理论知识,也形成了一套完善的实践方法。随着全球化和信息化的到来,会计学正面临着新的挑战和机遇。未来,会计学将继续在理论创新和实践应用中发挥重要作用,为社会经济的健康发展提供有力支持。

1.1.1 西方会计的发展历史

会计学是一门应用性学科,是社会发展的产物,起源于人类早期的生产实践。会计学因社会生产力的发展、社会经济制度的演变,以及科技和管理思想的进步而产生和发展,并不断地变革与创新。西方会计学的产生和发展可分为以下六个阶段。

1. 古代的会计

会计的起源可以追溯到数字和文字产生的时期。人类发明的数字和文字帮助早期人类更好地记录财产物资及其分配情况,以此维系族群内的秩序和相应的信任关系,从而衍生出今天的会计学。

2. 中世纪的会计

随着商业活动的增加,尤其是在意大利的城邦中,会计工作开始变得更加复杂。在 13 世纪和 14 世纪,意大利商人和银行家发明了复式记账法,这是会计史上的一个重大突破。复式记账法要求每笔交易都要在两个不同的账户(借方和贷方)中记录,从而提供了一种检查和平衡的机制。

3. 文艺复兴时期的会计

随着文艺复兴时期的到来,会计知识开始在欧洲广泛传播。15 世纪,被誉为"会计之父"的卢卡·帕乔利(Luca Pacioli)在其著作《算术、几何、比及比例概要》中详细阐述了复式记账法,为现代会计学奠定了基础。

4．工业革命时期的会计

18世纪末至19世纪初的工业革命带来了大规模的生产和企业组织的变化。这一时期,会计工作的重点转向了成本核算和资本管理。随着企业的不断扩张,人们对会计信息的需求日益增长,这促使会计师们不断探索和开发出新的会计工作方法和工具。

5．20世纪的会计

20世纪是会计标准化和专业化的时期。人们开始制定会计准则,以规范会计实践并确保财务报告的一致性和可靠性。为了推动这一进程,国际会计准则委员会(IASC)和美国财务会计准则委员会(FASB)等机构相继成立,专门负责制定和推广会计准则。此外,会计软件的出现使得会计工作更加高效和准确。

6．当代的会计

进入21世纪,会计领域继续经历变革。信息技术的发展使会计信息系统更加先进,大数据和云计算的应用也在改变会计工作的方式。同时,会计职业面临着道德和透明度的挑战,特别是在2008年全球金融危机之后,人们对提高财务报告质量和加强财务监管的需求日益增加。

1.1.2　我国会计的发展历史

我国会计的历史悠久,可以追溯到公元前。在漫长的历史长河中,我国的会计制度和会计理论在不断发展和完善,为世界会计史留下了宝贵的遗产。我国会计的产生和发展也可分为六个阶段。

1．殷商时期的会计

我国的会计主要是为了管理国家财政和税收。最早的会计记录可以追溯到商朝晚期,甲骨文中记载了商朝王室的经济收支情况,这是我国会计的雏形。到了周朝,出现了专门的会计官员,负责管理国家的财政收支。春秋战国时期,各诸侯国纷纷设立会计机构,加强对国家财政的管理。这一时期的会计制度已经相当完善,为后世的会计发展奠定了基础。

2．秦汉时期的会计

随着国家的统一和经济的繁荣,会计制度得到进一步的发展。秦朝设立了专门的财政部门,负责管理国家的财政收入和支出。汉朝继承秦朝的会计制度,并加以完善。

3．魏晋南北朝时期的会计

随着社会经济的发展,会计制度逐渐从国家财政管理向提升管理效能转变。

4．隋唐时期的会计

随着国家政治制度的稳定和经济的繁荣,会计制度得到了进一步发展。唐朝设立了专门的财政部门,负责管理国家的财政收入和支出。

5. 宋元明清时期的会计

随着商品经济的发展,会计制度逐渐从国家财政管理向提升管理效能转变。清朝时期,随着西方列强的侵入,西方的会计理念和技术逐渐传入我国,为我国会计的发展注入了新的活力。

6. 近现代的会计

随着我国社会的变革和经济的发展,会计制度和会计理论得到空前发展。20世纪初,我国开始引入西方的会计理念和技术,进行会计改革。中华人民共和国成立后,我国政府高度重视会计事业的发展,制定了一系列会计法规和政策,建立了完善的会计制度。改革开放以来,我国会计事业取得了举世瞩目的成就,为世界会计史留下了光辉的篇章。

我国的会计发展经历了从国家财政管理向企业经营管理、从古代的简单记账到现代的复杂会计体系的发展。在这个过程中,我国的会计制度和会计理论不断完善,为世界会计发展史贡献了宝贵的遗产。

不论是西方会计还是我国会计,其发展历史都是一个不断适应经济、技术和管理变化的过程。从古代的简单记录到现代的复杂信息系统,会计始终在发展,以此来满足社会对财务信息的需求。此外,会计始终扮演着监督和反映经济活动的重要角色。未来的会计将继续受到技术创新和全球化进程的影响,会计领域的未来仍将充满挑战和机遇。

1.2 专业现状

在现代教育体系中,各高等院校都开设了会计学专业。会计学专业通常隶属于管理学科门类下的工商管理类,授予毕业生管理学学士学位,修业年限一般为四年,是培养具有强烈社会责任感,掌握会计、管理、经济、法律和计算机应用等知识,具有较强的账务处理、纳税申报、财务分析等专业实践能力,能从事会计及相关工作的应用型和数智型高级专门人才的专业。

我国的会计学科开设历史可以追溯到20世纪初。1928年,"中国现代会计之父"潘序伦先生创办立信会计补习学校(现名"上海立信会计金融学院")。

20世纪50年代,我国开始模仿苏联的会计模式,建立适应计划经济体制需要的会计制度;60年代初期,我国会计界开始提出改革会计制度的建议,但直到1978年党的十一届三中全会后,才迎来了会计改革的春天。

改革开放以来,我国的会计教育得到迅速发展。1985年,《中华人民共和国会计法》(以下简称《会计法》)颁布实施,标志着我国会计法制建设进入一个新的阶段。随着市场经济体制的建立和完善,我国会计教育也逐步与国际接轨。

进入21世纪,随着我国经济的快速发展和对外开放的不断扩大,会计人才培养面临着新的挑战。为了适应新形势下会计工作的需要,提高会计专业教学质量,培养高素质的会计人才,我国会计教育不断进行改革和创新。

在经历早期模仿苏联模式、改革开放后的迅速发展,以及21世纪以来不断改革创新的过程中,我国会计教育不断吸收国外先进经验,结合国内实际情况,逐步形成了具有中国特色的会计教育体系。截至2024年6月30日,全国有688所高校开设本科(普通教育)会计学专业,河南有38所高校开设本科(普通教育)会计学专业①。

黄河科技学院会计学专业于2012年开始招生,经过13年的不断努力,会计学专业建设日臻完善,逐渐凸显出专业优势和专业特色,已成为黄河科技学院录取分数最高、就业最好的文理兼收专业之一,是商学部重点建设专业。

截至2023年7月,黄河科技学院会计学专业已为社会输送两千余名毕业生。供职于会计师事务所的毕业生,毕业三年以后大多能顺利通过注册会计师考试,并成长为事务所的项目经理;供职于企事业单位的毕业生,毕业一年后基本能成长为单位的业务骨干。自设立以来,我院会计学专业的声誉日益提高,得到了考生和家长的普遍认可。近年来,我院会计学专业的实际最低录取线超过省控分数线50分左右。

在课程建设、科研和学科竞赛方面,我院会计学专业的财务管理学课程成为市级在线精品课程;教师近五年内主持校级及以上教改项目40项,教师100%主持参与教改项目,主持26项厅级以上科研课题,发表核心论文19篇,带领学生参加30余项学科竞赛并获奖。

1.3 专业发展趋势和展望

在经济全球化的大背景下,会计作为商业语言的重要性越发凸显。会计学专业不仅涉及财务信息的记录、整理与报告,更是企业管理决策的重要工具。随着信息技术的快速发展和会计准则的不断完善,会计学专业也在发生着深刻的变化,面临着一系列的挑战与机遇。从就业市场看,会计专业人才的需求依然旺盛。无论是传统的会计师事务所、企业财务部门,还是新兴的金融服务机构,对会计知识扎实、实务能力强的会计人才都呈现出较高的需求。然而,随着人工智能、大数据等技术的应用,会计工作的自动化程度越来越高,一些基础性、重复性的会计工作正在被机器人或软件所取代。这一变化对会计从业人员提出了更高的要求,他们不仅要掌握传统的会计技能,还要具备较强的数据分析能力和信息技术应用能力。

在数智时代背景下,面对会计学专业内外部环境的颠覆性变化和国家创新创业、

---

① 统计范围是专业代码为"120203K"的会计学普招本科专业,数据来源于"阳光高考"。

开放性办学理念的不断深化,会计学专业的人才培养模式正在被重塑。麦可思统计数据显示,在财经类专业中,会计学专业的就业情况一直排名靠前,但同时当前会计学的人才培养存在结构性失衡的问题,基础的财务人才过剩,而分析、决策与战略层面的人才紧缺。鉴于此,黄河科技学院在2020年启动了新一轮的会计学人才需求调研,根据调研分析,能够进行高效税务处理并辅助企业进行高效财务决策与分析的管理会计型人才缺口庞大,同时,大数据和智能化对财务人员提出了更高的数字化能力要求。新的市场需求给会计学专业的人才培养带来了挑战,同时也带来了新的发展机遇。会计学专业的课程体系也在不断更新。许多高校已经将RPA财务机器人①、财务共享、管理会计等课程纳入必修或选修课程中,以适应行业发展的新趋势。

尽管存在诸多促进会计学专业发展的积极因素,但会计学专业的发展也面临着一些问题与挑战。例如,行业内的竞争日趋激烈,尤其是在低端会计服务领域,价格战和同质化竞争现象严重。此外,随着国际贸易和跨国公司的增多,会计人才需要具备更强的国际视野和跨文化沟通能力,这对会计教育提出了更高的要求。

未来,会计学专业将继续向专业化、国际化的方向发展。专业知识的深度和广度都将成为会计人才竞争的关键。同时,持续的学习能力和适应新技术的能力也将是会计从业人员必备的素质。在此过程中,会计教育和行业组织需要密切合作,不断更新教育内容和方法,为会计人才的培养提供有力支持。

会计学专业在不断变化的市场环境中展现出旺盛的生命力,面对新技术的挑战和国际化的趋势,会计教育应当不断创新,以培养适应新时代新发展的会计人才。只有这样,会计学专业才能在未来的发展中继续发挥其不可替代的作用。

基于此,黄河科技学院会计学专业构建了基于"学生高质量就业"的"2+1+1"产教融合型课程体系。在黄河科技学院"2+1+1"产教融合型课程体系建设项目的推动下,会计学专业不断探索,逐渐形成了以"学生高质量就业"为导向的应用型人才培养体系。同时,考虑到企业对税务筹划的现实需求和目前大数据、人工智能的发展,会计学专业也加强了税法、大数据、财务共享等课程的学习和训练,以增强学生灵活应对就业压力的能力。2020年,黄河科技学院启动项目化教学改革,目前会计学专业已开设中小企业会计实践、财务报表审计实践、企业财务分析、大型企业会计实践、税务会计与纳税筹划、初级会计实务与经济法基础等项目化的实践课程,并根据岗位任务需要重塑了所有的专业基础课程。理论课程配合实训和项目化实践课程,加上选修的应用型课程,为学生构建了完备的课程体系。学生毕业即可胜任岗位要求的人才培养特色逐渐凸显。

与此同时,我院会计学专业推行"双证书"制度成效显著。根据会计学专业旨在培

---

①　RPA的英文全称是robotic process automation,意为机器人流程自动化。

养"应用型高级专门人才"的专业定位,我院会计学专业建立了"学历证书＋职业资格证书"的双证书制度,并将会计学证书考试内容嵌入课程体系和课程内容中。为帮助学生顺利取得初级会计师证书,我院专门立项并开设了初级会计实务与经济法项目化教学课程,同时将会计类证书的获取纳入学生评优评先的指标体系。通过这些努力,会计学专业超过95%的学生毕业时考取了初级会计师证书。除了初级会计师证书外,我院还鼓励学生尽可能获得与本专业相关的资产评估师、管理会计师、初级审计师等证书,鼓励学生积极备考注册会计师考试。

第 2 章

会计学专业课程体系构建

2.1 人才需求分析

会计作为商业世界的基础语言,其重要性不言而喻。会计学专业人才在企业运营、财务信息生成与决策支持、风险控制等方面扮演着不可或缺的角色。然而,在信息技术迅猛发展与《会计准则》不断更新的当下,会计学专业人才的需求也呈现出新的特点和趋势。

2.1.1 会计人才市场需求状况

从就业市场来看,会计学专业人才的需求持续旺盛。尤其是在中国,随着市场经济的逐步完善和资本市场的快速发展,企业对于会计信息的准确性、及时性提出了更高的要求。这不仅意味着需要更多的会计人才来满足日常的财务记录和报告工作,更需要具备良好职业判断能力和风险管理能力的高级会计人才。此外,随着"一带一路"等国家战略的实施,国内企业的对外投资活动不断增多,对于具有国际视野和跨文化沟通能力的会计人才需求也日益增长。会计人才市场需求主要集中在以下几个方面。

一是中小企业会计人才。中小企业数量庞大,对会计人才有着持续稳定的需求,尤其是能够独立完成各项会计工作的全能型会计人才。二是专业服务机构。会计师事务所、税务咨询公司等专业服务机构需要大量具备专业技能和知识的会计人才。三是金融行业。银行、保险、证券等金融机构对会计人才也有很大需求,特别是具有风险管理和合规背景的会计专业人士。四是跨国公司。随着全球化贸易的发展,跨国公司需要懂得国际财务报告准则(IFRS)和具有跨文化沟通能力的会计人才。

2.1.2 会计人才需求趋势

当前,在"大智移云物"等技术的快速发展以及中国经济由快速增长向高质量发展转变的背景下,企业面临的是商业逻辑的重构,未来管理面临着信息化平台、数字化管理与智能化决策的变化。同时,对中国的企业来说,强调战略决策与精细化管理并重,正在经历由外部资源的争夺到内部精细化管理的转变,企业对会计学的人才需求正发生着深刻改变。

许多传统的会计任务已可以通过自动化、人工智能和云计算等技术的应用实现自动化处理,这降低了对初级会计事务处理人员的需求,同时增加了对具备以下能力的会计人才的需求:一是分析和解释能力。机器可以处理数据,但解释数据背后的业务含义并提出建议还是需要人类的直觉和经验。二是技术应用能力。掌握 ERP 系统、会计软件和数据分析工具变得尤为重要。三是战略规划与决策支持。高级会计人才需要参与到公司的战略规划和商业决策中。

同时,法规的变化也带来了对会计人才需求的转变。新的财务报告标准、税法改革以及监管环境的变化都要求会计人才不断更新自己的知识体系和专业技能。因此,市场对了解最新法规并能够适应变化的会计人才有着较高的需求。

由于这些技术和法规的变化,预计未来会计人才市场的需求将呈现以下趋势。一是需求结构上移。对掌握基础会计技能的人才需求减少,而对具备分析、评估和战略思维能力的中高端会计人才的需求会增加。二是专业化与多元化并存。特定行业的专业知识以及相关的法律、管理等领域的知识将成为会计人才竞争的新领域。三是国际化视野。全球运营的企业需要具备国际视野和语言沟通能力的会计人才。四是伦理和可持续性。企业在追求经济效益的同时,也越来越注重社会责任和可持续发展,因此需要会计人员在这些方面发挥更大的作用。

在数智时代背景下,面对会计学的内外部环境的颠覆性变化以及国家创新创业、开放性办学理念的不断推进,给会计学的人才培养模式带来了很大的挑战。根据麦可思统计数据显示,在财经类专业中会计学专业排名一直靠前,但同时当前会计学的人才培养存在结构性失衡的问题,基础的财务人才过剩,而分析、决策与战略层面的人才紧缺。

2020 年,黄河科技学院启动了新一轮的专业需求调研分析,会计学专业教师团队通过线上和线下的方式,调研走访了超过 200 家企业,同时对毕业三年以上的学生进行了线上问卷调查,收回 325 份有效问卷。会计学专业毕业生就业岗位主要为会计、财务分析、财务预算、资金管理和审计。调查显示,用人单位对财务人员的专业能力要求最高的是税务业务处理能力,占比高达 69.66%;其次是大数据财务软件应用能力,占比为 67.66%;此外,对管理会计和决策分析能力、财务报表分析能力也有较高的要求,占比分别为 58.09%、49.17%、47.85%。同时,企业对财务人员普通提出了一项新要求,即财务大数据应用与分析能力,这也反映出企业对人才的需求是与市场变化息息相关的。

依据这些调研数据分析得出如下结论:基础的财务核算类岗位需求逐渐萎缩,但是能够进行高效税务处理并辅助企业进行高效财务决策与分析的管理会计型人才缺口庞大。同时,大数据和智能化的兴起对财务人员的数字化能力提出了更高要求。

数字化能力的要求给会计学专业的人才培养带来了挑战,同时也带来了新的发展机遇。黄河科技学院会计学专业为了更好地满足新的环境对会计学人才的新要求,建立了新的课程体系,更加注重培养学生决策分析的能力,同时也增加了数智化课程教学。

2.2　岗位任务分析

根据人才需求分析,会计学专业的就业岗位主要包括会计助理、会计主管、税务会计、审计助理、财务报表分析专员和资产评估助理等,具体如表 2-1 所示。

表 2-1　会计学专业岗位任务分析

岗位名称	岗位任务
会计助理	期初建账
	会计凭证的填制
	企业账簿的登记
	会计报表的编制
	纳税申报
会计主管	会计工作的合法性分析
	年度报告的编制
	重大会计事项的处理
税务会计	增值税会计与筹划
	企业所得税会计与筹划
	个人所得税会计与筹划
	其他税种会计与筹划
审计助理	收集审计项目信息,协助签约,制订审计计划
	开展风险评估工作,并填写相关审计工作底稿
	开展风险应对工作,并填写相关审计工作底稿
	协助审计经理出具审计报告,对审计资料归档
财务报表分析专员	确定财务分析的对象,明确财务分析的目的
	选择财务分析方法
	进行企业基本简介及背景分析
	企业重大事项分析
	企业风险分析(依据会计信息的分析)
	企业财务能力分析
	撰写财务分析报告

续表

岗位名称	岗 位 任 务
资产评估助理	梳理背景资料
	开展环境分析
	确定评估方法
	估计评估参数
	确定评估结果

2.2.1　会计助理岗位能力分析

在现代企业管理中,会计助理扮演着重要的角色。作为会计团队的一员,会计助理通常负责协助完成日常的账务处理和纳税申报等基础性工作。他们是会计信息处理流程中不可或缺的一环,其工作效率和准确性直接影响到整个会计系统的运行质量。

首先,会计助理需要具备账务处理能力和信息技术能力。会计账务处理能力是运用会计知识和技能,对经济业务进行确认、计量、记录和报告的能力,包括理解《会计准则》,准确使用会计科目,正确编制会计凭证,及时登记账簿,清晰编制财务报表,并能进行财务分析和解读。同时,会计助理还需能够合理运用现代信息技术,包括熟练掌握各类财务软件,如国内的金蝶、用友等,以及国际通用的 SAP、Oracle 等 ERP 系统。此外,对 Excel 等办公软件的高级应用能力也是必不可少的,如数据透视表、函数公式等。会计助理需要能够快速准确地录入数据,进行基本的账务处理,并生成初步的财务报表。有效的账务处理能力可以保证信息的真实性、准确性和完整性,为管理层提供可靠的决策支持。

其次,会计助理需要具备良好的职业素养和道德操守。这涉及对财务信息的保密、对工作的责任心,以及遵守相关的法律法规和会计准则。会计助理在处理财务数据时,应严格遵守企业的内部控制流程,保证信息的真实性和完整性。

最后,沟通能力也是会计助理不可或缺的能力之一。会计助理不仅要与企业内部的其他部门进行有效沟通,还需要与外部的客户或供应商就财务相关事宜进行交流。因此,良好的语言表达能力、倾听能力和协调能力对于会计助理来说极为重要。

另外,随着经济的发展和企业管理模式的变革,会计助理所面临的工作内容也在不断地扩展和深化。例如,随着数电票的普及,会计助理需要掌握相关的数电票处理流程。同时,随着企业对风险管理和内部控制的重视,会计助理也需要具备一定的风险识别和内部控制知识。

同时,为了应对不断变化的工作环境,会计助理需要保持持续学习的态度,及时更新专业知识和技能——时刻关注最新的《会计准则》和税法变化,学习新兴的会计学工具和技术,以及提高自己的数据分析能力。

在职业发展方面,会计助理可以通过进一步的学习和实践,提升自己的专业水平,逐步发展成为会计、审计或会计学等领域的专业人才。例如,通过参加注册会计师(CPA)等专业资格认证,不仅可以提升个人的职业资质,还能为自己的职业生涯带来更多的发展机会。

会计助理是一个需要多方面能力的岗位。要想在会计助理这一职位上取得成功,不仅需要扎实的会计基础知识和熟练的操作技能,还需要不断培养自己的职业素养、沟通能力和持续学习的能力。通过全面的能力提升,会计助理将能够更好地适应职场的挑战,为企业的会计工作贡献自己的力量。会计学专业的人才培养不仅要将会计助理所必需的专业技能纳入培养体系,同时还要在课程设计中将其他的职业能力素养考虑进去。

2.2.2 会计主管岗位能力分析

会计主管是企业中负责会计工作和决策制定的关键岗位,全面负责会计部的日常管理工作,组织并督促部门人员完成本部门职责范围内的各项工作任务。该岗位要求具备全面的专业知识、丰富的工作经验和良好的管理能力。会计主管的职责包括指导部门相关人员开展特殊业务的账务处理,确保税务合规,提高团队的专业水平和工作效率;制定和完善财务管理制度、会计政策和操作流程,确保所有财务活动符合国家法律法规、《会计准则》和公司政策;编制财务报表,并进行报表分析,为公司管理层决策提供财务信息支持。

首先,会计主管需要具备丰富的会计专业知识与技能。精通《会计准则》、税法及相关法律法规;熟悉企业财务管理、成本控制、预算编制、资金运营等方面的知识;能够熟练操作财务软件和办公软件,如 Excel、ERP 系统等;定期向公司高层和董事会报告财务状况和经营成果,确保公司财务信息的真实、准确、完整,遵守信息披露规定;能够对复杂的财务数据进行分析,提出合理的解释和建议;在面对财务问题时,能够迅速找到解决方案并采取行动。

其次,会计主管要有良好的管理沟通与协作能力。具备良好的团队领导和管理能力,能够指导和激励下属完成工作任务;指导部门相关人员开展特殊业务的账务处理,确保税务合规,提高团队的专业水平和工作效率;善于组织协调,能够处理部门内外的各种关系和矛盾;与投资者、股东、审计师、税务机关等外部机构保持良好的沟通,在对外商务谈判中提供财务支持和建议。

最后,作为会计主管需要了解《商法》《公司法》等与企业运营相关的法律法规。能够在工作中合理规避法律风险,保护公司的合法权益;能够审核重要经济合同中的财务条款,参与合同谈判,监督付款流程,确保付款的合规性和合理性。

会计主管对于企业的健康发展至关重要,不仅要求其具备专业的财务知识和技能,还需要有良好的领导能力、沟通能力和战略思维能力。此外,随着企业经营环境和《会计准则》的变化,会计主管还需要不断学习和更新知识,跟踪最新的会计理论和实践,不断优化会计流程和方法,推动财务数字化转型,提高会计部门的工作效率。

2.2.3　税务会计岗位能力分析

税务会计是企业中专门负责处理与税收相关事务的岗位,其工作岗位任务主要围绕确保企业遵守税法、优化税务策略、准备税务申报资料等方面。

首先,税务会计需要具备丰富的税务税收相关知识和技能。熟悉税收相关的法律法规和相关政策,包括但不限于增值税、企业所得税、个人所得税等;持续关注并熟悉国家税收政策、法律、法规的变动,确保企业税务活动的合法性和合规性;定期编制各类税务报表,包括增值税、企业所得税、个人所得税、印花税等,确保报表的准确性和及时性;具备实际操作税务申报软件和办公软件的能力,如熟练使用税务局电子申报系统、Excel 等;能够适应新的信息技术在税务工作中的应用,如云计算、大数据分析等;根据企业的经营目标和财务状况,合理规划税务事项,提出税收优化建议,降低税收风险和税负;参与公司内部控制体系的建设,通过合理的税务内控流程,防范税务风险。

其次,要有良好的沟通协调与解决问题的能力。能够与税务机关、审计师以及企业内部其他部门进行有效沟通;能够分析复杂的税务问题,并提出合理的解决方案;对税务申报的细节有严格的把控能力,确保申报的准确性和合规性。

税务会计的工作不仅要求其具备扎实的会计和税收基础知识,还要求其具有良好的沟通能力、分析能力和解决问题的能力。此外,税务会计还需要具备高度的责任心和职业道德,以确保企业的税务活动合法合规,并保护企业的利益。随着税法的不断变化和业务的日益复杂,税务会计需要不断学习和适应新政策,以应对各种税务挑战。

2.2.4　审计助理岗位能力分析

在现代经济体系中,审计作为一项重要的财务监督活动,对于保障资本市场的稳定性和公司治理的透明度起着至关重要的作用。审计助理通常是审计团队中的初级职位,负责协助完成各项审计任务。这一岗位对能力的要求比较全面,不仅需要专业技能,还涉及沟通、解决问题和团队合作等多个方面的能力。

首先,专业知识是审计助理必须具备的基础能力。其中包括对《会计准则》、审计程序、税法及相关法规的深入理解。审计助理需要熟悉并准确应用这些专业知识,以确保审计工作的质量。此外,随着国际交流的增加,掌握国际审计准则和跨国公司的会计政策也变得越来越重要。

其次,技术能力也是审计助理的关键能力之一。在现代审计过程中,随着信息技术的应用日益广泛,审计助理需要熟练使用审计软件(ACL、IDEA 等)以及办公软件,特别是 Excel 的高级功能,如数据透视表、宏编程等。这些技能有助于提高数据分析的效率和准确性。

再次,沟通能力对于审计助理来说同样至关重要。审计助理需要与被审计单位的人员进行有效沟通,以获取必要的财务资料和相关解释。同时,还需要与团队成员沟通协调,确保信息的准确传递和审计工作的顺利进行。因此,良好的口头和书面表达能力,以及倾听和理解他人观点的能力,对审计助理来说都是必不可少的。

最后,审计助理还需要具备一定的分析和判断能力。在收集和分析财务数据时,审计助理需要能够识别潜在的风险和问题,并提出合理的建议。这不仅需要扎实的专业知识,还需要批判性思维和逻辑推理能力。

在职业素养方面,审计助理需要具备高度的职业道德和保密意识。由于审计工作涉及敏感的财务信息,遵守职业道德准则和保密规定是不可或缺的。此外,审计助理还需要具有较强的适应能力和抗压能力,因为审计工作往往需要在规定的时间内完成大量的工作任务。

随着审计工作复杂性的增加,审计助理的角色也在不断变化。例如,对企业的风险管理和内部控制进行评估已成为审计工作的重要组成部分。因此,审计助理需要了解企业的内部控制体系,并能够评估其有效性。

为了适应这些变化和挑战,审计助理需要保持终身学习的态度,不断更新自己的知识和技能。通过参加专业培训、获取专业资格认证(如注册会计师 CPA、国际注册会计师 ACCA 等),审计助理可以提升自己的专业地位并获得职业发展机会。

审计助理是一个需要具有多方面能力的岗位。要想在这一职位上取得成功,不仅需要扎实的会计和审计知识,还需要良好的沟通、分析和判断能力,以及高度的职业素养。通过不断学习和实践,审计助理可以逐步提升自己的能力,为未来的职业生涯打下坚实的基础。

2.2.5　财务报表分析专员岗位能力分析

财务报表分析专员是企业财务部门的关键职位,负责解读财务报表,为企业管理层提供决策支持。在当今的经济环境下,这一岗位的作用愈发重要,因为高质量的财务分析直接关系到企业的财务健康和战略决策的正确性。以下是对财务报表分析专员岗位所需能力的详细分析。

首先,专业知识是财务报表分析专员必备的基础能力。其中包括对财务会计标准、财务报表结构、会计原理和税法的深入理解。报表分析专员需要能够熟练运用这些知识,对资产负债表、利润表和现金流量表等进行深入分析,识别财务状况的优势与风险。

其次,分析技能是财务报表分析专员的核心能力。这不仅包括对财务数据的分析,还包括对经营数据、市场趋势和行业状况的综合分析。报表分析专员需要具备批判性思维,能够从数据中提炼出有价值的信息,并结合企业战略和运营情况,提出建设性的建议。

再次,财务报表分析专员需要具备较强的技术能力。随着信息技术的发展,现代财务报表分析不仅依赖于传统的财务比率分析,还涉及复杂的数据分析工具和技术。报表分析专员需要熟练地使用 Excel 等电子表格软件,精通高级函数和数据分析工具,同时能够操作专业的财务分析软件,如 SAP Analysis for ERP 等。

最后,沟通和报告撰写能力也是财务报表分析专员不可或缺的能力。分析结果需要通过书面报告或演示的形式传达给非财务背景的决策者,因此,专员需要能够清晰、简洁地表达自己的观点,并撰写逻辑严谨、格式规范的报告。

此外,财务报表分析专员还应具备一定的协调和团队合作能力。因为在收集和分析数据的过程中,他们可能需要与不同部门的人员合作,如会计、销售、市场等。

在职业素养方面,财务报表分析专员需要具备高度的职业道德和保密意识。由于此工作涉及敏感的财务信息,遵守职业道德准则和保密规定就是对从业人员的基本要求。同时,良好的时间管理和项目管理能力也是必不可少的,因为报表分析工作往往需要在严格的时间要求内完成。

随着企业对数据分析需求的增加,财务报表分析专员的工作内容也在不断扩展。例如,他们可能需要参与预算编制、业务预测和资金流管理等工作。因此,持续的专业发展和学习是财务报表分析专员职业生涯中不可忽视的一部分。

为了适应这些变化和挑战,财务报表分析专员需要保持终身学习的态度,不断更新自己的知识和技能。通过参加专业培训、获取专业资格认证(如注册会计师 CPA、国际注册会计师 ACCA 等),财务报表分析专员可以提升自己的专业地位并获得职业发展机会。

财务报表分析专员是一个综合性很强的岗位,需要具备丰富的专业知识、分析技能、技术能力和沟通技巧。通过不断地学习和实践,财务报表分析专员可以逐步提升自己的能力,为企业的财务决策提供坚实的支持。

2.2.6　资产评估助理岗位能力分析

资产评估助理是资产评估机构的重要岗位,他们的主要职责是协助资产评估师进行资产评估工作。

首先,资产评估助理需要具备扎实的专业知识。资产评估助理需要具备一定的财务、经济、法律等相关专业知识,能够理解和掌握资产评估的基本原理和方法,其中包括对财务、会计、经济和市场基本原理的理解。资产评估助理需要熟悉资产评估的理念、原则和方法,例如收益法、市场法和成本法等常用评估方法。此外,应了解与评估相关的法律法规,如《公司法》《证券法》《物权法》以及特定行业的法规政策。资产评估助理还需掌握财务报表分析能力,能够从企业的财务数据中提取关键信息,并据此进行资产价值分析。同时,对于所涉及的资产类型,无论是不动产、机器设备、无形资产还是金融资产,资产评估助理都要有基本的价值认识和评估常识。

其次,资产评估助理需要具备一定的数据分析能力,以便准确处理数据和进行价值量化。资产评估助理的数据分析能力是完成日常工作的基础技术之一,必须能够对大量碎片化的信息进行筛选、处理和解析,以识别和估算资产的价值,其中包括对财务数据进行比率分析、趋势分析和方差分析,以及能够解释市场动态、行业报告和公司财务状况等复杂信息。在具体操作中,资产评估助理需要运用统计方法和定量工具来预测资产未来的收益潜力及其风险水平,应具备使用数据分析工具迅速准确地构建模型、编制图表并运行模拟的能力,以便为评估师提供可靠的参考依据。为了在复杂的经济环境中作出合理的判断,数据分析就不能仅是数字操作,更要了解数据背后的业务逻辑和市场情况。因此,一个优秀的资产评估助理还需要培养数据敏感性和综合分析能力,以确保评估结果的客观性和准确性。

最后,资产评估助理还需要有良好的沟通能力。资产评估助理在工作中必须展现出良好的沟通能力,这关系到能否有效地收集和交换评估所需的信息。资产评估助理需要频繁与委托人沟通以了解资产背景、经营情况及市场状况等关键信息,并准确传达评估过程和结果。同时,在与评估师和团队成员合作时,必须能够清晰地表达观点和数据,确保信息的准确无误和工作效率。资产评估助理在撰写评估报告时,也需要将复杂的技术分析转化为易于理解的语言,以便非专业读者也能理解评估结论及其依据。良好的沟通能力还包括倾听和同理心,这对于理解客户需求、捕捉反馈并建立信任关系至关重要。资产评估助理的沟通能力不仅包括语言表达,也包括非言语交流、书面表达及有效的倾听技巧,这些能力共同确保了评估活动的顺利进行和高质量输出。

2.3 课程体系

2.3.1 会计学专业课程体系结构

会计学专业课程体系是在"2+1+1"产教融合型课程体系理念的指导下构建的。该体系从会计类相关岗位分析出发,通过岗位任务的梳理,开发出应用型课程和项目化教学课程。随后,依据项目化教学课程的具体项目任务,提炼出能够支撑项目开展的基础课知识点。最终,将这些知识点进行整合归类,形成专业基础课程。结构如图 2-1 所示。

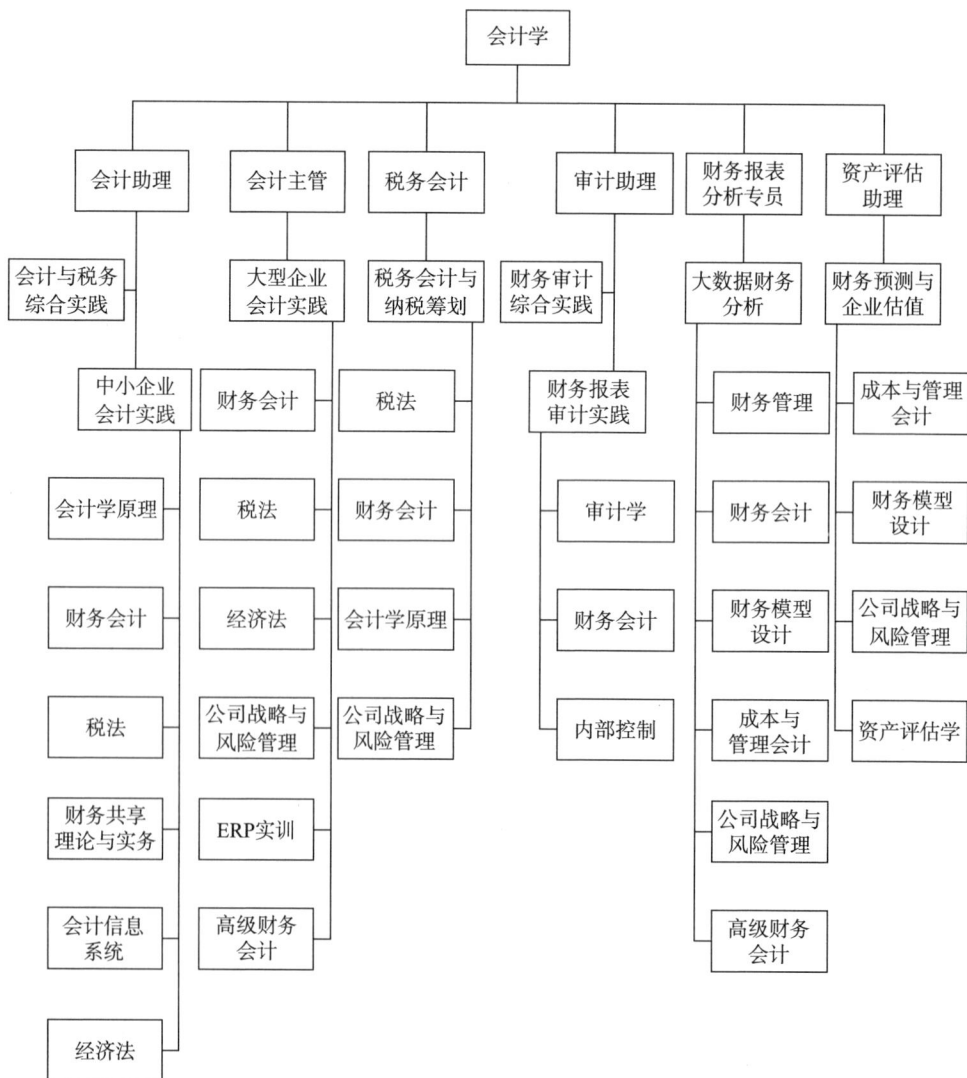

图 2-1 会计学专业课程体系结构

2.3.2　专业课程知识结构体系

会计学专业课程知识结构体系如表 2-2 所示。

表 2-2　会计学专业课程知识结构体系

岗位名称	岗位任务	项目化任务	项目化教学课程	专业基础课程主模块
会计助理	期初建账	项目 X1：目标企业期初建账工作	中小企业会计实践	Z1 会计学总论
				Z2 会计要素与会计等式
				Z4 账户与复式记账
				Z5 借贷记账法的应用
				Z6 财产清查
				Z9 账务处理程序
				Z10 基础会计综合实训
				Z12 会计账簿
				Z14 信息与沟通
				Z15 信息系统账套初始化
	会计凭证的填制	项目 X2：目标企业会计凭证的填制		Z16 会计凭证
				Z17 信息系统日常业务管理
				Z18 资产业务会计核算
				Z19 负债业务会计核算
				Z20 所有者权益的会计核算
				Z21 费用、收入和利润的会计核算
	企业账簿的登记	项目 X3：目标企业账簿的登记		Z12 会计账簿
				Z22 信息系统期末业务处理
				Z23 FSSC 沙盘实训
				Z24 财务共享实训
	会计报表的编制	项目 X4：目标企业会计报表的编制		Z25 财务报告内容
				Z26 会计档案和会计法规
				Z27 增值税法
	纳税申报	项目 X5：企业纳税申报		Z28 企业所得税税法
				Z29 个人所得税法

续表

岗位名称	岗位任务	项目化任务	项目化教学课程	专业基础课程主模块
会计助理	具备初级会计资格证书	项目 X6：达到初级会计资格考试大纲要求	经济法基础与初级会计实务	Z1 会计学总论
				Z2 会计要素与会计等式
				Z4 账户与复式记账
				Z5 借贷记账法的应用
				Z6 财产清查
				Z9 账务处理程序
				Z26 会计档案和会计法规
				Z10 基础会计综合实训
				Z18 资产业务会计核算
				Z19 负债业务会计核算
				Z20 所有者权益的会计核算
				Z21 费用、收入和利润的会计核算
				Z31 财务报告编制
				Z32 税法总论
				Z27 增值税法
				Z33 消费税法
				Z28 企业所得税税法
				Z29 个人所得税法
				Z34 其他税种
				Z35 经济法基础知识
				Z36 物权法
				Z37 破产法律制度
				Z38 竞争法律制度
				Z39 劳动合同法

续表

岗位名称	岗位任务	项目化任务	项目化教学课程	专业基础课程主模块
会计主管	会计工作的合法性分析	项目 X7：会计工作的合法性分析	大型企业会计实践	Z40 会计法主要条款
				Z41 公司法制度
				Z42 个人独资企业和合伙企业法
				Z43 证券法
	年度报告的编制	项目 X8：年度报告的编制		Z44 企业会计准则的制定与企业会计准则体系
				Z45 会计信息质量要求
				Z31 财务报告编制
				Z46 战略分析
				Z47 公司治理
				Z48 内部环境
				Z49 控制活动(经营活动)
				Z50 企业合并
	重大会计事项的处理	项目 X9：重大会计事项的处理		Z51 债务重组
				Z52 政府补助
				Z53 股份支付
				Z54 长期股权投资与合营安排
				Z55 公司并购
				Z56 股份有限公司与首次公开发行
				Z57 决策
				Z58 组织
				Z59 领导
				Z60 控制
税务会计	增值税会计与筹划	项目 X10：增值税税务会计、纳税申报与税务筹划	税务会计与纳税筹划	Z27 增值税法
				Z3 增值税会计核算
	企业所得税会计与筹划	项目 X11：企业所得税税务会计、纳税申报与税务筹划		Z28 企业所得税税法
				Z7 所得税会计核算
	个人所得税会计与筹划	项目 X12：个人所得税税务会计、纳税申报与税务筹划		Z29 个人所得税法
				Z8 个人所得税会计核算
	其他税种会计与筹划	项目 X13：其他税种税务会计、纳税申报与税务筹划		Z34 其他税种
				Z11 其他应交税费会计核算

岗位名称	岗位任务	项目化任务	项目化教学课程	专业基础课程主模块
审计助理	收集审计项目信息,协助签约,制订审计计划	项目 X14:开展审计初步业务活动以及制订审计计划	财务报表审计实践	Z61 审计准则和审计依据
				Z62 初步业务活动
				Z63 审计计划
				Z31 财务报告编制
				Z57 决策
	开展风险评估工作,并填写相关审计工作底稿	项目 X15:开展风险评估活动,填制相关审计工作底稿		Z64 风险评估
	开展风险应对工作,并填写相关审计工作底稿	项目 X16:开展风险应对活动,收集审计证据,填写相关工作底稿		Z60 控制
				Z65 风险应对
				Z66 销售与收款循环审计
				Z67 采购与付款循环审计
				Z68 生产与存货循环审计
				Z69 货币资金审计
	协助审计经理出具审计报告,对审计资料归档	项目 X17:得出审计结论,出具审计报告,并进行审计资料的整理和归档		Z70 完成审计工作与审计报告
财务报表分析专员	确定财务分析的对象,收集财务分析资料	项目 X18:明确财务分析目的,确定财务分析对象	大数据财务分析	Z71 财务报表分析的概念、主体和目的,以及财务分析的依据
	选择财务分析方法	项目 X19:结合企业项目及要求,选择财务分析方法		Z72 财务报表分析的基本方法
	进行企业基本简介及背景分析	项目 X20:企业基本情况分析及所属行业分析		Z73 企业战略类型与战略选择
				Z46 战略分析
				Z47 公司治理
				Z74 宏观经济指标分析
				Z75 宏观经济政策
				Z76 宏观总需求与总供给理论
				Z77 经济增长与经济周期

岗位名称	岗位任务	项目化任务	项目化教学课程	专业基础课程主模块
财务报表分析专员	进行企业基本简介及背景分析	项目 X20:企业基本情况分析及所属行业分析	大数据财务分析	Z78 需求
				Z79 供给
				Z80 价格
				Z81 要素市场需求与供给分析
				Z82 消费者行为理论
				Z83 生产论
				Z84 成本论
				Z85 完全竞争市场分析
				Z86 不完全竞争市场分析
	企业重大事项分析	项目 X21:对目标企业重大事项进行分析		Z50 企业合并
				Z51 债务重组
				Z52 政府补助
				Z53 股份支付
				Z88 资产负债表日后事项
				Z89 会计政策、会计估计及其变更和差错更正
	企业风险分析(依据会计信息的分析)	项目 X22:对目标企业进行财务风险分析		Z90 内部控制评价
				Z91 内部控制审计
				Z92 风险与风险管理
				Z31 财务报告编制
				Z93 风险评估程序
				Z60 控制
	企业财务能力分析	项目 X23:结合市场需求,对目标企业进行财务能力分析		Z94 偿债能力分析
				Z95 盈利能力分析
				Z96 营运能力分析
				Z97 上市公司财务比率分析
				Z98 发展能力分析
				Z99 综合分析
				Z100 表格基础
				Z101 表格高阶应用
				Z102 模型设计
				Z103 盈利质量评价
	撰写财务分析报告,制作财务分析报告 PPT	项目 X24:结合企业需求,完成财务分析报告的撰写及汇报		Z104 运营管理应用
				Z105 业绩评价

岗位名称	岗位任务	项目化任务	项目化教学课程	专业基础课程主模块
资产评估助理	梳理背景资料	项目 X25：基于企业自由现金流量模型的某上市公司企业估值 项目 X26：基于股权自由现金流量模型的某上市公司企业估值 项目 X27：基于 EVA 模型的某上市公司企业估值	财务预测与企业估值	Z106 战略选择
				Z60 控制
				Z57 决策
	开展环境分析			Z77 经济增长与经济周期
				Z108 销售预算
	确定评估方法			Z109 成本预算
				Z110 生产成本
	估计评估参数			Z102 模型设计
				Z111 筹资管理
				Z112 预算管理
				Z113 财务管理基本原理
				Z111 筹资管理
				Z56 股份有限公司与首次公开发行
				Z115 债券的发行与承销
				Z116 上市公司再融资
				Z117 资产证券化
				Z118 信用方式
				Z119 利率
				Z120 商业银行
				Z121 债券市场
				Z122 股票市场
				Z123 货币政策
	确定评估结果			Z124 股票概述及分类
				Z125 投资组合管理
				Z126 技术分析
				Z127 融资管理
				Z128 战略实施
				Z129 生产准备管理
				Z130 资产评估基本理论与基本方法
				Z131 资产评估实务
				Z132 资产评估报告
				Z133 投资管理
				Z134 营运与分配管理
				Z135 管理总论
				Z136 创新

注：表中"X"代表项目化任务，"Z"代表专业基础课程知识点。

2.4　人才培养方案

2.4.1　会计学专业人才培养目标

会计学专业主要面向企事业等单位培养具有强烈社会责任感,掌握会计、管理、经济、法律和计算机应用等知识,具有较强的账务处理、纳税申报、财务分析等专业实践能力,能从事会计及相关工作的应用型和数智型高级专门人才。

2.4.2　会计学专业毕业基本要求

会计学专业的课程分为普通教育课程、专业基础课程、项目化教学课程、应用型课程和集中实践课程五类,各有最低学分的要求,毕业最低学分为160,如表2-3所示。

表 2-3　会计学专业毕业基本要求

课程平台	学 时 统 计					学 分 统 计					
	必修学时	选修学时	理论教学	实践教学	总学时	必修学分	选修学分	理论学分	实践学分	总学分	实践学分占总学分比例/%
普通教育课程	1054	98	816	336	1152	62	10	54.5	17.5	72	10.9
专业基础课程	672	208	576	304	880	42	13	36	19	55	11.9
项目化教学课程	112	128	96	144	240	7	7	5	9	14	5.6
应用型课程	0	32	0	32	32	0	2	0	2	2	1.3
集中实践课程	320	80	0	400	400	16	1	0	17	17	10.6
合　计	2158	546	1488	1216	2704	127	33	95.5	64.5	160	40.3

2.4.3　会计学专业课程设置

会计学专业课程设置见表2-4。

表 2-4　会计学专业课程设置

课 程 名 称	课程性质	学分	理论学分	实践学分	学时	理论学时	实践学时	开设学期
思想道德修养与法律基础	必修	3	2	1	48	32	16	1
中国近现代史纲要	必修	3	3	0	48	48	0	2

续表

课 程 名 称	课程性质	学分	理论学分	实践学分	学时	理论学时	实践学时	开设学期
马克思主义基本原理概论	必修	3	3	0	48	48	0	4
毛泽东思想和中国特色社会主义理论体系概论	必修	5	4	1	80	64	16	3
形势与政策Ⅰ	必修	0.5	0.5	0	16	16	0	1～2
形势与政策Ⅱ	必修	0.5	0.5	0	16	16	0	3～4
形势与政策Ⅲ	必修	0.5	0.5	0	16	16	0	5～6
形势与政策Ⅳ	必修	0.5	0.5	0	8	8	0	7
军事课	必修	4	2	2	36	36	0	1
大学英语Ⅰ	必修	4	3	1	64	48	16	1
大学英语Ⅱ	必修	4	3	1	64	48	16	2
大学英语Ⅲ	必修	4	3	1	64	48	16	3
汉语阅读与写作	必修	2	1	1	32	16	16	2
高等数学Ⅰ（财经类）	必修	4	4	0	64	64	0	1
高等数学Ⅱ（财经类）	必修	4	4	0	64	64	0	2
体育Ⅰ	必修	1	0	1	32	0	32	1
体育Ⅱ	必修	1	0	1	32	0	32	2
体育Ⅲ	必修	1	0	1	32	0	32	3
体育Ⅳ	必修	1	0	1	32	0	32	4
大学生心理健康	必修	2	1.5	0.5	32	24	8	2
大学生职业发展与就业指导Ⅰ	必修	1	1	0	20	16	4	1
大学生职业发展与就业指导Ⅱ	必修	1	0.5	0.5	18	12	6	3～6
创业基础	必修	2	1	1	32	16	16	3
大数据基础	必修	2	1	1	32	18	14	1
艺术欣赏	公选课中限选	2	2	0	32	32	0	3
大学英语Ⅳ	选修	4	3	1	64	48	16	4

续表

课 程 名 称	课程性质	学分	理论学分	实践学分	学时	理论学时	实践学时	开设学期
线性代数 B	选修	3	3	0	48	48	0	5
概率论与数理统计 B	选修	3	3	0	48	48	0	6
管理学	必修	4	3	1	64	48	16	1
经济法概论	必修	3	2	1	48	32	16	1
会计学(含基础会计实训)	必修	4	3	1	64	48	16	2
微观经济学	必修	3	2	1	48	32	16	2
金融学	必修	3	2	1	48	32	16	2
宏观经济学	必修	2	1.5	0.5	32	24	8	3
财务会计	必修	8	6	2	128	96	32	3
税法	必修	4	3	1	64	48	16	3
成本与管理会计	必修	3	2	1	48	32	16	4
会计学	必修	4	3	1	64	48	16	4
财务共享理论与实务	限修	3	1	2	48	16	32	4
会计信息系统	限选	3	0	3	48	0	48	3
经济法基础与初级会计实务	限选	4	4	0	80	80	0	4
高级财务会计	必修	2	1.5	0.5	32	24	8	5
财务模型设计	选修	2	0	2	32	0	32	5
税务会计与纳税筹划	必修	3	2	1	48	32	16	5
审计学原理	必修	4	3	1	64	48	16	5
中小企业会计实践	必修	4	4	0	64	0	64	5
公司战略与风险管理	选修	3	2	1	48	32	16	5
大型企业会计实践	必修	4	0	4	64	0	64	6
企业财务分析	必修	3	0	3	48	0	48	6
财务报表审计实践	限选	4	0	4	64	0	64	6
家庭财富管理	选修	3	0	3	48	0	48	6

续表

课 程 名 称	课程性质	学分	理论学分	实践学分	学时	理论学时	实践学时	开设学期
ERP 实训	选修	2	0	2	32	0	32	6
内部控制	选修	2	1.5	0.5	32	24	8	6
财务审计	选修	2	0	2	32	0	32	7
毕业论文	必修	12	0	12	240	0	240	8
认知实习	选修	1	0	1	20	0	20	1～2
专业实习	选修	2	0	2	40	0	40	3～6
社会实践	选修	1	0	1	80	0	80	假期
毕业实习	必修	4	0	4	80	0	80	7

第 3 章

会计学专业课程知识建模

课程知识建模是课程设计的灵魂,以下分别就项目化教学课程和专业基础课程做部分展示。

3.1 项目化教学课程知识建模

项目化教学课程以税务会计与纳税筹划、大数据财务分析和财务预测与企业估值三门课程为例展示部分知识建模。

3.1.1 "税务会计与纳税筹划"课程知识建模图

"税务会计与纳税筹划"课程的每个项目任务均从工作流程、工作标准和常见问题三个方面开展知识建模,如图 3-1 和图 3-2 所示。

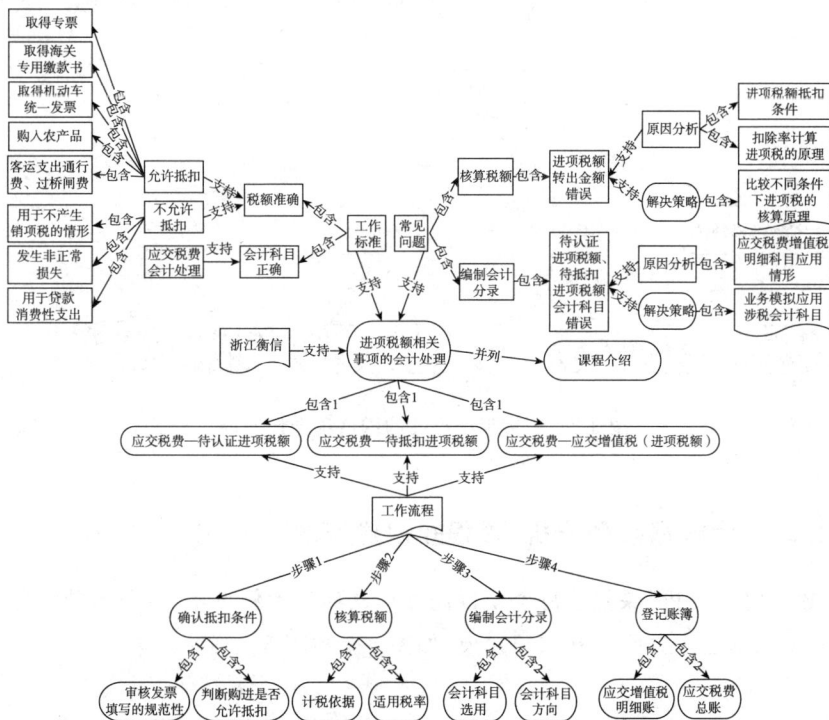

图 3-1　进项税额相关事项的会计处理

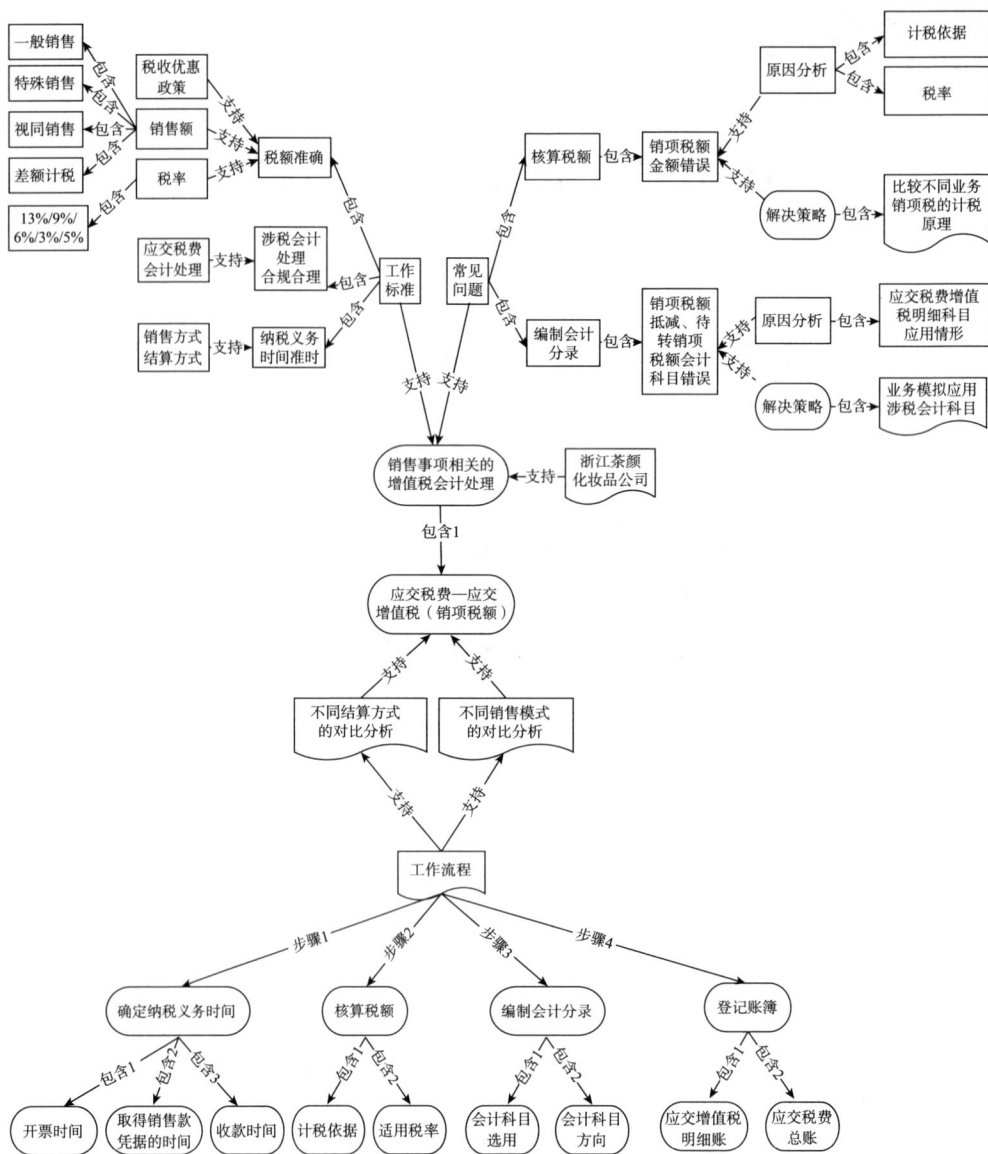

图 3-2 销售事项相关的增值税会计处理

3.1.2 "大数据财务分析"课程知识建模图

"大数据财务分析"课程的每个项目任务均从项目示例分析、专业基础课程知识点支撑和常见问题三个方面展开知识建模,如图 3-3 和图 3-4 所示。

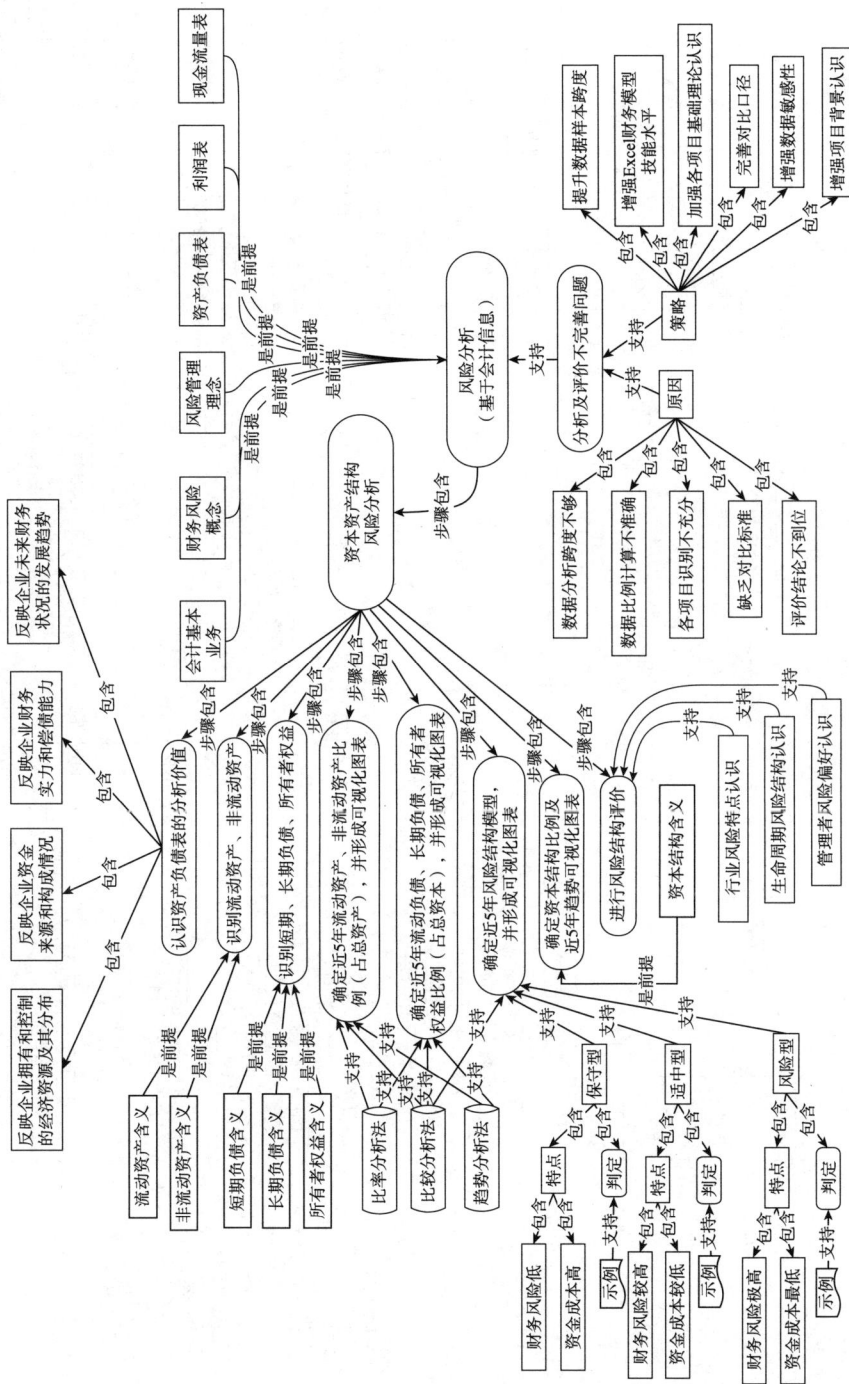

图 3-3 风险分析（基于会计信息）

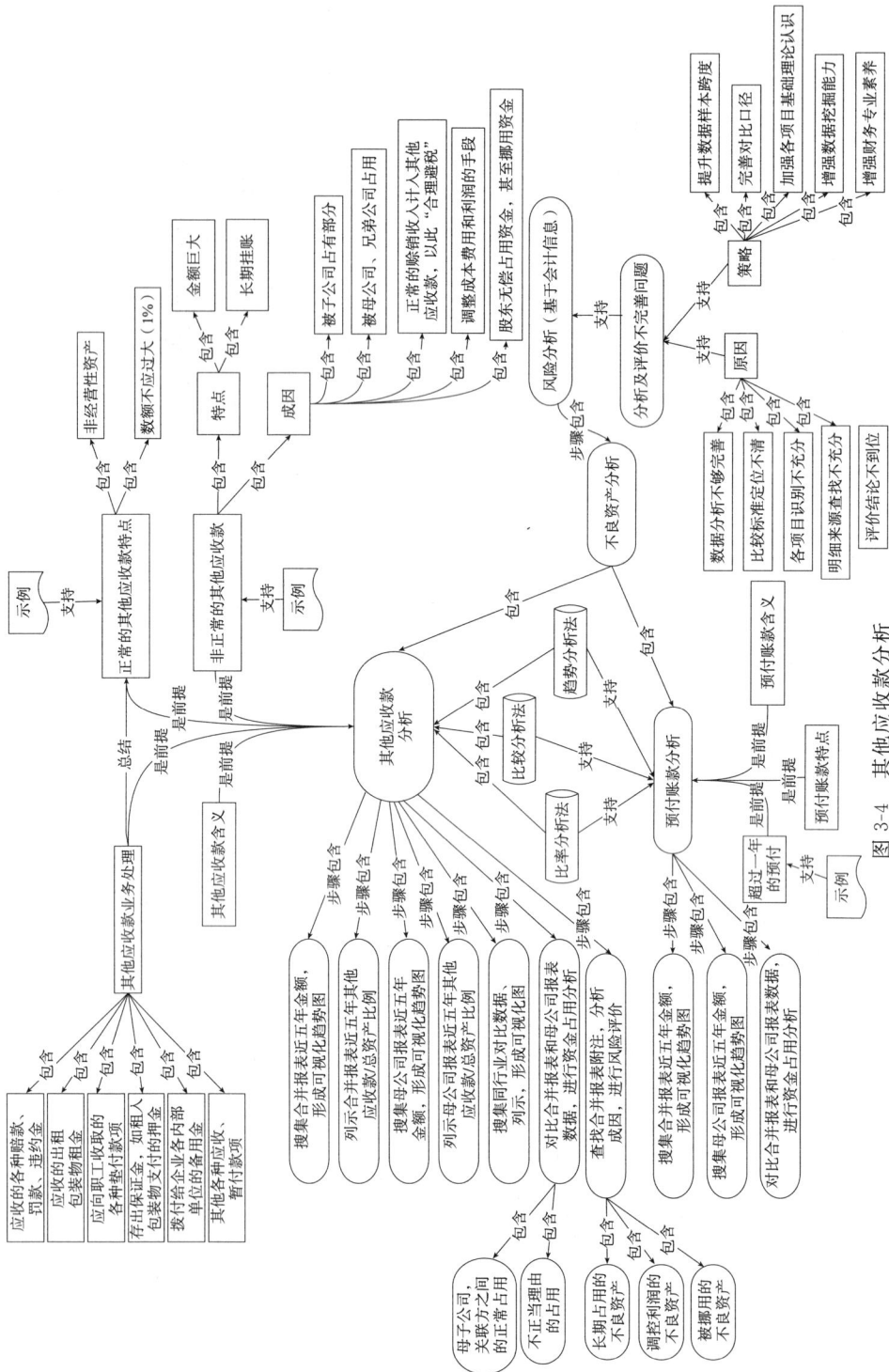

图 3-4 其他应收款分析

3.1.3　"财务预测与企业估值"课程知识建模图

"财务预测与企业估值"课程的每个项目任务均从专业基础课程知识点支撑、工作流程、任务标准和常见问题四个方面展开知识建模,如图 3-5 和图 3-6 所示。

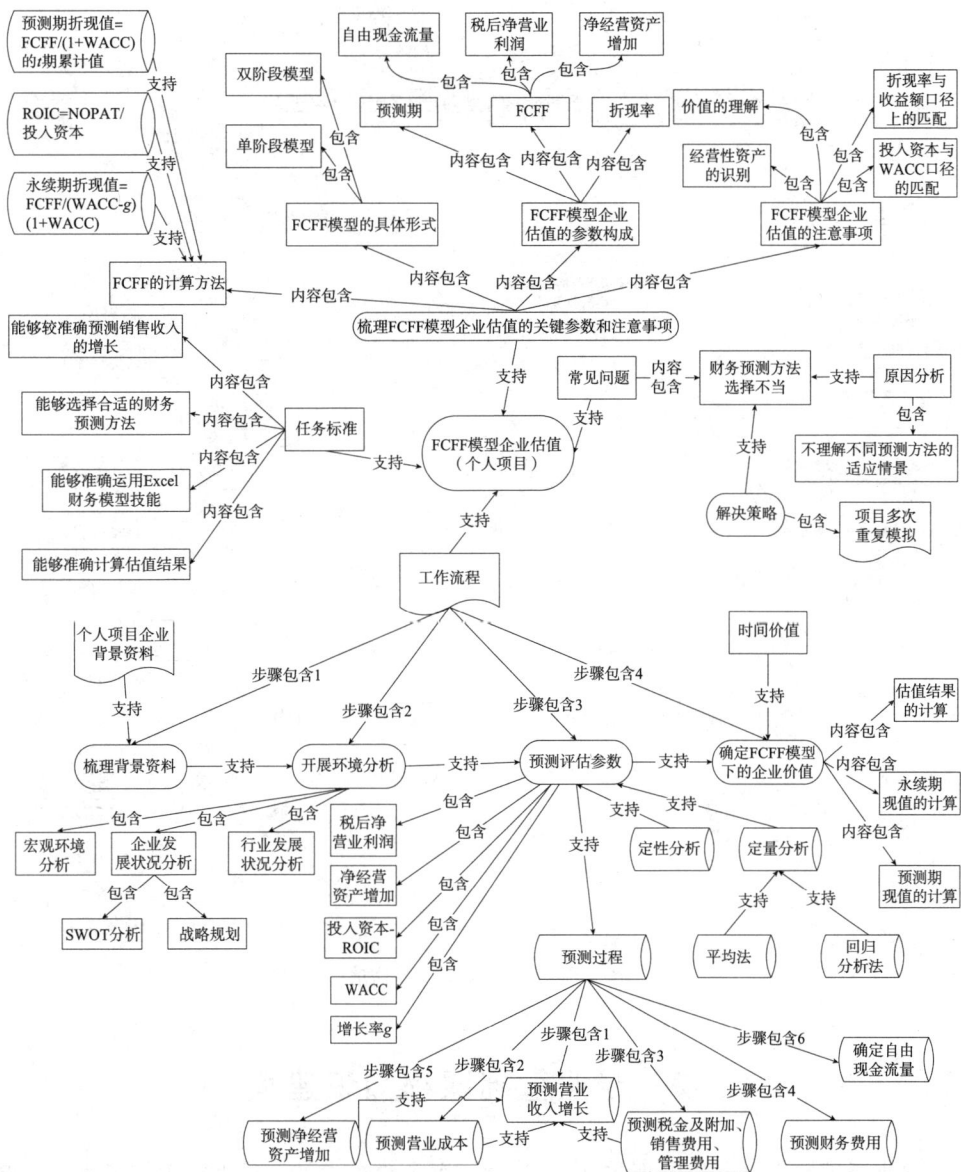

图 3-5　FCFF 模型企业估值(个人项目)

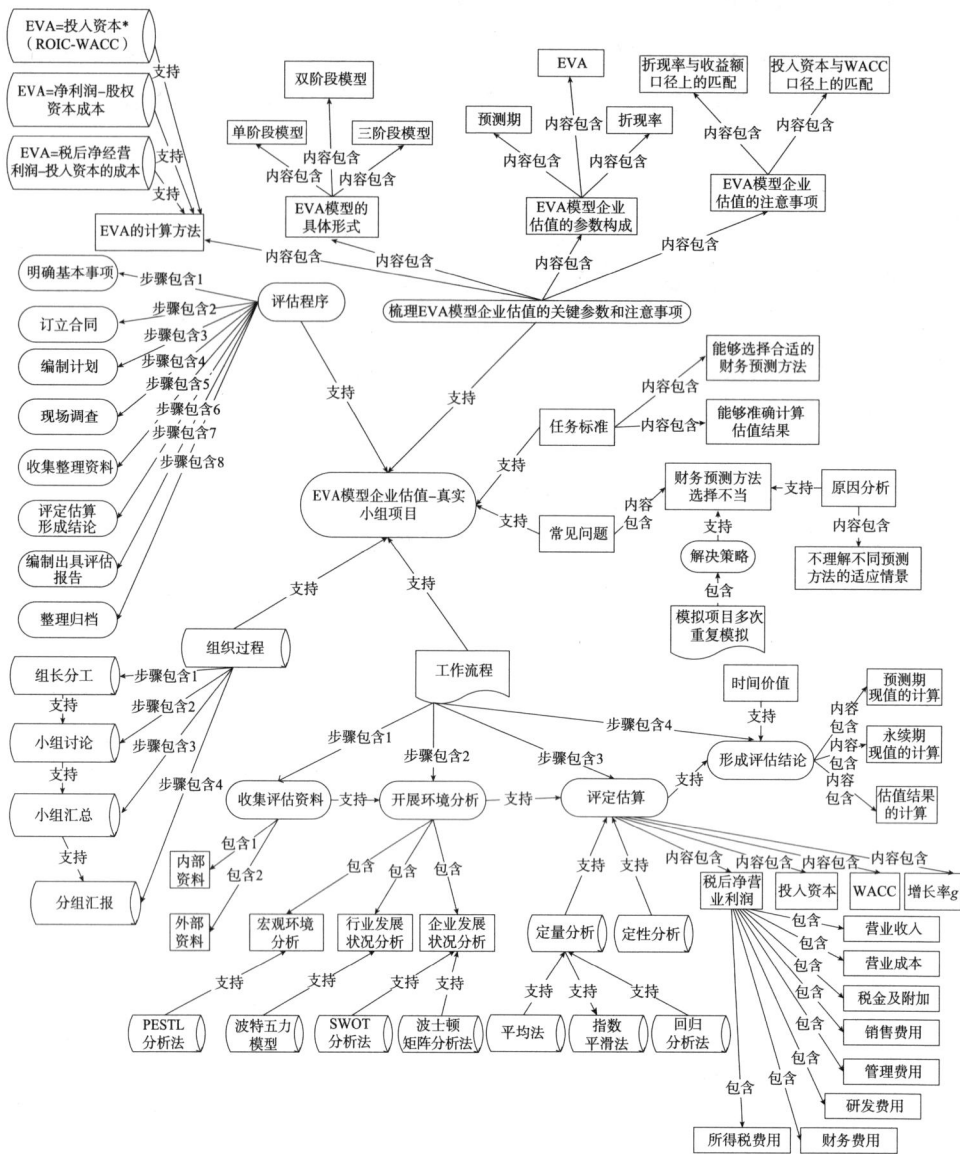

图 3-6 EVA 模型企业估值

3.2 专业基础课程知识建模

专业基础课程以财务管理学、内部控制和财务模型设计三门课程为例展示部分知识建模。专业基础课程与项目化教学课程不同,它主要侧重于通过建模图来强调细化的知识点及课程设计的策略。

3.2.1 "财务管理学"课程知识建模图

"财务管理学"课程知识建模图如图 3-7 和图 3-8 所示。

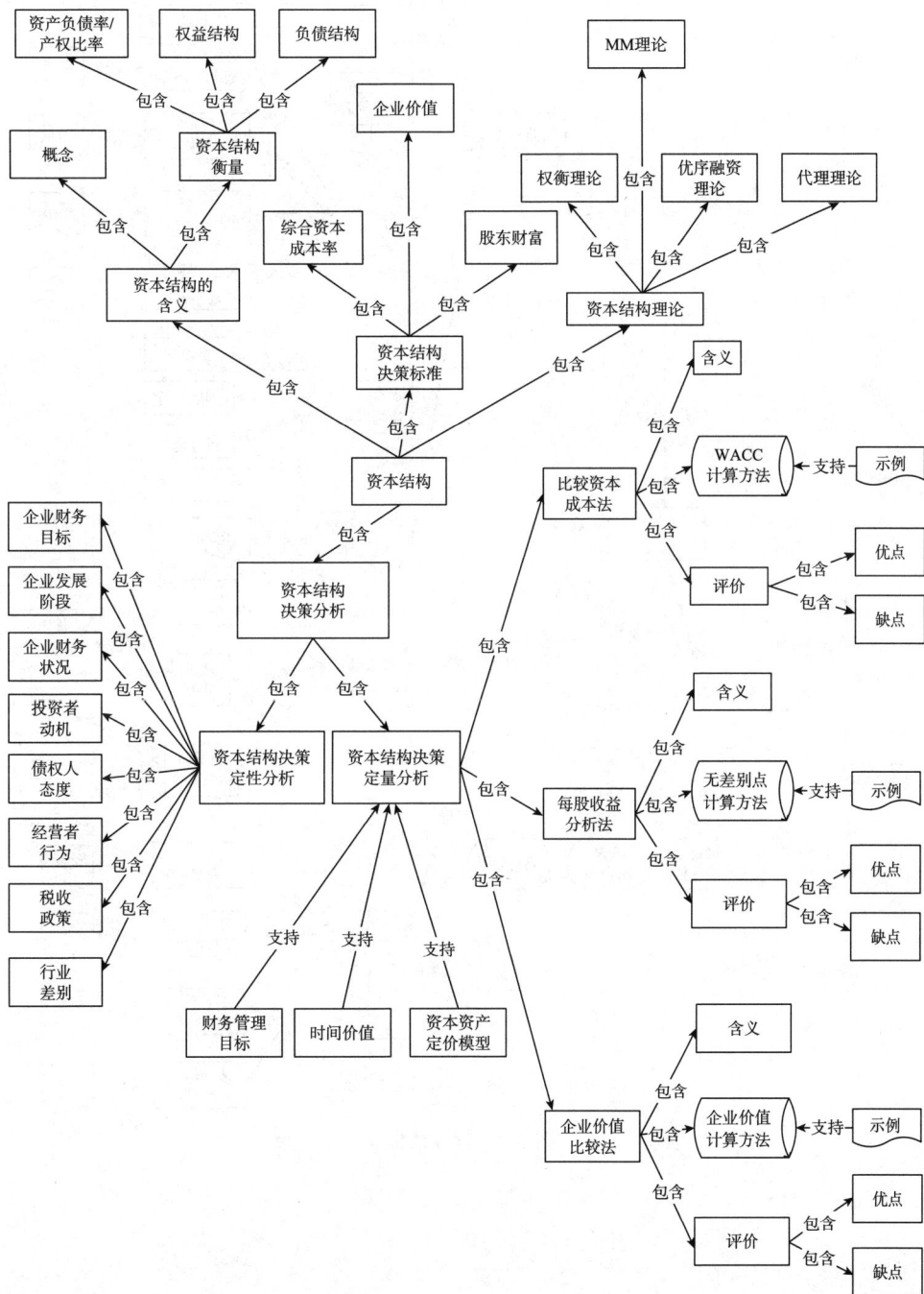

图 3-7 资本结构

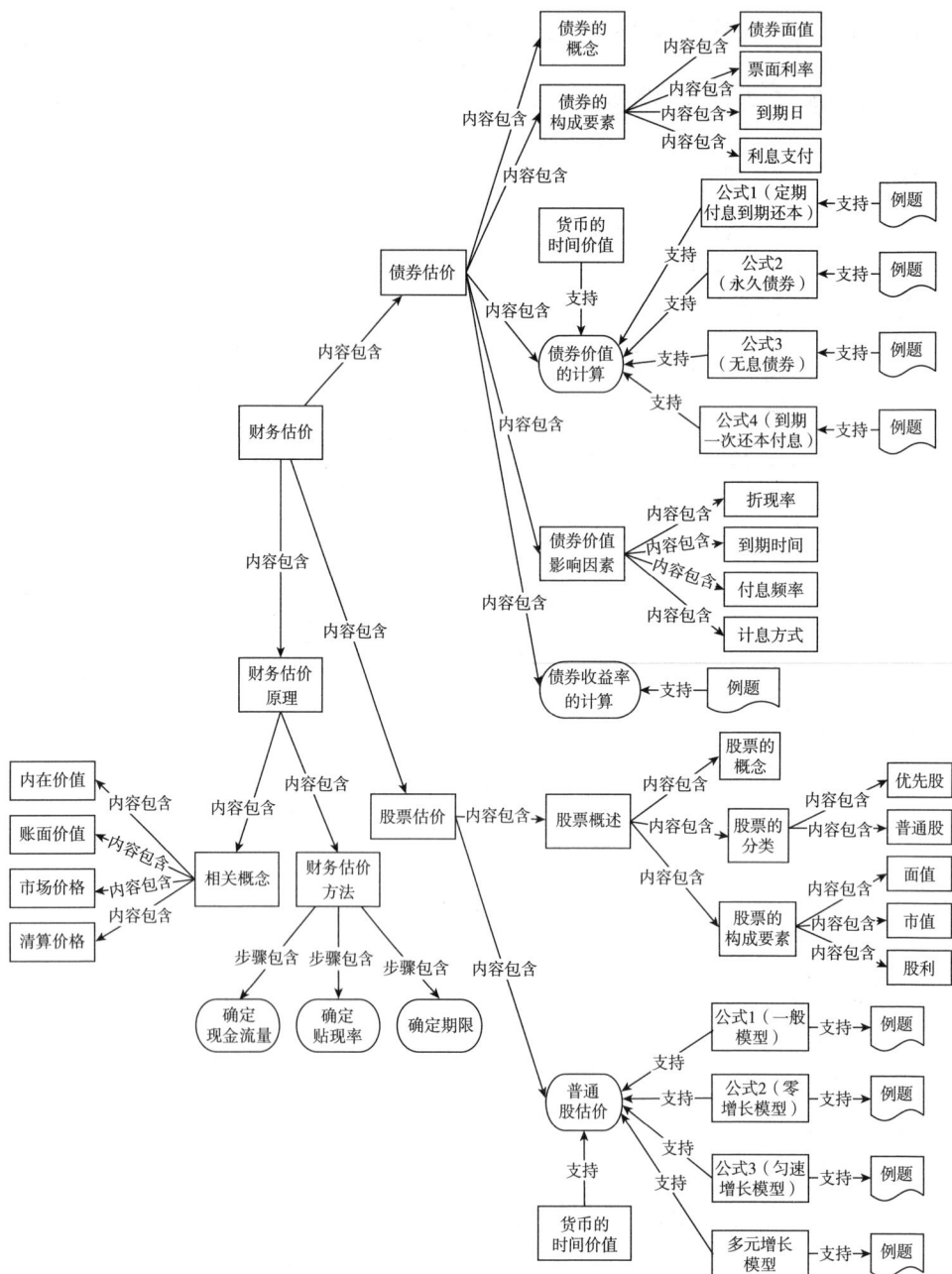

图 3-8 财务估价

3.2.2 "内部控制"课程知识建模图

"内部控制"课程知识建模图如图 3-9 和图 3-10 所示。

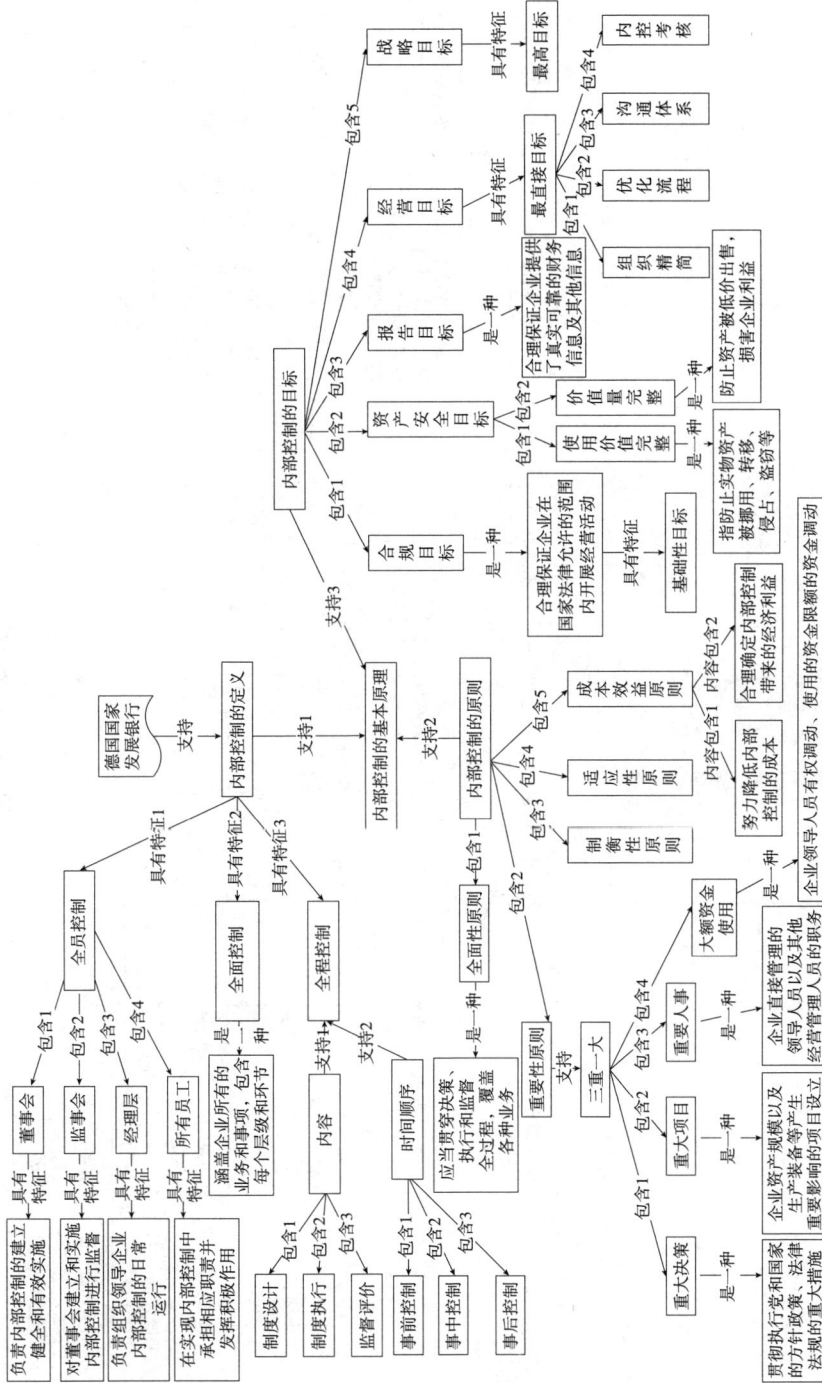

图 3-9　内部控制的基本原理

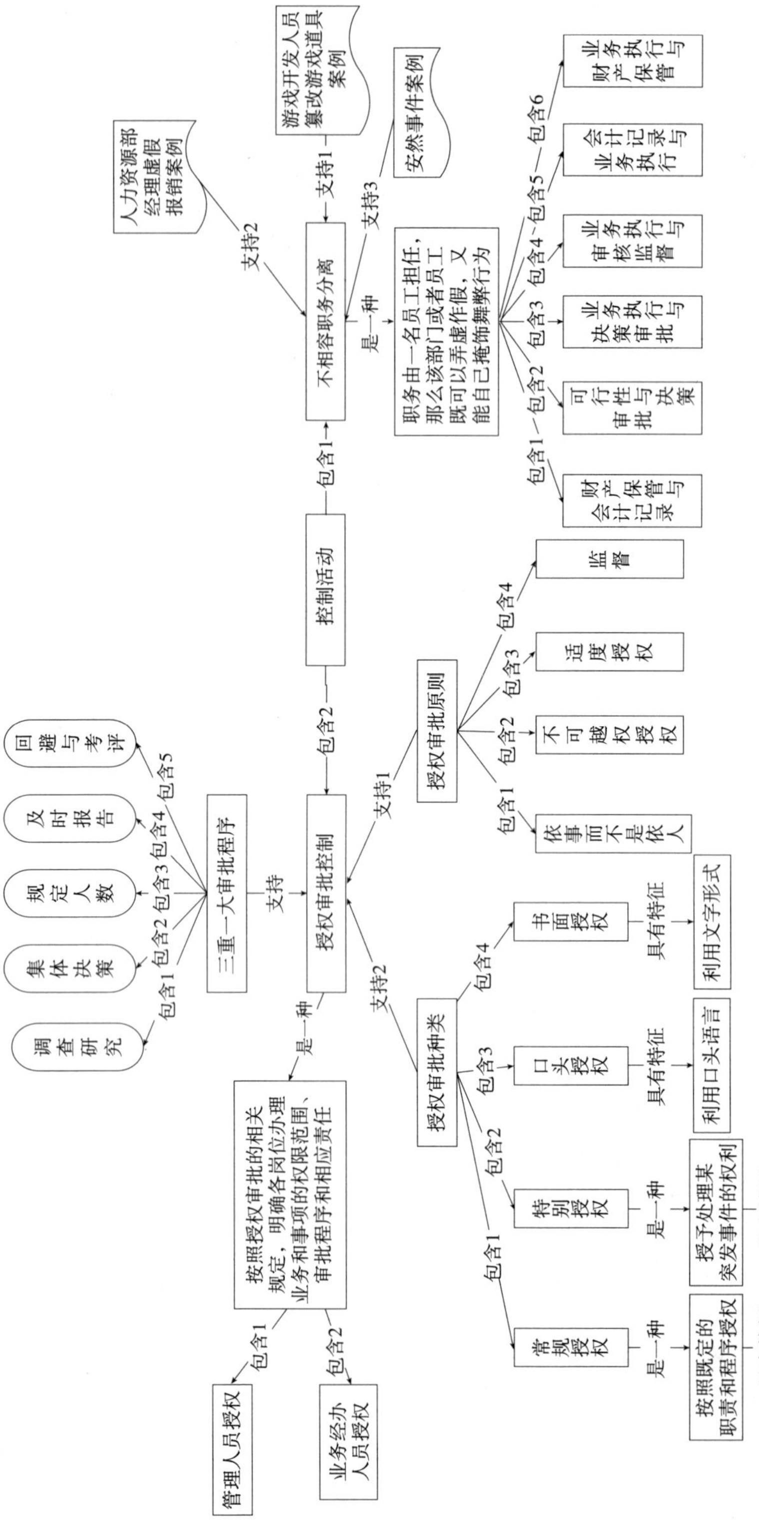

图 3-10 控制活动

3.2.3　"财务模型设计"课程知识建模图

"财务模型设计"课程知识建模图如图 3-11 和图 3-12 所示。

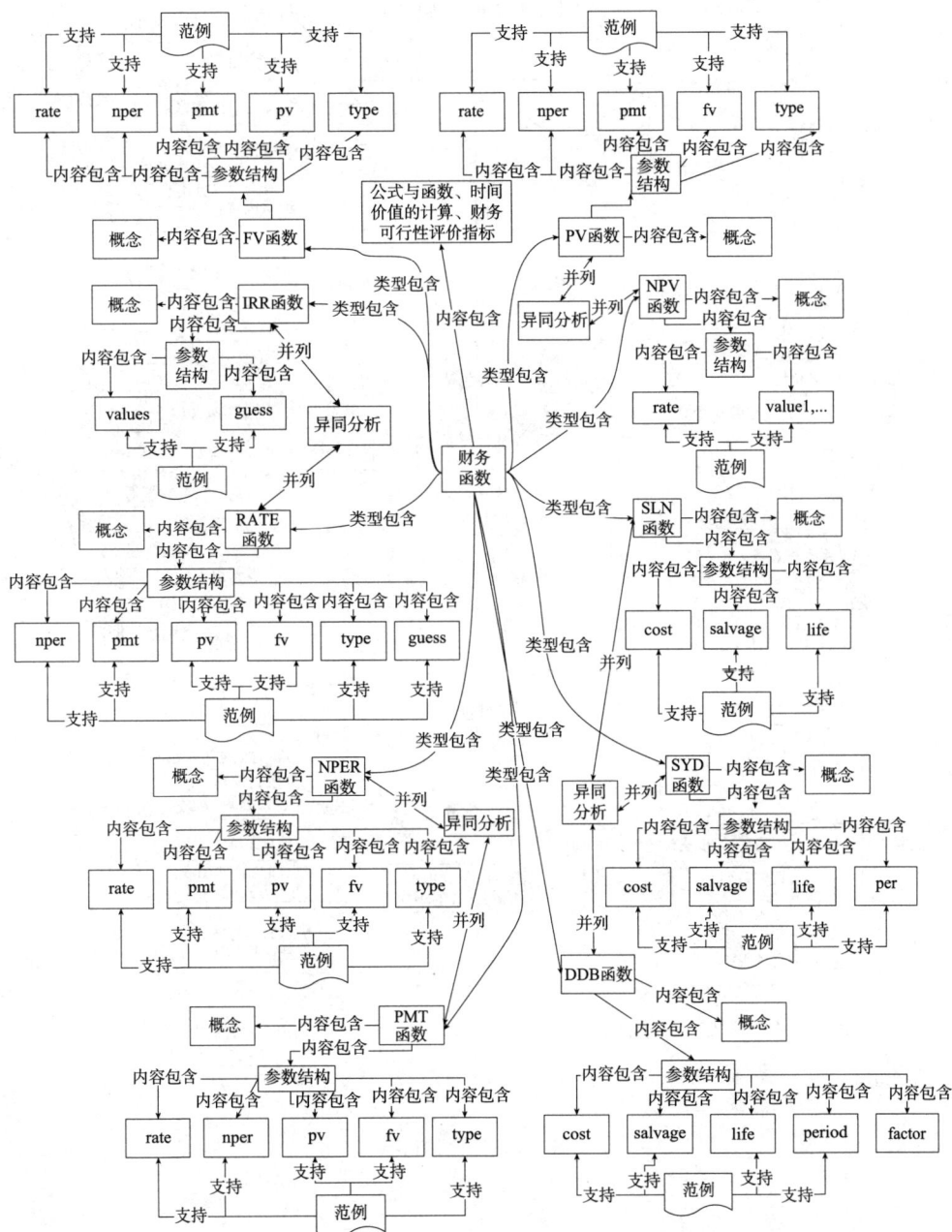

图 3-11　财务函数

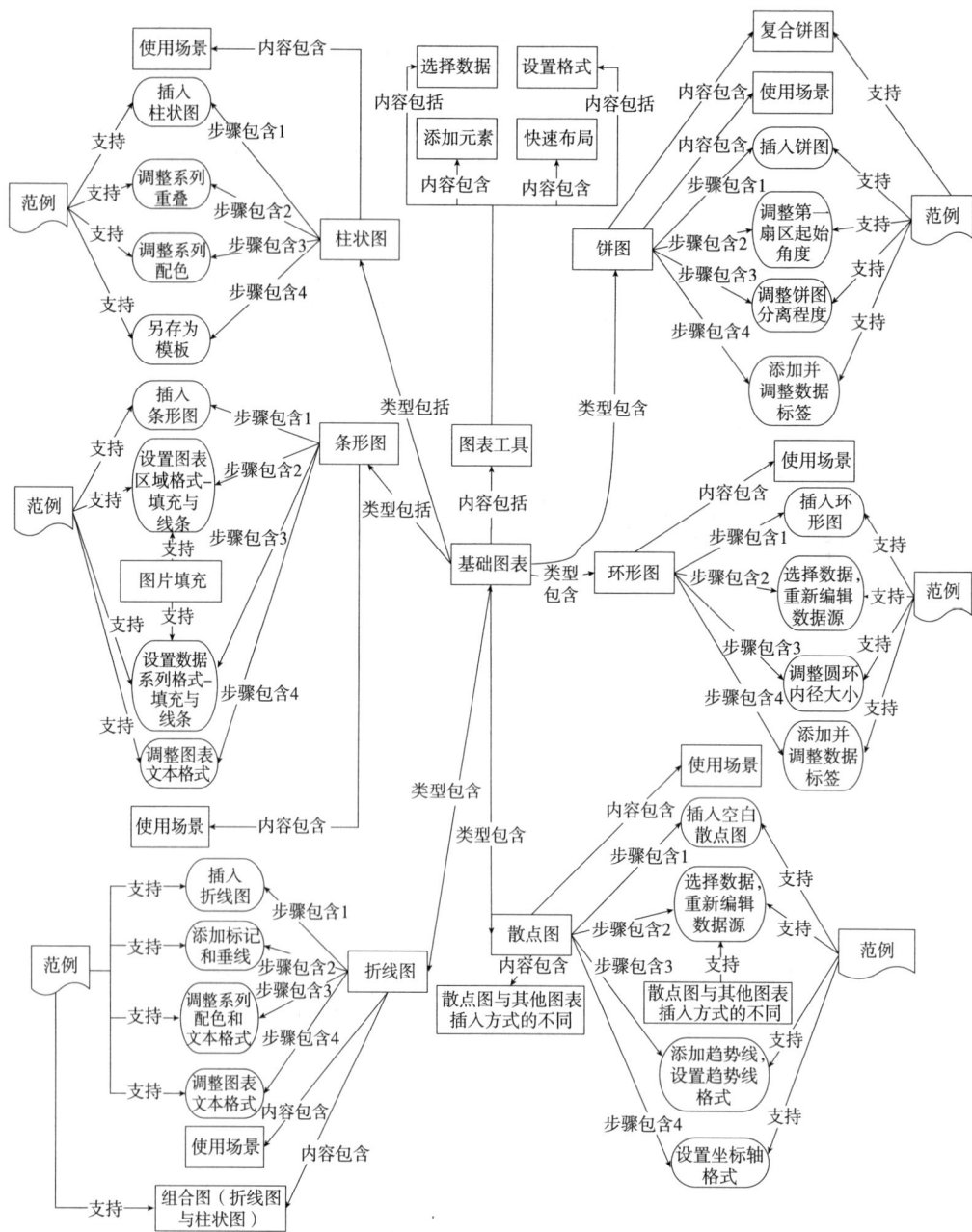

图 3-12　基础图表

第 4 章

基于 OBE 理念的教学设计

4.1 以项目化教学为核心的教学设计思路

我院从市场需求出发,调研会计岗位及岗位任务,以此为基础确定会计学人才培养目标。基于岗位任务和人才培养目标来构建项目化教学课程与应用型课程,进而倒逼专业基础课和通识课程的持续改革,使会计学专业最终形成以"基础—实践—应用"为主线的产教融合型课程体系。

项目化教学是一种以学生为中心的教学方法,强调通过真实世界的问题和挑战来促进学生的深度学习。它要求学生在教师的引导下,进行探究、合作、创新和反思,最终完成一个真实或者模拟的项目。

第一,要确定学习目标与项目主题。教学设计应始于明确的学习目标,这些目标应符合课程标准,并能够通过项目活动达成。同时,选择与学生兴趣和社会现实相关的项目主题,确保其具有挑战性和吸引力。第二,设计真实世界的场景。将学习内容放入真实世界的场景中,让学生理解所学知识的现实意义和应用价值。这可以通过企业提供的真实项目或者高仿的模拟项目来实现。第三,分配角色和任务。根据项目需求,将学生分组,并在组内分配不同的角色和任务。每个成员都应有特定的责任,以促进团队合作和个人责任感。第四,提供资源和支持。为学生提供必要的资源,包括信息资料、工具、企业专家等。同时,教师应作为指导者和顾问,支持学生的探究过程。第五,实施项目。学生通过研究、讨论、实验等方式,积极参与项目实施。教师在此过程中应监控进度,提供及时反馈,帮助解决可能出现的问题。第六,评价与反馈。项目化教学的评价包含形成性评价和总结性评价。形成性评价关注过程和进步,而总结性评价则关注最终成果。评价方式可以多样,包括第三方评价、自我评价、同伴评价、教师评价和展示评价等。第七,反思与持续改进。收集学生和第三方的反馈,对教学设计进行调整和优化。持续改进的过程有助于提高项目化教学的有效性和适应性。

总结来说,项目化教学的核心在于激发学生的主动性学习,通过实际操作和解决问题来构建知识框架。这种教学设计要求教师具备灵活的指导能力,同时也需要学校和社会资源的支持。通过项目化教学,学生不仅能够获得知识和技能,还能够发展批判性思维、创造力和协作能力,为他们未来的学习和生活打下坚实的基础。

4.2 项目化教学课程教学设计实例

4.2.1 经济法基础与初级会计实务

1. 课程简介

"经济法基础与初级会计实务"课程是一门就业类考证项目化教学课程,按照国家初级会计专业技术资格考试大纲的要求,系统地对考试科目"初级会计实务"和"经济法基础"进行有针对性的辅导讲解。本课程旨在培养学生的会计职业道德和专业素养,帮助学生通过全国统一考试,从而具备担任助理会计专业技术职务的资格。在课程教学中坚持以马克思主义为指导,加快构建中国特色哲学社会科学学科体系、学术体系、话语体系,帮助学生了解相关专业和行业领域的国家战略、法律法规及相关政策,引导学生深入社会实践、关注现实问题,培养学生经世济民、诚信服务、德法兼修的职业素养。

在学习过程中,课程围绕初级会计职称考试的考点分布进行教学,教师和学生相互配合,以考点为学习内容,高频考点为学习重点,低频考点也不放过,反复进行考点学习和题海战术训练。课程设计采用课上和课下相结合的形式,课下进行线上视频课程自主学习,通过线上测试题辅助巩固考点;课上以高频考点梳理、课堂模拟测试和疑难习题解答为主。课程检验标准以最终通过国家初级会计考试为唯一标准。对于本科毕业生来说,初级会计职称考试不仅能提升专业技能和知识,还能增加就业机会、促进职业发展,也是进入会计行业的基础。

2. 课程大纲

"经济法基础与初级会计实务"课程大纲如表 4-1 所示。

表 4-1 "经济法基础与初级会计实务"课程大纲

一、课程大纲			
课程代码:kg2021jc13	课程名称:经济法基础与初级会计实务		
授课教师:杨静波、朱会芳、周璐璐、武迎春、代冰莹			
课程性质:a. 必修 b. 选修√	学时:80	学分:4	授课对象:会计学/财务管理
课程目标	培养学生会计职业道德和专业素养;通过全国统一考试;具备担任助理会计专业技术职务的资格		
学习成果	完成初级会计资格考试相关的考点习题、章节习题、历年真题和考前模拟题;取得初级会计证书		

续表

教学方法 （或学习方法）	☑讲授　□小组讨论　☑答疑　□实验　□实训　☑自主学习 □其他（请填写）_____
先修课程	专业基础课程：会计学、经济法、税法、财务会计 项目化教学课程：无
后衔接课程	中小企业会计实践、税务会计与纳税筹划
课程资源	自主设计（选择相应选项即可，如有补充请填写内容）： ☑教材　☑教辅用书　□拓展书目　□教具　□实验室　☑网络平台　□图片 □音频　☑视频　□软件　□学科专家、科学家、企业家等社会人士　□实地/现场 □图书馆、博物馆等社会场所　□报纸杂志　□教学过程中生成性资源（如教学活动中提出的问题、学生的作品/作业、课堂实录等）☑其他（请填写）初级会计资格考试练习题、真题 现成资源（选择相应选项即可，如有补充请填写内容）： ☑教材　☑教辅用书　□拓展书目　□教具　□实验室　□图片　□音频 ☑视频　□软件　□学科专家、科学家、企业家等社会人士　□实地/现场 □图书馆、博物馆等场所　□报纸杂志　□教学过程中生成性资源　☑其他（请填写）初级会计资格考试练习题、真题
课程评价方式	通过全国统一的初级会计资格考试，取得初级会计资格证书

二、课程教学进度表

周次	课　　上			课　　下		备注
	课程主题内容	教学场所	计划学时	学习主题内容	学生用时	
第一周	经济法部分 ①完成增值税税法要素、增值税一般计税方法测试题 ②整理收集错题 ③增值税税法要素、增值税一般计税方法知识点串讲、答疑 初级会计实务部分 ①完成总论和会计基础测试题 ②整理收集错题 ③总论和会计基础知识点串讲、答疑	教室	4（经济法） 4（初级会计实务）	经济法部分 任务一：增值税税法要素、增值税一般计税方法视频课学习 任务二：增值税税法要素、增值税一般计税方法问卷星测试 任务三：预习完成轻松过关一增值税税法要素、增值税一般计税方法考点 初级会计实务部分 任务一：总论和会计基础视频课学习 任务二：总论和会计基础问卷星测试 任务三：预习完成"轻松过关一"中总论和会计基础考点	9（经济法） 8（初级会计实务）	

续表

周次	课 上			课 下		备注
	课程主题内容	教学场所	计划学时	学习主题内容	学生用时	
第二周	经济法部分 ① 完成增值税简易计税、进口环节、出口退税、税收征管和消费税基本要素测试题 ② 整理收集错题 ③ 增值税简易计税、进口环节、出口退税、税收征管和消费税基本要素知识点串讲、答疑 初级会计实务部分 ① 完成货币资金和交易性金融资产的会计核算测试题 ② 整理收集错题 ③ 货币资金和交易性金融资产的会计核算知识点串讲、答疑	教室	4(经济法) 4(初级会计实务)	经济法部分 任务一:增值税简易计税、进口环节、出口退税、税收征管和消费税基本要素视频课学习 任务二:增值税简易计税、进口环节、出口退税、税收征管和消费税基本要素问卷星测试 任务三:预习完成"轻松过关一"中增值税简易计税、进口环节、出口退税、税收征管和消费税基本要素考点 初级会计实务部分 任务一:货币资金和交易性金融资产的会计核算基础视频课学习 任务二:货币资金和交易性金融资产的会计核算问卷星测试 任务三:预习完成"轻松过关一"中货币资金和交易性金融资产的会计核算考点	8(经济法) 8(初级会计实务)	
第三周	经济法部分 ① 完成消费税应纳税额计算和税收征管、其他货物和劳务税法律制度测试题 ② 整理收集错题 ③ 消费税应纳税额计算和税收征管、其他货物和劳务税法律制度知识点串讲、答疑 初级会计实务部分 ① 完成应收款项、预付款项以及存货的会计核算测试题 ② 整理收集错题 ③ 应收款项、预付款项以及存货的会计核算知识点串讲、答疑	教室	4(经济法) 4(初级会计实务)	经济法部分 任务一:消费税应纳税额计算和税收征管、其他货物和劳务税法律制度视频课学习 任务二:消费税应纳税额计算和税收征管、其他货物和劳务税法律制度问卷星测试 任务三:预习完成"轻松过关一"中消费税应纳税额计算和税收征管、其他货物和劳务税法律制度考点 初级会计实务部分 任务一:应收款项、预付款项以及存货的会计核算基础视频课学习 任务二:应收款项、预付款项以及存货的会计核算问卷星测试 任务三:预习完成"轻松过关一"中应收款项、预付款项以及存货的会计核算考点	8(经济法) 8(初级会计实务)	

周次	课上			课下		备注
	课程主题内容	教学场所	计划学时	学习主题内容	学生用时	
第四周	经济法部分 ① 完成企业所得税基本要素及收入的确定、应纳税所得额计算测试题 ② 整理收集错题 ③ 企业所得税基本要素及收入的确定、应纳税所得额计算知识点串讲、答疑 初级会计实务部分 ① 完成长期股权投资和投资性房地产的账务处理测试题 ② 整理收集错题 ③ 长期股权投资和投资性房地产的账务处理知识点串讲、答疑	教室	4(经济法) 4(初级会计实务)	经济法部分 任务一：企业所得税基本要素及收入的确定、应纳税所得额计算视频课学习 任务二：企业所得税基本要素及收入的确定、应纳税所得额计算问卷星测试 任务三：预习完成"轻松过关一"中企业所得税基本要素及收入的确定、应纳税所得额计算考点 初级会计实务部分 任务一：长期股权投资和投资性房地产的账务处理基础视频课学习 任务二：长期股权投资和投资性房地产的账务处理问卷星测试 任务三：预习完成"轻松过关一"中长期股权投资和投资性房地产的账务处理考点	8(经济法) 8(初级会计实务)	
第五周	经济法部分 ① 完成企业所得税应纳税额计算、税收优惠及征收管理和个人所得税基本要素测试题 ② 整理收集错题 ③ 企业所得税应纳税额计算、税收优惠及征收管理和个人所得税基本要素知识点串讲、答疑 初级会计实务部分 ① 完成固定资产和无形资产的账务处理及折旧计提测试题 ② 整理收集错题 ③ 固定资产和无形资产的账务处理及折旧计提知识点串讲、答疑	教室	4(经济法) 4(初级会计实务)	经济法部分 任务一：企业所得税应纳税额计算、税收优惠及征收管理和个人所得税基本要素视频课学习 任务二：企业所得税应纳税额计算、税收优惠及征收管理和个人所得税基本要素问卷星测试 任务三：预习完成"轻松过关一"中企业所得税应纳税额计算、税收优惠及征收管理和个人所得税基本要素考点 初级会计实务部分 任务一：固定资产和无形资产的账务处理及折旧计提基础视频课学习 任务二：固定资产和无形资产的账务处理及折旧计提问卷星测试 任务三：预习完成"轻松过关一"中固定资产和无形资产的账务处理及折旧计提考点	10(经济法) 8(初级会计实务)	

续表

周次	课　　上			课　　下		备注
	课程主题内容	教学场所	计划学时	学习主题内容	学生用时	
第六周	经济法部分 ① 完成居民个人、非居民个人、经营所得和财产租赁应纳税额计算、个人所得税计算的其他规定、税收优惠及征收管理测试题 ② 整理收集错题 ③ 居民个人、非居民个人、经营所得和财产租赁应纳税额计算、个人所得税计算的其他规定、税收优惠及征收管理知识点串讲、答疑 初级会计实务部分 ① 完成负债短期借款、长期借款及各类应付款项测试题 ② 整理收集错题 ③ 负债短期借款、长期借款及各类应付款项知识点串讲、答疑	教室	4(经济法) 4(初级会计实务)	经济法部分 任务一：居民个人、非居民个人、经营所得和财产租赁应纳税额计算、个人所得税计算的其他规定、税收优惠及征收管理视频课学习 任务二：居民个人、非居民个人、经营所得和财产租赁应纳税额计算、个人所得税计算的其他规定、税收优惠及征收管理问卷星测试 任务三：预习完成"轻松过关一"中"居民个人、非居民个人、经营"中所得和财产租赁应纳税额计算、个人所得税计算的其他规定、税收优惠及征收管理考点 初级会计实务部分 任务一：负债短期借款、长期借款及各类应付款项基础视频课学习 任务二：负债短期借款、长期借款及各类应付款项问卷星测试 任务三：预习完成"轻松过关一"中负债短期借款、长期借款及各类应付款项考点	9(经济法) 8(初级会计实务)	
第七周	经济法部分 ① 完成其他税种测试题 ② 整理收集错题 ③ 其他税种知识点串讲、答疑 初级会计实务部分 ① 完成所有者权益实收资本、资本公积和留存收益的测试题 ② 整理收集错题 ③ 所有者权益实收资本、资本公积和留存收益知识点串讲、答疑	教室	4(经济法) 4(初级会计实务)	经济法部分 任务一：其他税种视频课学习 任务二：其他税种问卷星测试 任务三：预习完成轻松过关一其他税种考点 初级会计实务部分 任务一：所有者权益实收资本、资本公积和留存收益基础视频课学习 任务二：所有者权益实收资本、资本公积和留存收益问卷星测试 任务三：预习完成"轻松过关一"中所有者权益实收资本、资本公积和留存收益考点	10(经济法) 8(初级会计实务)	

续表

周次	课上			课下		备注
	课程主题内容	教学场所	计划学时	学习主题内容	学生用时	
第八周	经济法部分 ① 完成经济法律基础知识和会计法律制度测试题 ② 整理收集错题 ③ 经济法律基础知识和会计法律制度知识点串讲、答疑 初级会计实务部分 ① 完成收入、费用和利润的确认计量测试题 ② 整理收集错题 ③ 收入、费用和利润的确认计量知识点串讲、答疑	教室	4(经济法) 4(初级会计实务)	经济法部分 任务一:经济法律基础知识和会计法律制度视频课学习 任务二:经济法律基础知识和会计法律制度问卷星测试 任务三:预习完成"轻松过关一"中经济法律基础知识和会计法律制度考点 初级会计实务部分 任务一:收入、费用和利润的确认计量基础视频课学习 任务二:收入、费用和利润的确认计量问卷星测试 任务三:预习完成"轻松过关一"中收入、费用和利润的确认计量考点	8(经济法) 8(初级会计实务)	
第九周	经济法部分 ① 完成支付结算法律制度测试题 ② 整理收集错题 ③ 支付结算法律制度知识点串讲、答疑 初级会计实务部分 ① 完成财务报告、四表一注的填制内容及方法测试题 ② 整理收集错题 ③ 财务报告、四表一注的填制内容及方法知识点串讲、答疑	教室	4(经济法) 4(初级会计实务)	经济法部分 任务一:支付结算法律制度视频课学习 任务二:支付结算法律制度问卷星测试 任务三:预习完成轻松过关一支付结算法律制度考点 初级会计实务部分 任务一:财务报告、四表一注的填制内容及方法基础视频课学习 任务二:财务报告、四表一注的填制内容及方法问卷星测试 任务三:预习完成"轻松过关一"中财务报告、四表一注的填制内容及方法考点	8(经济法) 8(初级会计实务)	
第十周	经济法部分 ① 完成劳动合同和社会保险法律制度测试题 ② 整理收集错题 ③ 劳动合同和社会保险法律制度知识点串讲、答疑	教室	4(经济法) 4(初级会计实务)	经济法部分 任务一:劳动合同和社会保险法律制度视频课学习 任务二:劳动合同和社会保险法律制度问卷星测试	7(经济法) 8(初级会计实务)	

续表

周次	课　上			课　下		备注
	课程主题内容	教学场所	计划学时	学习主题内容	学生用时	
第十周	初级会计实务部分 ① 完成产品成本核算和政府会计基础的测试题 ② 整理收集错题 ③ 产品成本核算和政府会计基础知识点串讲、答疑	教室	4(经济法) 4(初级会计实务)	任务三:预习完成"轻松过关一"中劳动合同和社会保险法律制度考点 初级会计实务部分 任务一:产品成本核算和政府会计基础视频课学习 任务二:产品成本核算和政府会计基础问卷星测试 任务三:预习完成"轻松过关一"中产品成本核算和政府会计基础考点	7(经济法) 8(初级会计实务)	
合　计			80	合　计	167.9	

3. 教学设计

(1)"经济法基础与初级会计实务"项目化教学课程之"固定资产"教学设计见表4-2。

表 4-2　"固定资产"教学设计

2023—2024 学年第二学期第四、五周(4 学时)

知识建模图

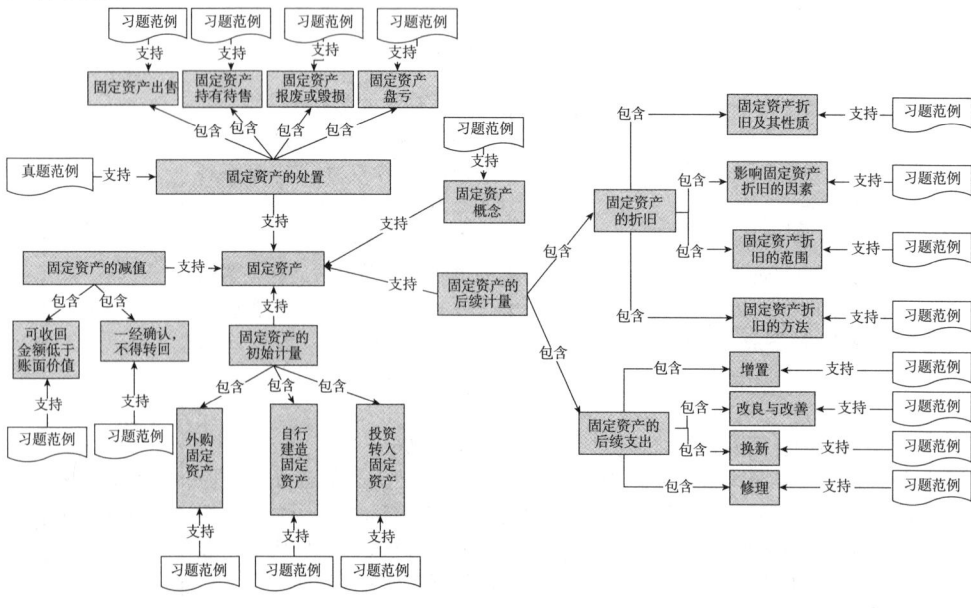

	知识点(学习水平)	能力目标	素质目标
学习目标	① 固定资产概念(记忆);固定资产的初始计量(记忆、运用)[外购固定资产(记忆、运用)、自行建造固定资产(记忆、运用)、投资转入固定资产(记忆、运用)] ② 固定资产折旧及其性质(记忆、运用);影响固定资产折旧的因素(记忆、运用);固定资产折旧的范围(记忆、运用);固定资产折旧的方法(记忆、运用) ③ 固定资产的后续支出增置(记忆);固定资产改良与改善支出(记忆、运用);固定资产换新支出(记忆、运用);固定资产修理支出(记忆、运用) ④ 固定资产的处置(记忆、运用)[固定资产的出售(记忆、运用)、固定资产持有待售(记忆、运用)、固定资产报废或毁损(记忆、运用)、固定资产盘亏(记忆、运用)] ⑤ 固定资产的减值(记忆、运用) ⑥ 固定资产不定项练习以及与存货、原材料的对比练习	① 能够正确复述固定资产的概念并进行固定资产的初始计量的核算 ② 能够说出固定资产折旧的性质,固定资产折旧的影响因素,掌握固定资产折旧的空间范围和时间范围;学会运用固定资产折旧的四种方法 ③ 能够熟练进行固定资产后续支出的核算;区分资本化支出和费用化支出的不同会计处理 ④ 能够熟练进行固定资产处置正确的账务处理;区分和掌握固定资产的出售、持有待售、报废或毁损的处理;掌握固定资产的清理(盘亏和盘盈) ⑤ 能够记忆固定资产的减值,进行正确的账务处理	① 具备正确进行固定资产账务处理的能力 ② 具备会计基本职业道德

	知识点(学习水平)		
学习先决知识技能	固定资产概念(记忆);固定资产的初始计量(记忆、运用);固定资产折旧及其性质(记忆、运用);影响固定资产折旧的因素(记忆、运用);固定资产折旧的范围(记忆、运用);固定资产折旧的方法(记忆、运用);固定资产的后续支出增置(记忆);固定资产改良与改善支出(记忆、运用);固定资产换新支出(记忆、运用);固定资产修理支出(记忆、运用);固定资产的处置(记忆、运用);固定资产的减值(记忆、运用)		

课上资源	① PPT ② 讲义 ③ 习题库(章节习题、高频考点、模拟题、历年真题) ④ 教材,《初级会计实务》,财政部会计财务评价中心编著,2024年1月,经济科学出版社 ⑤ 考试参考资料,《2024年会计专业技术资格考试应试指导及全真模拟测试　初级会计实务》,马小新、肖磊荣主编,2024年1月,北京科学技术出版社	课下资源	① 基础视频课		
			第0408讲 固定资产取得.mp4	136.52MB mp4文件	2024.02.26 16:00
			第0409讲 影响折旧的主要因素、计…	81.84MB mp4文件	2024.02.26 16:00
			第0410讲 计提折旧方法和账务处理…	150.07MB mp4文件	2024.02.26 16:00
			第0411讲 固定资产后续支出.mp4	68.66MB mp4文件	2024.02.26 16:00
			第0412讲 固定资产处置.mp4	83.22MB mp4文件	2024.02.26 16:00
			第0413讲 固定资产清查.mp4	49.80MB mp4文件	2024.02.26 16:00
			第0414讲 固定资产减值.mp4	46.12MB mp4文件	2024.02.26 16:00
			② 精讲视频课		
			[07]第四章 固定资产的减值、处…	705.41MB mp4文件	2024.02.26 16:00
			③ 冲刺视频课		
			0401第01讲 非流动资产 (一) .mp4	193.41MB mp4文件	2024.02.26 16:00
			④ 习题库		
			[09]第四章 固定资产、生产性生物…	216.90KB pdf文件	2024.02.26 16:00
			[09]第四章 固定资产、生产性生物…	215.08KB pdf文件	2024.02.26 16:00
			⑤ 考试大纲 ⑥ 每年考试教材变化对比		

续表

课上时间	200 分钟	课下时间	400 分钟		
活动序列	任务的学习目标	地点	时间	学习资源	
活动1	固定资产概念（记忆）；固定资产的初始计量（记忆、运用）[外购固定资产（记忆、运用）、自行建造固定资产（记忆、运用）、投资转入固定资产（记忆、运用）]	课上	50分钟	① PPT ② 讲义 ③ 考试大纲 ④ 习题库（章节习题、高频考点、模拟题、历年真题） ⑤ 教材，《初级会计实务》，财政部会计财务评价中心编著，2024 年 1 月，经济科学出版社	
		课下	120分钟	① 习题库（章节习题、高频考点、模拟题、历年真题） ② 教材，《初级会计实务》，财政部会计财务评价中心编著，2024 年 1 月，经济科学出版社 ③ 考试参考资料，《2024 年会计专业技术资格考试应试指导及全真模拟测试 初级会计实务》，马小新、肖磊荣主编，2024 年 1 月，北京科学技术出版社 ④ 每年考试教材变化对比 ⑤ 考试大纲	
活动2	固定资产折旧及其性质（记忆、运用）；影响固定资产折旧的因素（记忆、运用）；固定资产折旧的范围（记忆、运用）；固定资产折旧的方法（记忆、运用）	课上	20分钟	① PPT ② 讲义 ③ 考试大纲 ④ 习题库（章节习题、高频考点、模拟题、历年真题） ⑤ 教材，《初级会计实务》，财政部会计财务评价中心编著，2024 年 1 月，经济科学出版社	
		课下	50分钟	① 习题库（章节习题、高频考点、模拟题、历年真题） ② 教材，《初级会计实务》，财政部会计财务评价中心编著，2024 年 1 月，经济科学出版社 ③ 考试参考资料，《2024 年会计专业技术资格考试应试指导及全真模拟测试 初级会计实务》，马小新、肖磊荣主编，2024 年 1 月，北京科学技术出版社 ④ 每年考试教材变化对比 ⑤ 考试大纲	

续表

活动 3	固定资产的后续支出,包括增置(记忆)支出,固定资产改良与改善支出(记忆、运用);固定资产换新支出(记忆、运用);固定资产修理支出(记忆、运用)	课上	30分钟	① PPT ② 讲义 ③ 考试大纲 ④ 习题库(章节习题、高频考点、模拟题、历年真题) ⑤ 教材,《初级会计实务》,财政部会计财务评价中心编著,2024 年 1 月,经济科学出版社
		课下	30分钟	① 习题库(章节习题、高频考点、模拟题、历年真题) ② 教材,《初级会计实务》,财政部会计财务评价中心编著,2024 年 1 月,经济科学出版社 ③ 考试参考资料,《2024 年会计专业技术资格考试应试指导及全真模拟测试　初级会计实务》,马小新、肖磊荣主编,2024 年 1 月,北京科学技术出版社 ④ 每年考试教材变化对比 ⑤ 考试大纲
活动 4	固定资产的处置(记忆、运用)[固定资产的出售(记忆、运用)、固定资产持有待售(记忆、运用)、固定资产报废或毁损(记忆、运用)、固定资产盘亏(记忆、运用)]	课上	30分钟	① PPT ② 讲义 ③ 考试大纲 ④ 习题库(章节习题、高频考点、模拟题、历年真题) ⑤ 教材,《初级会计实务》,财政部会计财务评价中心编著,2024 年 1 月,经济科学出版社
		课下	30分钟	① 习题库(章节习题、高频考点、模拟题、历年真题) ② 教材,《初级会计实务》,财政部会计财务评价中心编著,2024 年 1 月,经济科学出版社 ③ 考试参考资料,《2024 年会计专业技术资格考试应试指导及全真模拟测试　初级会计实务》,马小新、肖磊荣主编,2024 年 1 月,北京科学技术出版社 ④ 每年考试教材变化对比 ⑤ 考试大纲

续表

活动 5	固定资产的减值（记忆、运用）	课上	20分钟	① PPT ② 讲义 ③ 考试大纲 ④ 习题库(章节习题、高频考点、模拟题、历年真题) ⑤ 教材,《初级会计实务》,财政部会计财务评价中心编著,2024 年 1 月,经济科学出版社
		课下	50分钟	① 习题库(章节习题、高频考点、模拟题、历年真题) ② 教材,《初级会计实务》,财政部会计财务评价中心编著,2024 年 1 月,经济科学出版社 ③ 考试参考资料,《2024 年会计专业技术资格考试应试指导及全真模拟测试　初级会计实务》,马小新、肖磊荣主编,2024 年 1 月,北京科学技术出版社 ④ 每年考试教材变化对比 ⑤ 考试大纲
活动 6	固定资产不定项练习以及与存货、原材料的对比练习	课上	50分钟	① PPT ② 讲义 ③ 考试大纲 ④ 习题库(章节习题、高频考点、模拟题、历年真题) ⑤ 教材,《初级会计实务》,财政部会计财务评价中心编著,2024 年 1 月,经济科学出版社
		课下	120分钟	① 习题库(章节习题、高频考点、模拟题、历年真题) ② 教材,《初级会计实务》,财政部会计财务评价中心编著,2024 年 1 月,经济科学出版社 ③ 考试参考资料,《2024 年会计专业技术资格考试应试指导及全真模拟测试　初级会计实务》,马小新、肖磊荣主编,2024 年 1 月,北京科学技术出版社 ④ 每年考试教材变化对比 ⑤ 考试大纲

续表

活动 1 知识建模图(课上十课下)

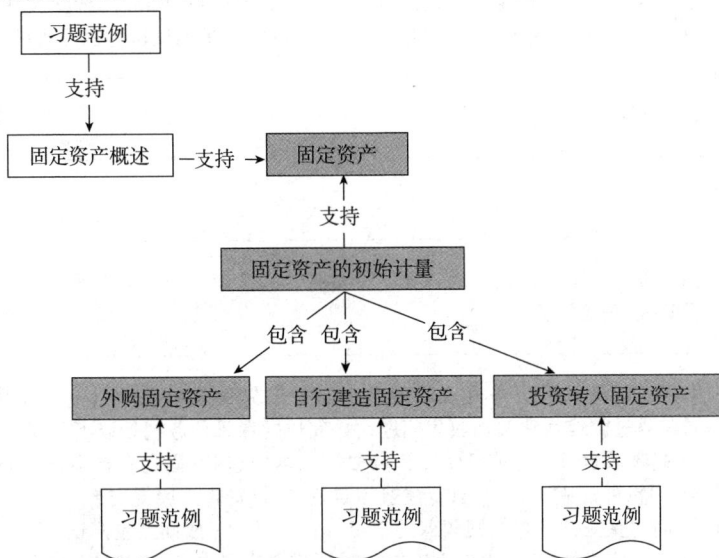

活动目标	固定资产概念(记忆);固定资产的初始计量(记忆、运用)[外购固定资产(记忆、运用)、自行建造固定资产(记忆、运用)、投资转入固定资产(记忆、运用)]

活动任务序列(导入任务描述)

"固定资产"这节内容在初级会计实务考试中有 12 分左右的分值,注意把握分值的分布

活动任务序列(任务一)

任务一知识组块

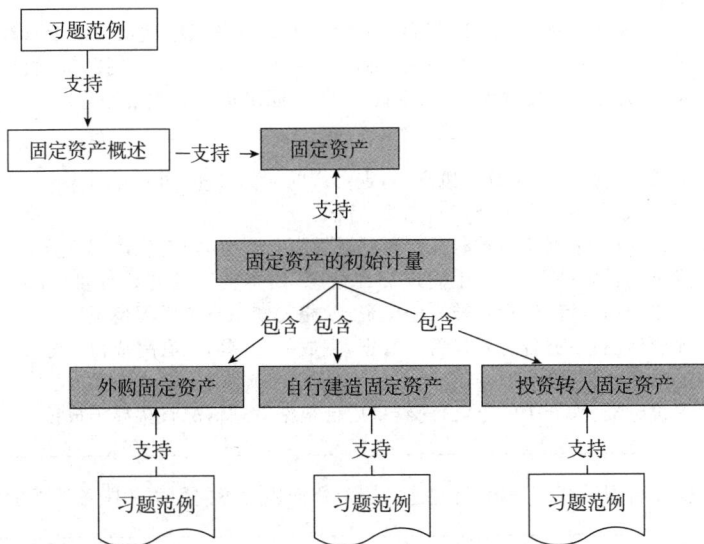

任务描述	通过视频课复习固定资产概念、固定资产初始计量(外购固定资产、自行建造固定资产、投资转入固定资产)的相关内容;通过问卷星测试检验复习效果
任务时长	120分钟
学习地点	课下
教学方法 (或学习方法)	□讲授 □小组讨论 ☑答疑 □实验 □实训 ☑自主学习 □其他(请填写)_____
师生交互过程	教师布置课下任务,学生在学习中心自主完成后,教师在学习中心查看完成情况,同时通过微信在线文档收集问题。需完成的课下任务包括以下几项。 ① 视频课学习。课前已学知识的复习。内容包括:固定资产概念,固定资产的初始计量(外购固定资产、自行建造固定资产、投资转入固定资产) ② 问卷星测试。根据视频课的学习,结合教材,完成问卷星测试 ③ 学习完成"轻松过关一"相关考点[固定资产概念,固定资产的初始计量(外购固定资产、自行建造固定资产、投资转入固定资产)],并将笔记和学习内容拍照上传到智慧黄科作业区 其中,测试习题筛选的是历年初级会计资格考试中涉及固定资产概念、固定资产的初始计量相关知识点的真题
学习资源	① 固定资产概念、固定资产的初始计量的习题(问卷星) ② 教材,《初级会计实务》,财政部会计财务评价中心编著,2024年1月,经济科学出版社 ③ 考试参考资料,《2024年会计专业技术资格考试应试指导及全真模拟测试 初级会计实务》,马小新、肖磊荣主编,2024年1月,北京科学技术出版社 ④ 东奥会计网校视频课(固定资产概念、固定资产的初始计量)
学习成果及评价标准	成果一:视频[固定资产概念,固定资产的初始计量(外购固定资产、自行建造固定资产、投资转入固定资产)]完成情况 评价标准:根据智慧黄科后台数据,完成得10分,没有完成得0分 成果二:"轻松过关一"中固定资产概念,固定资产的初始计量(外购固定资产、自行建造固定资产、投资转入固定资产)相关知识点的学习情况 评价标准:根据智慧黄科后台数据,完成得10分,没有完成得0分 成果三:问卷星习题测试 评价标准:满分100分,由问卷星后台根据做题情况直接导出成绩
备注	需要特别强调的是,自行建造的固定资产领用不同物资的账务处理

活动任务序列(任务二)

任务二知识组块

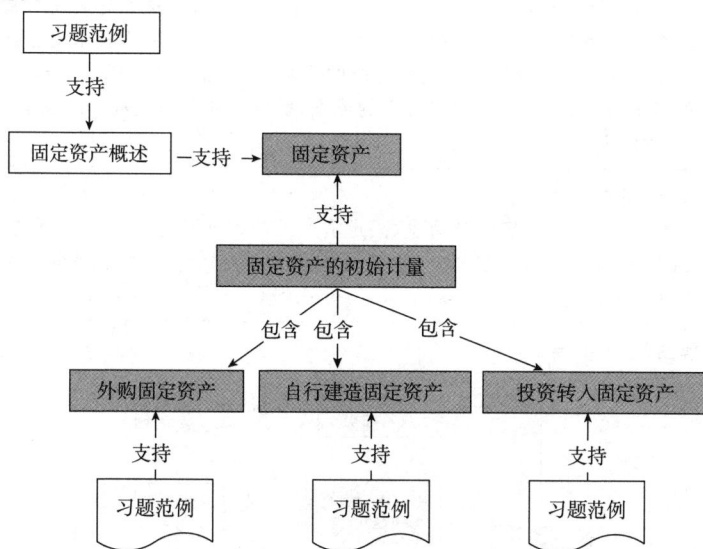

任务描述	通过课堂测试、答疑、讲授、归纳总结,掌握固定资产概念,固定资产的初始计量(外购固定资产、自行建造固定资产、投资转入固定资产)的基本知识点
任务时长	50 分钟
学习地点	课上
教学方法 (或学习方法)	☑讲授　□小组讨论　☑答疑　□实验　□实训　□自主学习 ☑其他(请填写)课堂测试
师生交互 过程	教师:发布任务,将提前打印好的涉及固定资产概念,固定资产的初始计量(外购固定资产、自行建造固定资产、投资转入固定资产)的相关习题发放给学生 学生:在规定的时间内完成习题测试,期间不得翻书、查阅资料 完成测试后教师立即收齐习题,然后公布正确答案和解析,学生互相交换批改。教师将成绩录入小程序后再将试卷发给学生,学生有 5～10 分钟的时间,根据答案和解析整理自己的错题 学生:根据错题情况,对自己不理解的知识点向教师提出问题 教师:结合学生提出的共性问题中所涉及的知识点判断学生对知识点的掌握情况,根据实际掌握情况和高频考点对相关知识点进行讲解和补充 教师:结合固定资产概念、固定资产的初始计量的基本知识点讲解 学生:思考自建固定资产领用原材料和库存商品的区别 教师:总结 学生:做练习,加强对固定资产概念、固定资产的初始计量的理解和掌握

学习资源	① 固定资产概念、固定资产的初始计量的习题(打印版) ② 教材,《初级会计实务》,财政部会计财务评价中心编著,2024 年 1 月,经济科学出版社 ③ 考试参考资料,《2024 年会计专业技术资格考试应试指导及全真模拟测试　初级会计实务》,马小新、肖磊荣主编,2024 年 1 月,北京科学技术出版社 ④ 固定资产的初始计量、固定资产的采购成本、加工取得固定资产成本、固定资产的其他成本、企业自制固定资产的成本、费用不计入固定资产的成本的 PPT ⑤ 考试大纲
学习成果及评价标准	成果:测试题 评价标准:关于固定资产概念、固定资产的初始计量等内容的选择题,单选题每小题 1 分,多选题每小题 2 分(少选得相应分,多选、错选均不得分),判断题每小题 1 分,不定项选择题每小题 2 分,得分达到 60% 及以上为合格

活动 2 知识建模图(课上＋课下)

活动目标	固定资产折旧及其性质(记忆、运用);影响固定资产折旧的因素(记忆、运用);固定资产折旧的范围(记忆、运用);固定资产折旧的方法(记忆、运用)

活动任务序列(任务一)

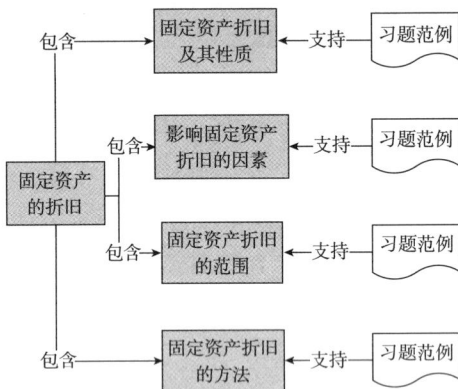

	任务描述	通过视频课复习固定资产折旧及其性质、影响固定资产折旧的因素、固定资产折旧的范围、固定资产折旧的方法;通过问卷星测试检验复习效果
	任务时长	50 分钟
	学习地点	课下

教学方法 （或学习方法）	☐讲授　☑小组讨论　☐答疑　☐实验　☐实训　☑自主学习 ☐其他（请填写）_____
师生交互 过程	教师布置课下任务，学生在学习中心自主完成后，教师在学习中心查看完成情况，同时通过微信在线文档收集问题。需完成的课下任务包括以下几项 ① 视频课学习。课前已学知识的复习。内容包括：固定资产折旧及其性质、影响固定资产折旧的因素、固定资产折旧的范围、固定资产折旧的方法 ② 问卷星测试。根据视频课的学习，结合教材，完成问卷星测试 ③ 完成"轻松过关一"中固定资产折旧及其性质、影响固定资产折旧的因素、固定资产折旧的范围、固定资产折旧的方法的相关考点学习，并将笔记和学习内容拍照上传到智慧黄科作业区 其中，测试习题筛选的是历年初级会计资格考试中涉及固定资产折旧及其性质、影响固定资产折旧的因素、固定资产折旧的范围、固定资产折旧的方法相关知识点的真题
学习资源	① 固定资产折旧及其性质、影响固定资产折旧的因素、固定资产折旧的范围、固定资产折旧的方法的习题（问卷星） ② 教材，《初级会计实务》，财政部会计财务评价中心编著，2024 年 1 月，经济科学出版社 ③ 考试参考资料，《2024 年会计专业技术资格考试应试指导及全真模拟测试　初级会计实务》，马小新、肖磊荣主编，2024 年 1 月，北京科学技术出版社 ④ 东奥会计网校视频课（固定资产折旧及其性质、影响固定资产折旧的因素、固定资产折旧的范围、固定资产折旧的方法）
学习成果及 评价标准	成果一：视频（固定资产折旧及其性质、影响固定资产折旧的因素、固定资产折旧的范围、固定资产折旧的方法）完成情况 评价标准：根据智慧黄科后台数据，完成得 10 分，没有完成得 0 分 成果二："轻松过关一"中固定资产折旧及其性质、影响固定资产折旧的因素、固定资产折旧的范围、固定资产折旧的方法相关知识点的学习情况 评价标准：根据智慧黄科后台数据，完成得 10 分，没有完成得 0 分 成果三：问卷星习题测试 评价标准：满分 100 分，由问卷星后台根据做题情况直接导出成绩

活动任务序列（任务二）

任务二知识组块			
	任务描述	通过课堂测试、答疑、讲授、归纳总结，掌握固定资产折旧及其性质、影响固定资产折旧的因素、固定资产折旧的范围、固定资产折旧的方法	
	任务时长	20 分钟	
	学习地点	课上	

教学方法（或学习方法）	☑讲授　□小组讨论　☑答疑　□实验　□实训　□自主学习 ☑其他(请填写)课堂测试
师生交互过程	教师:发布任务,将提前打印好的涉及固定资产折旧及其性质、影响固定资产折旧的因素、固定资产折旧的范围、固定资产折旧的方法的相关习题发放给学生 学生:在规定的时间内完成习题测试,期间不得翻书、查阅资料 完成测试后教师立即收齐习题,然后公布正确答案和解析,学生互相交换批改。教师将成绩录入小程序后再将试卷发给学生,学生有 5～10 分钟的时间,根据答案和解析整理自己的错题。 学生:根据错题情况,针对自己不理解的知识点向教师提出问题 教师:结合学生提出的共性问题中所涉及的知识点判断学生对知识点的掌握情况,根据实际掌握情况和高频考点对相关知识点进行讲解和补充 教师:提问"固定资产折旧是否要考虑净现值" 学生:讨论"固定资产折旧的四种不同核算方式" 教师:详细讲解原理 学生:做练习,加强对固定资产折旧的理解和掌握
学习资源	① 固定资产折旧及其性质、影响固定资产折旧的因素、固定资产折旧的范围、固定资产折旧的方法的习题(打印版) ② 教材,《初级会计实务》,财政部会计财务评价中心编著,2024 年 1 月,经济科学出版社 ③ 考试参考资料,《2024 年会计专业技术资格考试应试指导及全真模拟测试　初级会计实务》,马小新、肖磊荣主编,2024 年 1 月,北京科学技术出版社 ④ 固定资产折旧及其性质、影响固定资产折旧的因素、固定资产折旧的范围、固定资产折旧的方法的 PPT ⑤ 固定资产折旧及其性质、影响固定资产折旧的因素、固定资产折旧的范围、固定资产折旧的方法的讲义 ⑥ 考试大纲
学习成果及评价标准	成果:测试题 评价标准:关于固定资产折旧及其性质、影响固定资产折旧的因素、固定资产折旧的范围、固定资产折旧的方法的选择题,单选题每小题 1 分,多选题每小题 2 分(少选得相应分,多选、错选均不得分),判断题每小题 1 分,不定项选择题每小题 2 分,得分达到 60% 及以上为合格
备注	注意固定资产折旧的计算方法,各自的适用范围和计算方法都要加强练习

活动 3 知识建模图(课上＋课下)

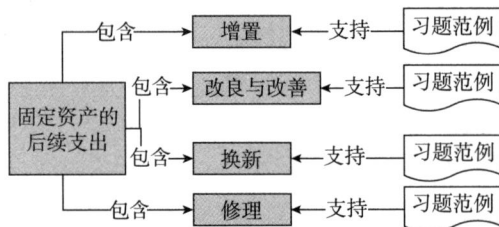

活动目标	固定资产的后续支出,包括增置(记忆)支出,固定资产改良与改善支出(记忆、运用);固定资产换新支出(记忆、运用),固定资产修理支出(记忆、运用)

活动任务序列(任务一)

任务一知识组块

任务描述	通过视频课复习固定资产的后续支出,包括增置支出、固定资产改良与改善支出、固定资产换新支出、固定资产修理支出;通过问卷星测试检验复习效果
任务时长	30 分钟
学习地点	课下
教学方法 (或学习方法)	□讲授　☑小组讨论　□答疑　□实验　□实训　☑自主学习 □其他(请填写)＿＿＿＿＿＿
师生交互 过程	教师布置课下任务,学生在学习中心自主完成后,教师在学习中心查看完成情况,同时通过微信在线文档收集问题。需完成的课下任务包括以下几项 ① 视频课学习。课前已学知识的复习。内容包括:固定资产的后续支出,包括增置支出、固定资产改良与改善支出、固定资产换新支出、固定资产修理支出 ② 问卷星测试。根据视频课的学习,结合教材,完成问卷星测试 ③ 完成"轻松过关一"中关于固定资产的后续支出,包括增置支出、固定资产改良与改善支出、固定资产换新支出、固定资产修理支出的考点学习,并将笔记和学习内容拍照上传到智慧黄科作业区 其中,测试习题筛选的是历年初级会计资格考试中涉及固定资产的后续支出,包括增置支出、固定资产改良与改善支出、固定资产换新支出、固定资产修理支出相关知识点的真题
学习资源	① 固定资产的后续支出,包括增置支出、固定资产改良与改善支出、固定资产换新支出、固定资产修理支出的习题(问卷星) ② 教材,《初级会计实务》,财政部会计财务评价中心编著,2024 年 1 月,经济科学出版社 ③ 考试参考资料,《2024 年会计专业技术资格考试应试指导及全真模拟测试　初级会计实务》,马小新、肖磊荣主编,2024 年 1 月,北京科学技术出版社 ④ 东奥会计网校视频课(固定资产的后续支出,包括增置支出、固定资产改良与改善支出、固定资产换新支出、固定资产修理支出)

学习成果及评价标准	成果一:视频(固定资产的后续支出,包括增置支出、固定资产改良与改善支出、固定资产换新支出、固定资产修理支出)完成情况 评价标准:根据智慧黄科后台数据,完成得10分,没有完成得0分 成果二:"轻松过关一"中固定资产的后续支出,包括增置支出、固定资产改良与改善支出、固定资产换新支出、固定资产修理支出的相关知识点的学习情况 评价标准:根据智慧黄科后台数据,完成得10分,没有完成得0分 成果三:问卷星习题测试 评价标准:满分100分,由问卷星后台根据做题情况直接导出成绩
备注	固定资产改良支出要讲解例题才能更好理解

活动任务序列(任务二)

任务二知识组块

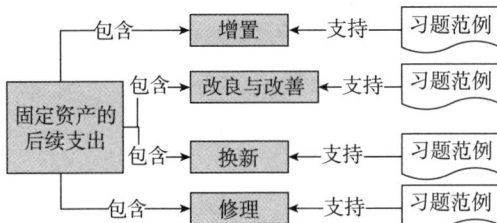

任务描述	通过课堂测试、答疑、讲授、归纳总结,掌握固定资产的后续支出增置、固定资产改良与改善支出、固定资产换新支出、固定资产修理支出
任务时长	30分钟
学习地点	课上
教学方法 (或学习方法)	☑讲授　□小组讨论　☑答疑　□实验　□实训　□自主学习 ☑其他(请填写)课堂测试
师生交互过程	教师:发布任务,将提前打印好的涉及固定资产的后续支出增置、固定资产改良与改善支出、固定资产换新支出、固定资产修理支出的相关习题发放给学生 学生:在规定的时间内完成习题测试,期间不得翻书、查阅资料 完成测试后教师立即收齐习题,然后公布正确答案和解析,学生互相交换批改。教师将成绩录入小程序后再将试卷发给学生,学生有5～10分钟的时间,根据答案和解析整理自己的错题 学生:根据错题情况,针对自己不理解的知识点向教师提出问题 教师:结合学生提出的共性问题中所涉及的知识点判断学生对知识点的掌握情况,根据实际掌握情况和高频考点对相关知识点进行讲解和补充 教师:引导学生思考并预习固定资产后续支出与处置的账务处理的核算问题 教师:向学生讲授资本化支出与费用化支出的区别 学生:完成习题并思考"为什么费用化支出没有制造费用" 学生:通过例题练习巩固相关知识点

续表

学习资源	① 固定资产的后续支出增置、固定资产改良与改善支出、固定资产换新支出、固定资产修理支出的习题(打印版) ② 教材,《初级会计实务》,财政部会计财务评价中心编著,2024 年 1 月,经济科学出版社 ③ 考试参考资料,《2024 年会计专业技术资格考试应试指导及全真模拟测试　初级会计实务》,马小新、肖磊荣主编,2024 年 1 月,北京科学技术出版社 ④ 固定资产的后续支出增置、固定资产改良与改善支出、固定资产换新支出、固定资产修理支出的 PPT ⑤ 固定资产的后续支出,包括增置支出、固定资产改良与改善支出、固定资产换新支出、固定资产修理支出的讲义 ⑥ 考试大纲
学习成果及评价标准	成果:测试题 评价标准:关于固定资产的后续支出的选择题,单选题每小题 1 分,多选题每小题 2 分(少选得相应分,多选、错选均不得分),判断题每小题 1 分,不定项选择题每小题 2 分,得分达到 60% 及以上为合格
备注	学生还是以做题为主,做题后要善于总结错题

活动 4 知识建模图(课上＋课下)

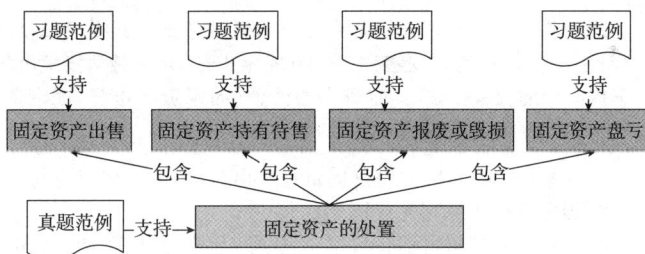

活动目标	固定资产的处置(记忆、运用)[固定资产出售(记忆、运用)、固定资产持有待售(记忆、运用)、固定资产报废或毁损(记忆、运用)、固定资产盘亏(记忆、运用)]

活动任务序列(任务一)

任务一知识组块

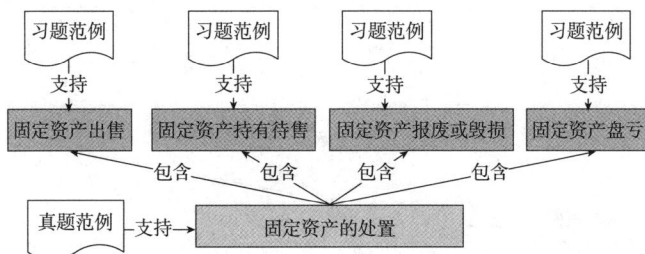

续表

任务描述	通过视频课复习固定资产的处置(固定资产出售、固定资产持有待售、固定资产报废或毁损、固定资产盘亏);通过问卷星测试检验复习效果
任务时长	30分钟
学习地点	课下
教学方法 (或学习方法)	□讲授 □小组讨论 ☑答疑 □实验 □实训 ☑自主学习 □其他(请填写)_____
师生交互 过程	教师布置课下任务,学生在学习中心自主完成后,教师在学习中心查看完成情况,同时通过微信在线文档收集问题。需完成的课下任务包括以下几项 ① 视频课学习。课前已学知识的复习。内容包括:固定资产的处置 ② 问卷星测试。根据视频课的学习,结合教材,完成问卷星测试 ③ 学习完成"轻松过关一"相关考点(固定资产的处置),并将笔记和学习内容拍照上传到智慧黄科作业区 其中,测试习题筛选的是历年初级会计资格考试中涉及固定资产的处置相关知识点的真题
学习资源	① 固定资产的处置(固定资产出售、固定资产持有待售、固定资产报废或毁损、固定资产盘亏)的习题(问卷星) ② 教材,《初级会计实务》,财政部会计财务评价中心编著,2024年1月,经济科学出版社 ③ 考试参考资料,《2024年会计专业技术资格考试应试指导及全真模拟测试 初级会计实务》,马小新、肖磊荣主编,2024年1月,北京科学技术出版社 ④ 东奥会计网校视频课[固定资产的处置(固定资产出售、固定资产持有待售、固定资产报废或毁损、固定资产盘亏)]
学习成果及 评价标准	成果一:视频[固定资产的处置(固定资产出售、固定资产持有待售、固定资产报废或毁损、固定资产盘亏)]完成情况 评价标准:根据智慧黄科后台数据,完成得10分,没有完成得0分 成果二:"轻松过关一"相关知识点学习情况 评价标准:根据智慧黄科后台数据,完成得10分,没有完成得0分 成果三:问卷星习题测试 评价标准:满分100分,由问卷星后台根据做题情况直接导出成绩

活动任务序列(任务二)

任务二知识组块

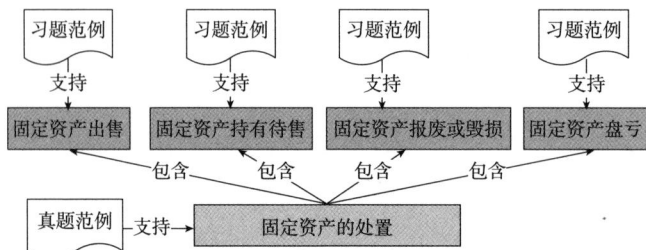

续表

任务描述	通过课堂测试、答疑、讲授、归纳总结,掌握固定资产的处置(固定资产出售、固定资产持有待售、固定资产报废或毁损、固定资产盘亏)的基本知识点
任务时长	30 分钟
学习地点	课上
教学方法 (或学习方法)	☑讲授　□小组讨论　☑答疑　□实验　□实训　□自主学习 ☑其他(请填写)课堂测试
师生交互过程	教师:发布任务,将提前打印好的涉及固定资产的处置的相关习题发放给学生 学生:在规定的时间内完成习题测试,期间不得翻书、查阅资料 完成测试后教师立即收齐习题,然后公布正确答案和解析,学生互相交换批改。教师将成绩录入小程序后再将试卷发给学生,学生有 5～10 分钟的时间,根据答案和解析整理自己的错题 学生:根据错题情况,针对自己不理解的知识点向教师提出问题 教师:结合学生提出的共性问题中所涉及的知识点判断学生对知识点的掌握情况,根据实际掌握情况和高频考点对相关知识点进行讲解和补充 教师:固定资产的处置(固定资产出售、固定资产持有待售、固定资产报废或毁损、固定资产盘亏)的例题讲解 学生:思考"固定资产盘盈与盘亏的账务处理与存货、应收账款的区别" 教师:结合习题和命题角度进行讲解,并总结固定资产处置与存货、原材料、货币资金账务处理的重点 学生:做练习,加强对固定资产的处置账务处理的理解和掌握
学习资源	① 固定资产的处置的习题(打印版) ② 教材,《初级会计实务》,财政部会计财务评价中心编著,2024 年 1 月,经济科学出版社 ③ 考试参考资料,《2024 年会计专业技术资格考试应试指导及全真模拟测试　初级会计实务》,马小新、肖磊荣主编,2024 年 1 月,北京科学技术出版社 ④ 固定资产的处置的 PPT ⑤ 固定资产的处置的讲义 ⑥ 考试大纲
学习成果及评价标准	成果:测试题 评价标准:关于固定资产的处置的选择题,单选题每小题 1 分,多选题每小题 2 分(少选得相应分,多选、错选均不得分),判断题每小题 1 分,不定项选择题每小题 2 分,得分达到 60% 及以上为合格
备注	固定资产的盘盈、盘亏与存货等对比记忆学习

活动 5 知识建模图(课上+课下)

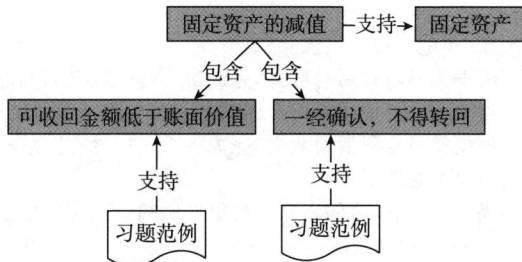

续表

活动目标	固定资产的减值(记忆、运用)	

活动任务序列(任务一)

任务一知识组块	任务描述	通过视频课复习固定资产的减值;通过问卷星测试检验复习效果
	任务时长	50 分钟
	学习地点	课下

教学方法(或学习方法)	□讲授　☑小组讨论　□答疑　□实验　□实训　☑自主学习 □其他(请填写)_____
师生交互过程	教师布置课下任务,学生自主完成后在微信群中打卡,教师在微信群里督促和答疑。需完成的课下任务包括以下几项 ① 视频课学习。课前已学知识的复习。内容包括:固定资产的减值 ② 问卷星测试。根据视频课的学习,结合教材,完成问卷星测试 ③ 完成"轻松过关一"中关于固定资产的减值的考点学习,并将笔记和学习内容拍照上传到智慧黄科作业区 其中,测试习题筛选的是历年初级会计资格考试中涉及固定资产的减值相关知识点的真题
学习资源	① 固定资产的减值的相关习题(问卷星) ② 教材,《初级会计实务》,财政部会计财务评价中心编著,2024 年 1 月,经济科学出版社 ③ 考试参考资料,《2024 年会计专业技术资格考试应试指导及全真模拟测试　初级会计实务》,马小新、肖磊荣主编,2024 年 1 月,北京科学技术出版社 ④ 东奥会计网校视频课(固定资产的减值)
学习成果及评价标准	成果一:视频(固定资产的减值)完成情况 评价标准:根据智慧黄科后台数据,完成得 10 分,没有完成得 0 分 成果二:"轻松过关一"中固定资产的减值相关知识点学习情况 评价标准:根据智慧黄科后台数据,完成得 10 分,没有完成得 0 分 成果三:问卷星习题测试 评价标准:满分 100 分,由问卷星后台根据做题情况直接导出成绩

	活动任务序列(任务二)	
任务二知识组块	任务描述	通过课堂测试、答疑、讲授、归纳总结,掌握固定资产减值内容
	任务时长	20 分钟
	学习地点	课上

教学方法 (或学习方法)	☑讲授　□小组讨论　☑答疑　□实验　□实训　□自主学习 ☑其他(请填写)课堂测试
师生交互 过程	教师:发布任务,将提前打印好的涉及固定资产的减值的相关习题发放给学生 学生:在规定的时间内完成习题测试,期间不得翻书、查阅资料 完成测试后教师立即收齐习题,然后公布正确答案和解析,学生互相交换批改。 教师将成绩录入小程序后再将试卷发给学生,学生有 5~10 分钟的时间,根据答案和解析整理自己的错题 学生:根据错题情况,针对自己不理解的知识点向教师提出问题 教师:结合学生提出的共性问题中所涉及的知识点判断学生对知识点的掌握情况,根据实际掌握情况和高频考点对相关知识点进行讲解和补充 教师:讲解减值的存货为什么不能转回 学生:完成固定资产的减值的练习 教师:详细讲解原理 学生:做练习,加强对固定资产的减值的理解和掌握
学习资源	① 固定资产的减值的相关习题(打印版) ② 教材,《初级会计实务》,财政部会计财务评价中心编著,2024 年 1 月,经济科学出版社 ③ 考试参考资料,《2024 年会计专业技术资格考试应试指导及全真模拟测试　初级会计实务》,马小新、肖磊荣主编,2024 年 1 月,北京科学技术出版社 ④ 固定资产的减值的 PPT ⑤ 固定资产的减值的讲义 ⑥ 考试大纲
学习成果及 评价标准	成果:测试题 评价标准:关于固定资产的减值的选择题,单选题每小题 1 分,多选题每小题 2 分(少选得相应分,多选、错选均不得分),判断题每小题 1 分,不定项选择题每小题 2 分,得分达到 60% 及以上为合格
备注	强调固定资产的减值和存货减值的对比

活动 6 知识建模图（课上＋课下）

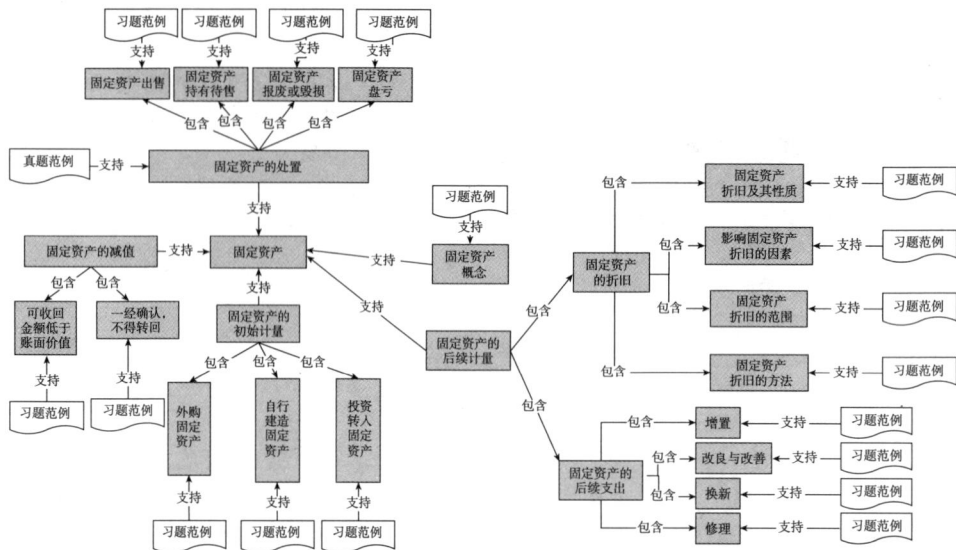

活动目标	固定资产不定项练习以及与存货、原材料的对比练习

活动任务序列（任务一）

任务一知识组块

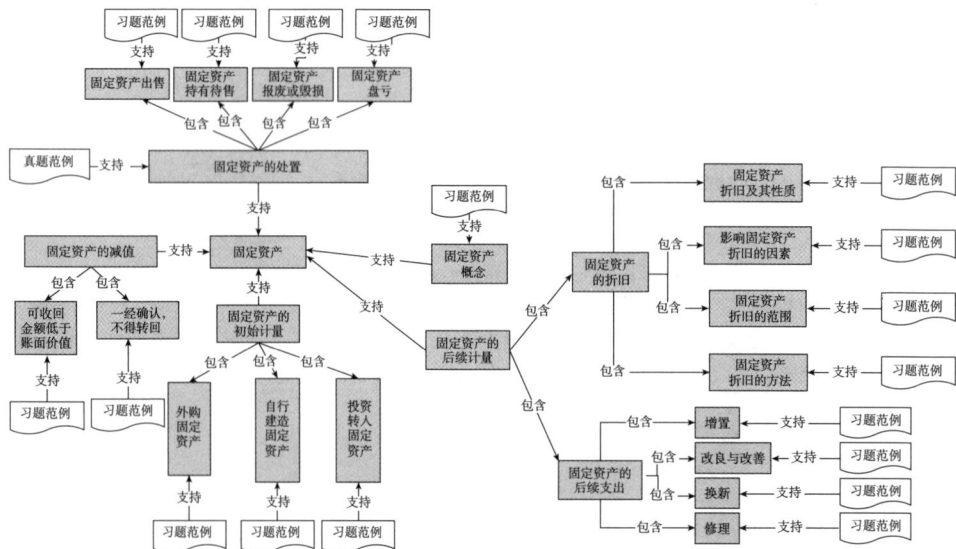

任务描述	通过视频课复习固定资产知识点，进行固定资产不定项练习及与存货、原材料的对比练习；通过问卷星测试检验复习效果
任务时长	120 分钟

学习地点	课下
教学方法 （或学习方法）	□讲授 ☑小组讨论 □答疑 □实验 □实训 ☑自主学习 □其他（请填写）_____
师生交互 过程	教师布置课下任务，学生在学习中心自主完成后，教师在学习中心查看完成情况，同时通过微信在线文档收集问题。需完成的课下任务包括以下几项 ① 视频课学习。课前已学知识的复习。内容包括：固定资产知识点复习；固定资产不定项练习及与存货、原材料的对比账务处理 ② 问卷星测试。根据视频课的学习，结合教材，完成问卷星测试 ③ 完成"轻松过关一"中关于固定资产不定项练习以及与存货、原材料的对比的考点学习，并将笔记和学习内容拍照上传到智慧黄科作业区 其中，测试习题筛选的是历年初级会计资格考试中涉及固定资产不定项练习以及与存货、原材料的对比练习相关知识点的真题
学习资源	① 固定资产不定项练习以及与存货、原材料的对比练习（问卷星） ② 教材，《初级会计实务》，财政部会计财务评价中心编著，2024 年 1 月，经济科学出版社 ③ 考试参考资料，《2024 年会计专业技术资格考试应试指导及全真模拟测试 初级会计实务》，马小新、肖磊荣主编，2024 年 1 月，北京科学技术出版社 ④ 东奥会计网校视频课（固定资产不定项练习以及与存货、原材料的对比练习）
学习成果及 评价标准	成果一：视频（固定资产）完成情况 评价标准：根据智慧黄科后台数据，完成得 10 分，没有完成得 0 分 成果二："轻松过关一"中固定资产会计处理相关知识点学习情况 评价标准：根据智慧黄科后台数据，完成得 10 分，没有完成得 0 分 成果三：问卷星习题测试 评价标准：满分 100 分，由问卷星后台根据做题情况直接导出成绩

活动任务序列（任务二）

任务二知识组块

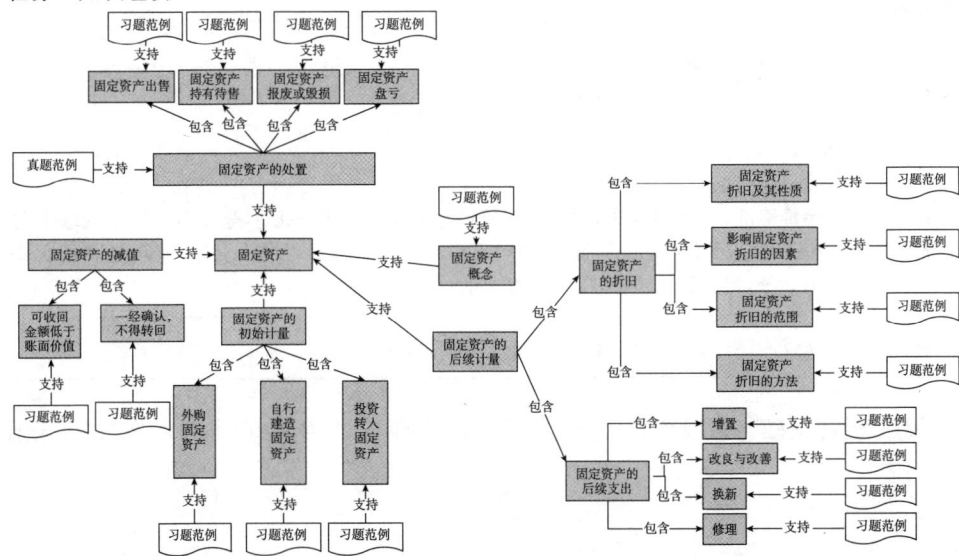

任务描述	通过课堂测试、答疑、讲授、归纳总结,掌握固定资产不定项练习以及与存货、原材料的对比练习
任务时长	50 分钟
学习地点	课上
教学方法 (或学习方法)	☑讲授　□小组讨论　☑答疑　□实验　□实训　□自主学习 ☑其他(请填写)课堂测试
师生交互 过程	教师:发布任务,将提前打印好的涉及固定资产不定项练习以及与存货、原材料的对比练习的相关习题发放给学生 学生:在规定的时间内完成习题测试,期间不得翻书、查阅资料 完成测试后教师立即收齐习题,然后公布正确答案和解析,学生互相交换批改。教师将成绩录入小程序后再将试卷发给学生,学生有 5～10 分钟的时间,根据答案和解析整理自己的错题 学生:根据错题情况,对自己不理解的知识点向教师提出问题 教师:结合学生提出的共性问题中所涉及的知识点判断学生对知识点的掌握情况,根据实际掌握情况和高频考点对相关知识点进行讲解和补充 教师:引导学生思考并预习固定资产存货、原材料的对比账务处理 学生:完成习题并思考"如何根据给定的具体经济业务,选择正确的会计处理" 通过学生的回答使学生真正理解固定资产会计处理,并通过例题练习巩固相关知识点
学习资源	① 固定资产账务处理习题(打印版) ② 教材,《初级会计实务》,财政部会计财务评价中心编著,2024 年 1 月,经济科学出版社 ③ 考试参考资料,《2024 年会计专业技术资格考试应试指导及全真模拟测试　初级会计实务》,马小新、肖磊荣主编,2024 年 1 月,北京科学技术出版社 ④ 固定资产账务处理的 PPT ⑤ 固定资产账务处理的讲义 ⑥ 考试大纲
学习成果及 评价标准	成果:测试题 评价标准:关于固定资产账务处理的选择题,单选题每小题 1 分,多选题每小题 2 分(少选得相应分,多选、错选均不得分),判断题每小题 1 分,不定项选择题每小题 2 分,得分达到 60% 及以上为合格
备注	完成测试题后,一定要注重错题的修改和归纳

(2)"经济基础与初级会计实务"项目化教学课程之"实收资本和资本公积"教学设计如表 4-3 所示。

表 4-3　"实收资本和资本公积"教学设计

2023—2024 学年第二学期第七周（2 学时）

知识建模图

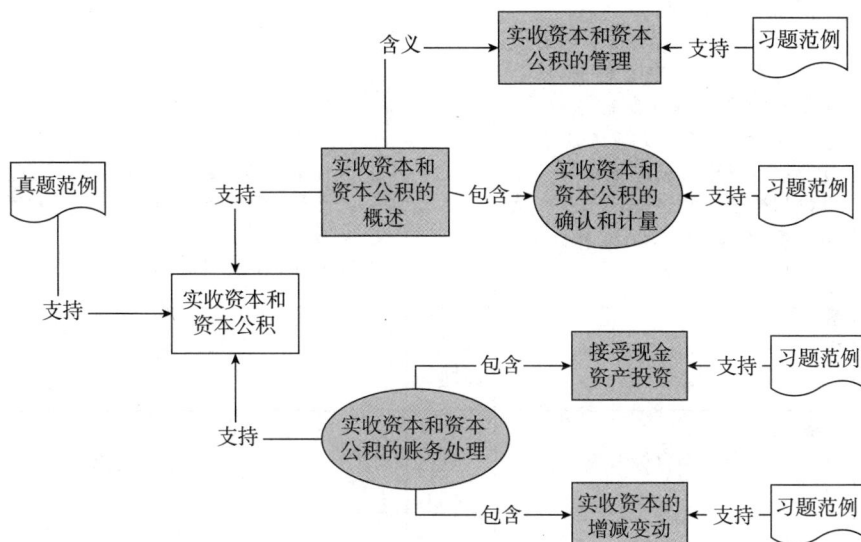

	知识点（学习水平）	能力目标	素质目标
学习目标	① 实收资本和资本公积的管理（记忆） ② 实收资本的确认和计量（记忆、运用）；资本公积的确认和计量（记忆、运用） ③ 实收资本和资本公积的账务处理（记忆、运用）[接受现金资产投资（记忆、运用）、实收资本的增减变动（记忆、运用）]	① 具备确认实收资本和资本公积的来源及区别的能力 ② 具备资本公积增减变动对于所有者权益影响的通识能力 ③ 具备进行实收资本和资本公积账务处理的能力	① 具备实收资本和资本公积账务处理的专业技能 ② 具备会计基本职业道德

	知识点（学习水平）
学习先决知识	实收资本和资本公积的管理（记忆）；实收资本的确认和计量（记忆、运用）；资本公积的确认和计量（记忆、运用）；实收资本和资本公积的账务处理（记忆、运用）[接受现金资产投资（记忆、运用）、实收资本的增减变动（记忆、运用）]

续表

| 课上资源 | ① PPT
② 讲义
③ 习题库（章节习题、高频考点、模拟题、历年真题）
④ 教材，《初级会计实务》，财政部会计财务评价中心编著，2024年1月，经济科学出版社
⑤ 考试参考资料，《2024年会计专业技术资格考试应试指导及全真模拟测试 初级会计实务》，马小新、肖磊荣主编，2024年1月，北京科学技术出版社 | 课下资源 | ① 基础视频课
　▶【44】第六章所有者权益之实收资本... 302.24MB　mp4文件　2024.02.20 21:27
　▶【45】第六章所有者权益之资本公积... 272.01MB　mp4文件　2024.02.20 21:27
　▶【46】第六章所有者权益之留存收益... 303.53MB　mp4文件　2024.02.20 21:27
② 精讲视频课
　▶【11】第六章 资本公积和其他综合... 837.57MB　mp4文件　2024.02.26 16:00
③ 冲刺视频课
　0601第01讲 所有者权益.mp4　397.34MB　mp4文件　2024.02.26 16:00
④ 习题库
　【12】第六章 所有者权益-题目答案... 218.02KB　pdf文件　2024.02.26 16:00
　【12】第六章 所有者权益-题目答案... 230.14KB　pdf文件　2024.02.26 16:00
⑤ 考试大纲
⑥ 每年考试教材变化对比 |
| 课上时间 | 100分钟 | 课下时间 | 200分钟 |

活动序列	活动目标	地点	时间	学习资源
活动1	实收资本和资本公积的管理（记忆）	课上	20分钟	① PPT ② 讲义 ③ 考试大纲 ④ 习题库（章节习题、高频考点、模拟题、历年真题） ⑤ 教材，《初级会计实务》，财政部会计财务评价中心编著，2024年1月，经济科学出版社
		课下	40分钟	① 习题库（章节习题、高频考点、模拟题、历年真题） ② 教材，《初级会计实务》，财政部会计财务评价中心编著，2024年1月，经济科学出版社 ③ 考试参考资料，《2024年会计专业技术资格考试应试指导及全真模拟测试 初级会计实务》，马小新、肖磊荣主编，2024年1月，北京科学技术出版社 ④ 每年考试教材变化对比 ⑤ 考试大纲

续表

活动 2	实收资本的确认和计量（记忆、运用）；资本公积的确认和计量（记忆、运用）	课上 30 分钟	① PPT ② 讲义 ③ 考试大纲 ④ 习题库（章节习题、高频考点、模拟题、历年真题） ⑤ 教材，《初级会计实务》，财政部会计财务评价中心编著，2024 年 1 月，经济科学出版社
		课下 60 分钟	① 习题库（章节习题、高频考点、模拟题、历年真题） ② 教材，《初级会计实务》，财政部会计财务评价中心编著，2024 年 1 月，经济科学出版社 ③ 考试参考资料，《2024 年会计专业技术资格考试应试指导及全真模拟测试 初级会计实务》，马小新、肖磊荣主编，2024 年 1 月，北京科学技术出版社 ④ 每年考试教材变化对比 ⑤ 考试大纲
活动 3	实收资本和资本公积的账务处理（记忆、运用）[接受现金资产投资（记忆、运用）、实收资本的增减变动（记忆、运用）]	课上 50 分钟	① PPT ② 讲义 ③ 考试大纲 ④ 习题库（章节习题、高频考点、模拟题、历年真题） ⑤ 教材，《初级会计实务》，财政部会计财务评价中心编著，2024 年 1 月，经济科学出版社
		课下 100 分钟	① 习题库（章节习题、高频考点、模拟题、历年真题） ② 教材，《初级会计实务》，财政部会计财务评价中心编著，2024 年 1 月，经济科学出版社 ③ 考试参考资料，《2024 年会计专业技术资格考试应试指导及全真模拟测试 初级会计实务》，马小新、肖磊荣主编，2024 年 1 月，北京科学技术出版社 ④ 每年考试教材变化对比 ⑤ 考试大纲

续表

活动1 知识建模图(课上或课下)

活动目标	实收资本和资本公积的管理(记忆)

活动任务序列(导入任务描述)

"所有者权益实收资本和资本公积"这个章节在初级会计实务考试中有5分左右的分值,注意把握分值的分布

活动任务序列(任务一)

任务描述	通过视频课复习实收资本和资本公积的管理;通过问卷星测试检验复习效果
任务时长	40分钟
学习地点	课下

教学方式 (或学习方式)	□讲授　□小组讨论　☑答疑　□实验　□实训　☑自主学习 □其他(请填写)_____
师生交互 过程	教师布置课下任务,学生自主完成后在微信群中打卡,教师在微信群里督促和答疑。需完成的课下任务包括以下几项 ① 视频课学习。课前已学知识的复习。内容包括:实收资本和资本公积的管理 ② 问卷星测试。根据视频课的学习,结合教材,完成问卷星测试 ③ 学习完成"轻松过关一"相关考点(实收资本和资本公积的管理),并将笔记和学习内容拍照上传到智慧黄科作业区 其中,测试习题筛选的是历年初级会计资格考试中涉及实收资本和资本公积的管理相关知识点的真题
学习资源	① 实收资本和资本公积的管理的习题(问卷星) ② 教材,《初级会计实务》,财政部会计财务评价中心编著,2024年1月,经济科学出版社 ③ 考试参考资料,《2024年会计专业技术资格考试应试指导及全真模拟测试　初级会计实务》,马小新、肖磊荣主编,2024年1月,北京科学技术出版社 ④ 东奥会计网校视频课(实收资本和资本公积的管理)
学习成果及 评价标准	成果一:视频(实收资本和资本公积的管理)完成情况 评价标准:根据智慧黄科后台数据,完成得10分,没有完成得0分 成果二:"轻松过关一"相关知识点学习情况 评价标准:根据智慧黄科后台数据,完成得10分,没有完成得0分 成果三:问卷星习题测试 评价标准:满分100分,由问卷星后台根据做题情况直接导出成绩
备注	举例说明资本公积的概念

续表

活动任务序列(任务二)

任务二知识组块

任务描述	通过课堂测试、答疑、讲授、归纳总结,掌握实收资本和资本公积的管理的基本知识点
任务时长	20 分钟
学习地点	课上
教学方法 (或学习方法)	☑讲授　□小组讨论　☑答疑　□实验　□实训　□自主学习 ☑其他(请填写)课堂测试
师生交互 过程	教师发布任务:将提前打印好的涉及实收资本和资本公积的管理的相关习题发放给学生 学生:在规定的时间内完成习题测试,期间不得翻书、查阅资料 完成测试后教师立即收齐习题,然后公布正确答案和解析,学生互相交换批改。教师将成绩录入小程序后再将试卷发给学生,学生有 5～10 分钟的时间,根据答案和解析整理自己的错题 学生:根据错题情况,针对自己不理解的知识点向教师提出问题 教师:结合学生提出的共性问题中所涉及的知识点判断学生对知识点的掌握情况,根据实际掌握情况和高频考点对相关知识点进行讲解和补充 教师:结合实收资本和资本公积的管理的基本知识点讲解 学生:思考"实收资本增减变动会不会影响资产的变动" 教师:结合习题和命题角度进行讲解,并总结实收资本和资本公积的管理的重点 学生:做练习,加强对实收资本和资本公积的管理的理解和掌握
学习资源	① 实收资本和资本公积的管理的习题(打印版) ② 教材,《初级会计实务》,财政部会计财务评价中心编著,2024 年 1 月,经济科学出版社 ③ 考试参考资料,《2024 年会计专业技术资格考试应试指导及全真模拟测试　初级会计实务》,马小新、肖磊荣主编,2024 年 1 月,北京科学技术出版社 ④ 实收资本和资本公积的管理的 PPT ⑤ 实收资本和资本公积的管理的讲义 ⑥ 考试大纲
学习成果及 评价标准	成果:测试题 评价标准:关于实收资本和资本公积的管理等内容的选择题,单选题每小题 1 分,多选题每小题 2 分(少选得相应分,多选、错选均不得分),判断题每小题 1 分,不定项选择题每小题 2 分,得分达到 60% 及以上为合格
备注	填写注意事项: 结合"资产＝负债＋所有者权益"进行增减变动的判断

活动 2 知识建模图（课上十课下）

实收资本和资本公积的概述 —包含→ 实收资本和资本公积的确认和计量 ←支持— 习题范例

活动目标	实收资本的确认和计量(记忆、运用);资本公积的确认和计量(记忆、运用)

活动任务序列(导入任务描述)

资本公积的用途

活动任务序列(任务一)

任务一知识组块 实收资本和资本公积的概述 —包含→ 实收资本和资本公积的确认和计量 ←支持— 习题范例	任务描述	通过视频课复习实收资本的确认和计量、资本公积的确认和计量;通过问卷星测试检验复习效果
	任务时长	60 分钟
	学习地点	课下

教学方法 (或学习方法)	□讲授 ☑小组讨论 □答疑 □实验 □实训 ☑自主学习 □其他(请填写)
师生交互 过程	教师布置课下任务,学生自主完成后在微信群中打卡,教师在微信群里督促和答疑。需完成的课下任务包括以下几项 ① 视频课学习。课前已学知识的复习。内容包括:实收资本的确认和计量、资本公积的确认和计量 ② 问卷星测试。根据视频课的学习,结合教材,完成问卷星测试 ③ 完成"轻松过关一"中关于实收资本的确认和计量、资本公积的确认和计量的考点学习,并将笔记和学习内容拍照上传到传智慧黄科作业区 其中,测试习题筛选的是历年初级会计资格考试中涉及实收资本的确认和计量、资本公积的确认和计量的相关知识点的真题
学习资源	① 实收资本的确认和计量、资本公积的确认和计量的习题(问卷星) ② 教材,《初级会计实务》,财政部会计财务评价中心编著,2024 年 1 月,经济科学出版社 ③ 考试参考资料,《2024 年会计专业技术资格考试应试指导及全真模拟测试 初级会计实务》,马小新、肖磊荣主编,2024 年 1 月,北京科学技术出版社 ④ 东奥会计网校视频课(实收资本的确认和计量、资本公积的确认和计量)
学习成果及 评价标准	成果一:视频(实收资本的确认和计量、资本公积的确认和计量)完成情况 评价标准:根据智慧黄科后台数据,完成得 10 分,没有完成得 0 分 成果二:"轻松过关一"中实收资本的确认和计量、资本公积的确认和计量相关知识点的学习情况 评价标准:根据智慧黄科后台数据,完成得 10 分,没有完成得 0 分 成果三:问卷星习题测试 评价标准:满分 100 分,由问卷星后台根据做题情况直接导出成绩

活动任务序列(任务二)

任务二知识组块		
	任务描述	通过课堂测试、答疑、讲授、归纳总结,掌握实收资本的确认和计量、资本公积的确认和计量
	任务时长	30 分钟
	学习地点	课上
教学方法 (或学习方法)	☑讲授 □小组讨论 ☑答疑 □实验 □实训 □自主学习 ☑其他(请填写)课堂测试	
师生交互 过程	教师:发布任务,将提前打印好的涉及实收资本的确认和计量、资本公积的确认和计量的相关习题发放给学生 学生:在规定的时间内完成习题测试,期间不得翻书、查阅资料 完成测试后教师立即收齐习题,然后公布正确答案和解析,学生互相交换批改。 教师将成绩录入小程序后再将试卷发给学生,学生有 5~10 分钟的时间,根据答案和解析整理自己的错题 学生:根据错题情况,针对自己不理解的知识点向教师提出问题 教师:结合学生提出的共性问题中所涉及的知识点判断学生对知识点的掌握情况,根据实际掌握情况和高频考点对相关知识点进行讲解和补充 教师:提问"新公司法表明的资本公积可以弥补亏损,而在初级会计实务中应如何处理" 教师:重点讲资本公积的确认和计量 学生:讨论资本公积的用途 教师:详细讲解原理 学生:通过练习,加强对实收资本的确认和计量、资本公积的确认和计量的理解和掌握	
学习资源	① 实收资本的确认和计量、资本公积的确认和计量的习题(打印版) ② 教材,《初级会计实务》,财政部会计财务评价中心编著,2024 年 1 月,经济科学出版社 ③ 考试参考资料,《2024 年会计专业技术资格考试应试指导及全真模拟测试 初级会计实务》,马小新、肖磊荣主编,2024 年 1 月,北京科学技术出版社 ④ 实收资本的确认和计量、资本公积的确认和计量的 PPT ⑤ 实收资本的确认和计量、资本公积的确认和计量的讲义 ⑥ 考试大纲	
学习成果及 评价标准	成果:测试题 评价标准:关于实收资本的确认和计量、资本公积的确认和计量的选择题,单选题每小题 1 分,多选题每小题 2 分(少选得相应分,多选、错选均不得分),判断题每小题 1 分,不定项选择题每小题 2 分,得分达到 60% 及以上为合格	

活动 3 知识建模图(课上＋课下)

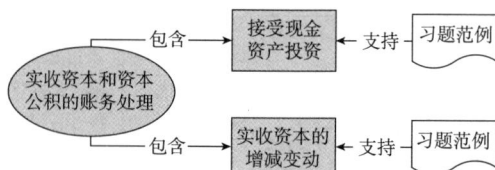

```
                              包含      ┌──────────┐   支持   ┌────────┐
                          ┌──────────→│ 接受现金  │←───────│ 习题范例 │
   ╭──────────────╮      │            │ 资产投资  │         └────────┘
   │ 实收资本和资本 │──────┤            └──────────┘
   │ 公积的账务处理 │──────┤            ┌──────────┐   支持   ┌────────┐
   ╰──────────────╯      └──────────→│ 实收资本的 │←───────│ 习题范例 │
                              包含      │ 增减变动  │         └────────┘
                                       └──────────┘
```

活动目标	实收资本和资本公积的账务处理(记忆、运用)[接受现金资产投资(记忆、运用)、实收资本的增减变动(记忆、运用)]

活动任务序列(任务一)

任务一知识组块			任务描述	通过视频课复习实收资本和资本公积的账务处理(接受现金资产投资、实收资本的增减变动);通过问卷星测试检验复习效果
			任务时长	100 分钟
			学习地点	课下

(知识组块图:实收资本和资本公积的账务处理 → 包含 → 接受现金资产投资 ← 支持 ← 习题范例;实收资本和资本公积的账务处理 → 包含 → 实收资本的增减变动 ← 支持 ← 习题范例)

教学方法 (或学习方法)	□讲授　☑小组讨论　□答疑　□实验　□实训　☑自主学习 □其他(请填写)_____
师生交互过程	教师布置课下任务,学生自主完成后在微信群中打卡,教师在微信群里督促和答疑。需完成的课下任务包括以下几项 ① 视频课学习。课前已学知识的复习。内容包括:实收资本和资本公积的账务处理(接受现金资产投资、实收资本的增减变动) ② 问卷星测试。根据视频课的学习,结合教材,完成问卷星测试 ③ 完成"轻松过关一"实收资本和资本公积的账务处理(接受现金资产投资、实收资本的增减变动)的考点学习,并将笔记和学习内容拍照上传到智慧黄科作业区 其中,测试习题筛选的是历年初级会计资格考试中涉及实收资本和资本公积的账务处理相关知识点的真题
学习资源	① 实收资本和资本公积的账务处理(接受现金资产投资、实收资本的增减变动)的习题(问卷星) ② 教材,《初级会计实务》,财政部会计财务评价中心编著,2024 年 1 月,经济科学出版社 ③ 考试参考资料,《2024 年会计专业技术资格考试应试指导及全真模拟测试　初级会计实务》,马小新、肖磊荣主编,2024 年 1 月,北京科学技术出版社 ④ 东奥会计网校视频课(实收资本和资本公积的账务处理)
学习成果及评价标准	成果一:视频(实收资本和资本公积的账务处理)完成情况 评价标准:根据智慧黄科后台数据,完成得 10 分,没有完成得 0 分 成果二:"轻松过关一"中实收资本和资本公积的账务处理相关知识点的学习情况 评价标准:根据智慧黄科后台数据,完成得 10 分,没有完成得 0 分 成果三:问卷星习题测试 评价标准:满分 100 分,由问卷星后台根据做题情况直接导出成绩

活动任务序列(任务二)

任务二知识组块		任务描述	通过课堂测试、答疑、讲授、归纳总结,掌握实收资本和资本公积的账务处理(接受现金资产投资、实收资本的增减变动)
		任务时长	50 分钟
		学习地点	课上

教学方法 (或学习方法)	☑讲授　□小组讨论　☑答疑　□实验　□实训　□自主学习 ☑其他(请填写)课堂测试
师生交互 过程	教师:发布任务,将提前打印好的涉及实收资本和资本公积的账务处理的相关习题发放给学生 学生:在规定的时间内完成习题测试,期间不得翻书、查阅资料 完成测试后教师立即收齐习题,然后公布正确答案和解析,学生互相交换批改。教师将成绩录入小程序后再将试卷发给学生,学生有 5~10 分钟的时间,根据答案和解析整理自己的错题 学生:根据错题情况,针对自己不理解的知识点向教师提出问题 教师:结合学生提出的共性问题中所涉及的知识点判断学生对知识点的掌握情况,根据实际掌握情况和高频考点对相关知识点进行讲解和补充 教师:引导学生思考并预习资本公积与盈余公积的区别 教师:通过例题讲解接受现金投资与捐赠视同销售的问题 通过学生的回答使学生真正理解实收资本和资本公积的账务处理,并通过例题练习巩固相关知识点
学习资源	① 实收资本和资本公积的账务处理的习题(打印版) ② 教材,《初级会计实务》,财政部会计财务评价中心编著,2024 年 1 月,经济科学出版社 ③ 考试参考资料,《2024 年会计专业技术资格考试应试指导及全真模拟测试　初级会计实务》,马小新、肖磊荣主编,2024 年 1 月,北京科学技术出版社 ④ 实收资本和资本公积的账务处理(接受现金资产投资、实收资本的增减变动)的 PPT ⑤ 实收资本和资本公积的账务处理(接受现金资产投资、实收资本的增减变动)的讲义 ⑥ 考试大纲
学习成果及 评价标准	成果:测试题 评价标准:关于实收资本和资本公积的账务处理的选择题,单选题每小题 1 分,多选题每小题 2 分(少选得相应分,多选、错选均不得分),判断题每小题 1 分,不定项选择题每小题 2 分,得分达到 60% 及以上为合格

（3）"经济法基础与初级会计实务"项目化教学课程之"财务报告"教学设计如表 4-4 所示。

表 4-4　财务报告教学设计

2023—2024 学年第二学期第九周（2 学时）

知识建模图

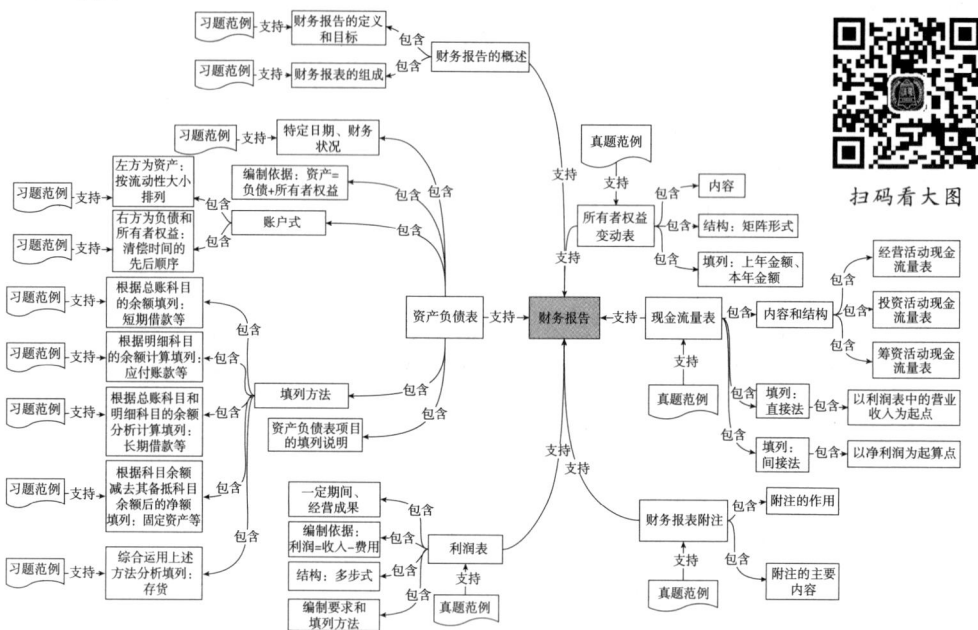

扫码看大图

	知识点（学习水平）	能力目标	素质目标
学习目标	① 财务报告的定义和目标（记忆）；财务报表的组成（记忆） ② 资产负债表的内容（记忆）；资产负债表的编制依据（记忆、运用）；账户式（记忆、运用）；资产负债表的填列方法（记忆、运用）；资产负债表项目填列说明（记忆、运用） ③ 利润表的内容（记忆）；利润表的编制依据（记忆、运用）；利润表的结构（记忆、运用）；利润表的编制要求（记忆、运用）；利润表的填列方法（记忆、运用） ④ 所有者权益变动表的内容（记忆、运用）；所有者权益变动表的结构（记忆、运用）；所有者权益变动表的填列（记忆、运用） ⑤ 现金流量表的内容和结构（记忆、运用）；现金流量表的填列方法（记忆、运用）；财务报表附注的作用（记忆）；财务报表附注的主要内容（记忆）	① 具备初步进行财务报告分析的基本能力 ② 具备正确编制各类财务报表的通识能力	① 具备正确披露各项财务报表的专业技能 ② 具备会计基本职业道德；具备不做假账，不润色各类财务报表等的职业道德

知识点(学习水平)	
学习先决知识	财务报告的定义和目标;财务报表的组成;资产负债表的内容(记忆);资产负债表的编制依据(记忆、运用);账户式(记忆、运用);资产负债表的填列方法(记忆、运用);资产负债表项目填列说明(记忆、运用);利润表的内容(记忆);利润表的编制依据(记忆、运用);利润表的结构(记忆、运用);利润表的编制要求(记忆、运用);利润表的填列方法(记忆、运用);所有者权益变动表的内容(记忆、运用);所有者权益变动表的结构(记忆、运用);所有者权益变动表的填列(记忆、运用);现金流量表的内容和结构(记忆、运用);现金流量表的填列方法(记忆、运用);财务报表附注的作用(记忆);财务报表附注的主要内容(记忆)

课上资源	课下资源
① PPT ② 讲义 ③ 习题库(章节习题、高频考点、模拟题、历年真题) ④ 教材,《初级会计实务》,财政部会计财务评价中心编著,2024 年 1 月,经济科学出版社 ⑤ 考试参考资料,《2024 年会计专业技术资格考试应试指导及全真模拟测试　初级会计实务》,马小新、肖磊荣主编,2024 年 1 月,北京科学技术出版社	① 基础视频课 　第0801讲 概　述_1.mp4　129.20MB　mp4文件　2024.02.26 16:00 　第0802讲 资产负债表的结构_1.mp4　97.55MB　mp4文件　2024.02.26 16:00 　第0803讲 资产负债表的编制 (1)_…　169.19MB　mp4文件　2024.02.26 16:00 　第0804讲 资产负债表的编制 (2)_…　148.15MB　mp4文件　2024.02.26 16:00 　第0805讲 利润表的结构_利润的分…　88.50MB　mp4文件　2024.02.26 16:00 　第0806讲 现金流量表分类.mp4　148.78MB　mp4文件　2024.02.26 16:00 　第0807讲 现金流量表编制方法.mp4　74.00MB　mp4文件　2024.02.26 16:00 　第0808讲 所有者权益变动表.mp4　67.21MB　mp4文件　2024.02.26 16:00 　第0809讲 财务报表附注及财务报告…　101.22MB　mp4文件　2024.02.26 16:00 ② 精讲视频课 　第0801讲 概述_资产负债表.mp4　159.66MB　mp4文件　2024.02.26 16:00 　第0802讲 利润表.mp4　37.88MB　mp4文件　2024.02.26 16:00 　第0803讲 现金流量表概述.mp4　37.43MB　mp4文件　2024.02.26 16:00 　第0804讲 现金流量表的编制.mp4　146.43MB　mp4文件　2024.02.26 16:00 　第0805讲 所有者权益变动表_附注.mp4　43.03MB　mp4文件　2024.02.26 16:00 ③ 冲刺视频课 　0801第01讲 财务报告.mp4　346.67MB　mp4文件　2024.02.26 16:00 ④ 习题库 　【15】第八章 财务报告-题目答案分…　235.90KB　pdf文件　2024.02.26 16:00 　【15】第八章 财务报告-题目答案合…　233.68KB　pdf文件　2024.02.26 16:00 ⑤ 考试大纲 ⑥ 每年考试教材变化对比

课上时间	100 分钟	课下时间	200 分钟		
活动序列	活动目标	地点	时间	学习资源	
活动1	财务报告的定义和目标(记忆);财务报表的组成(记忆)	课上	15 分钟	① PPT ② 讲义 ③ 考试大纲 ④ 习题库(章节习题、高频考点、模拟题、历年真题) ⑤ 教材,《初级会计实务》,财政部会计财务评价中心编著,2024 年 1 月,经济科学出版社	

续表

活动1	财务报告的定义和目标（记忆）、财务报表的组成（记忆）	课下	30分钟	① 习题库（章节习题、高频考点、模拟题、历年真题） ② 教材，《初级会计实务》，财政部会计财务评价中心编著，2024年1月，经济科学出版社 ③ 考试参考资料，《2024年会计专业技术资格考试应试指导及全真模拟测试 初级会计实务》，马小新、肖磊荣主编，2024年1月，北京科学技术出版社 ④ 每年考试教材变化对比 ⑤ 考试大纲
活动2	资产负债表的内容（记忆）；资产负债表的编制依据（记忆、运用）；账户式（记忆、运用）；资产负债表的填列方法（记忆、运用）；资产负债表项目填列说明（记忆、运用）	课上	30分钟	① PPT ② 讲义 ③ 考试大纲 ④ 习题库（章节习题、高频考点、模拟题、历年真题） ⑤ 教材，《初级会计实务》，财政部会计财务评价中心编著，2024年1月，经济科学出版社
		课下	60分钟	① 习题库（章节习题、高频考点、模拟题、历年真题） ② 教材，《初级会计实务》，财政部会计财务评价中心编著，2024年1月，经济科学出版社 ③ 考试参考资料，《2024年会计专业技术资格考试应试指导及全真模拟测试 初级会计实务》，马小新、肖磊荣主编，2024年1月，北京科学技术出版社 ④ 每年考试教材变化对比 ⑤ 考试大纲
活动3	利润表的内容（记忆）；利润表的编制依据（记忆、运用）；利润表的结构（记忆、运用）；利润表的编制要求（记忆、运用）；利润表的填列方法（记忆、运用）	课上	20分钟	① PPT ② 讲义 ③ 考试大纲 ④ 习题库（章节习题、高频考点、模拟题、历年真题） ⑤ 教材，《初级会计实务》，财政部会计财务评价中心编著，2024年1月，经济科学出版社

活动 3	利润表的内容（记忆）；利润表的编制依据（记忆、运用）；利润表的结构（记忆、运用）；利润表的编制要求（记忆、运用）；利润表的填列方法（记忆、运用）	课下	40 分钟	① 习题库（章节习题、高频考点、模拟题、历年真题）② 教材，《初级会计实务》，财政部会计财务评价中心编著，2024 年 1 月，经济科学出版社 ③ 考试参考资料，《2024 年会计专业技术资格考试应试指导及全真模拟测试　初级会计实务》，马小新、肖磊荣主编，2024 年 1 月，北京科学技术出版社 ④ 每年考试教材变化对比 ⑤ 考试大纲
活动 4	所有者权益变动表的内容（记忆、运用）；所有者权益变动表的结构（记忆、运用）；所有者权益变动表的填列（记忆、运用）	课上	20 分钟	① PPT ② 讲义 ③ 考试大纲 ④ 习题库（章节习题、高频考点、模拟题、历年真题）⑤ 教材，《初级会计实务》，财政部会计财务评价中心编著，2024 年 1 月，经济科学出版社
		课下	40 分钟	① 习题库（章节习题、高频考点、模拟题、历年真题）② 教材，《初级会计实务》，财政部会计财务评价中心编著，2024 年 1 月，经济科学出版社 ③ 考试参考资料，《2024 年会计专业技术资格考试应试指导及全真模拟测试　初级会计实务》，马小新、肖磊荣主编，2024 年 1 月，北京科学技术出版社 ④ 每年考试教材变化对比 ⑤ 考试大纲
活动 5	现金流量表的内容和结构（记忆、运用）；现金流量表的填列方法（记忆、运用）；财务报表附注的主要作用（记忆）；财务报表附注的内容（记忆）	课上	15 分钟	① PPT ② 讲义 ③ 考试大纲 ④ 习题库（章节习题、高频考点、模拟题、历年真题）⑤ 教材，《初级会计实务》，财政部会计财务评价中心编著，2024 年 1 月，经济科学出版社

| 活动5 | 现金流量表的内容和结构（记忆、运用）；现金流量表的填列方法（记忆、运用）；财务报表附注的主要作用（记忆）；财务报表附注的内容（记忆） | 课下 | 30分钟 | ① 习题库（章节习题、高频考点、模拟题、历年真题）
② 教材，《初级会计实务》，财政部会计财务评价中心编著，2024 年 1 月，经济科学出版社
③ 考试参考资料，《2024 年会计专业技术资格考试应试指导及全真模拟测试　初级会计实务》，马小新、肖磊荣主编，2024 年 1 月，北京科学技术出版社
④ 每年考试教材变化对比
⑤ 考试大纲 |

活动 1 知识建模图（课上或课下）

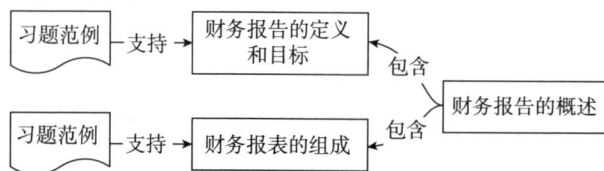

| 活动目标 | 财务报告的定义和目标（记忆）；财务报表的组成（记忆） |

活动任务序列（导入任务描述）

"财务报告"这个章节在初级会计实务考试中有 6 分左右的分值，注意把握分值的分布

活动任务序列（任务一）

任务一知识组块 	任务描述	通过视频课复习财务报告的定义和目标，以及财务报表的组成；通过问卷星测试检验复习效果
	任务时长	30 分钟
	学习地点	课下

| 教学方式（或学习方式） | □讲授　□小组讨论　☑答疑　□实验　□实训　☑自主学习
□其他（请填写）_____ |
| 师生交互过程 | 教师布置课下任务，学生在学习中心自主完成后，教师在学习中心查看完成情况，同时通过微信在线文档收集问题。需完成的课下任务包括以下几项
① 视频课学习。课前已学知识的复习。内容包括财务报告的定义和目标、财务报表的组成
② 问卷星测试。根据视频课的学习，结合教材，完成问卷星测试
③ 学习完成"轻松过关一"相关考点（财务报告的定义和目标、财务报表的组成），并将笔记和学习内容拍照上传到智慧黄科作业区
其中，测试习题筛选的是历年初级会计资格考试中涉及财务报告的定义和目标、财务报表的组成等相关知识点的真题 |

学习资源	① 财务报告的定义和目标、财务报表的组成的习题(问卷星) ② 教材《初级会计实务》财政部会计财务评价中心编著,2024 年 1 月,经济科学出版社 ③ 考试参考资料,《2024 年会计专业技术资格考试应试指导及全真模拟测试　初级会计实务》,马小新、肖磊荣主编,2024 年 1 月,北京科学技术出版社 ④ 东奥会计网校视频课(财务报告的定义和目标、财务报表的组成)
学习成果及 评价标准	成果一:视频(财务报告的定义和目标、财务报表的组成)完成情况 评价标准:根据智慧黄科后台数据,完成得 10 分,没有完成得 0 分 成果二:"轻松过关一"知识点学习情况 评价标准:根据智慧黄科后台数据,完成得 10 分,没有完成得 0 分 成果三:问卷星习题测试 评价标准:满分 100 分,由问卷星后台根据做题情况直接导出成绩
备注	填写注意事项: ① 上课结束后对该活动(任务)的教学心得、体会或反思等 ② 补充课上收集到的学生学情信息,例如,学生常见的学习问题;需要特别关注的学生特征;学生学习的好方法;学生对本次课程的反馈与建议

活动任务序列(任务二)

任务二知识组块		任务描述	通过课堂测试、答疑、讲授、归纳总结,掌握财务报告的定义和目标、财务报表的组成基本知识点
		任务时长	15 分钟
		学习地点	课上

教学方法 (或学习方法)	☑讲授　□小组讨论　☑答疑　□实验　□实训　□自主学习 ☑其他(请填写)课堂测试
师生交互 过程	教师:检查课下任务 同学:上台讲解本次课堂的知识思维导图(5 分钟) 教师:根据总结情况补充高频考点(10 分钟)
学习资源	① 教材,《初级会计实务》财政部会计财务评价中心编著,2024 年 1 月,经济科学出版社 ② 考试参考资料,《2024 年会计专业技术资格考试应试指导及全真模拟测试　初级会计实务》,马小新、肖磊荣主编,2024 年 1 月,北京科学技术出版社 ③ 财务报告的定义和目标、财务报表的组成的 PPT ④ 财务报告的定义和目标、财务报表的组成的讲义 ⑤ 考试大纲

学习成果及评价标准	成果:测试题 评价标准:关于财务报告的定义和目标、财务报表的组成等内容的选择题,单选题每小题1分,多选题每小题2分(少选得相应分,多选、错选均不得分),判断题每小题1分,不定项选择题每小题2分,得分达到60%及以上为合格
备注	填写注意事项: ① 上课结束后对该活动(任务)的教学心得、体会或反思等 ② 补充课上收集到的学生学情信息,例如,学生常见的学习问题;需要特别关注的学生特征;学生学习的好方法;学生对本次课程的反馈与建议

活动 2 知识建模图(课上十课下)

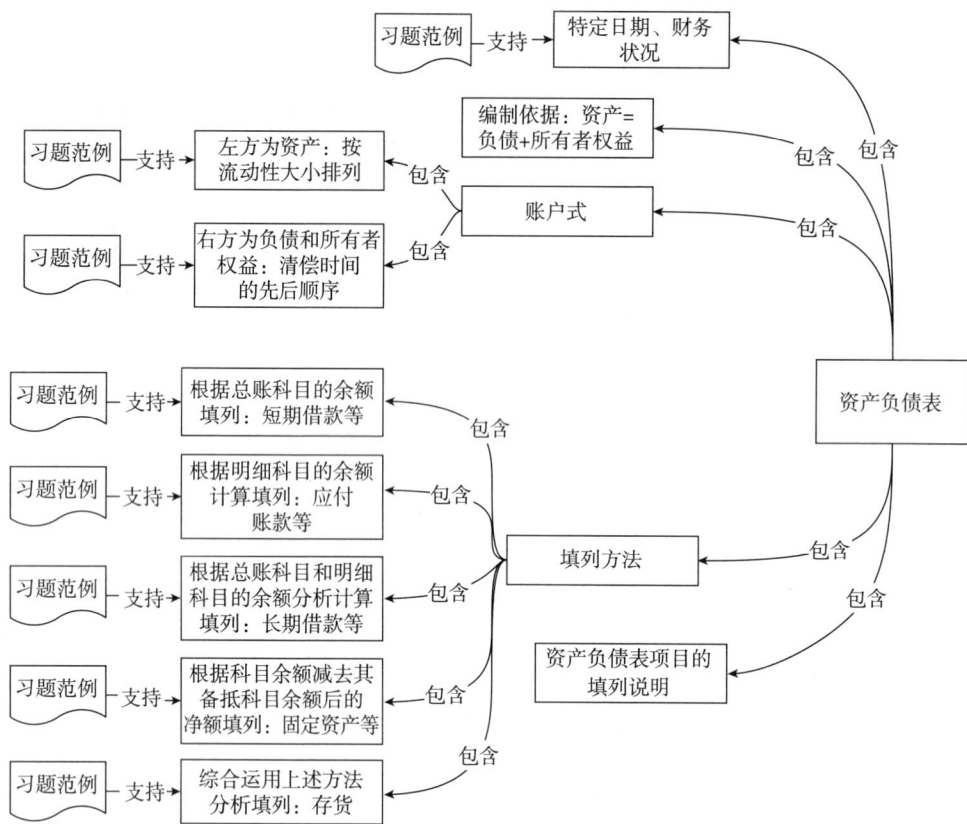

活动目标	资产负债表的内容(记忆);资产负债表的编制依据(记忆、运用);账户式(记忆、运用);资产负债表的填列方法(记忆、运用);资产负债表项目的填列说明(记忆、运用)

续表

活动任务序列(任务一)

任务一知识组块

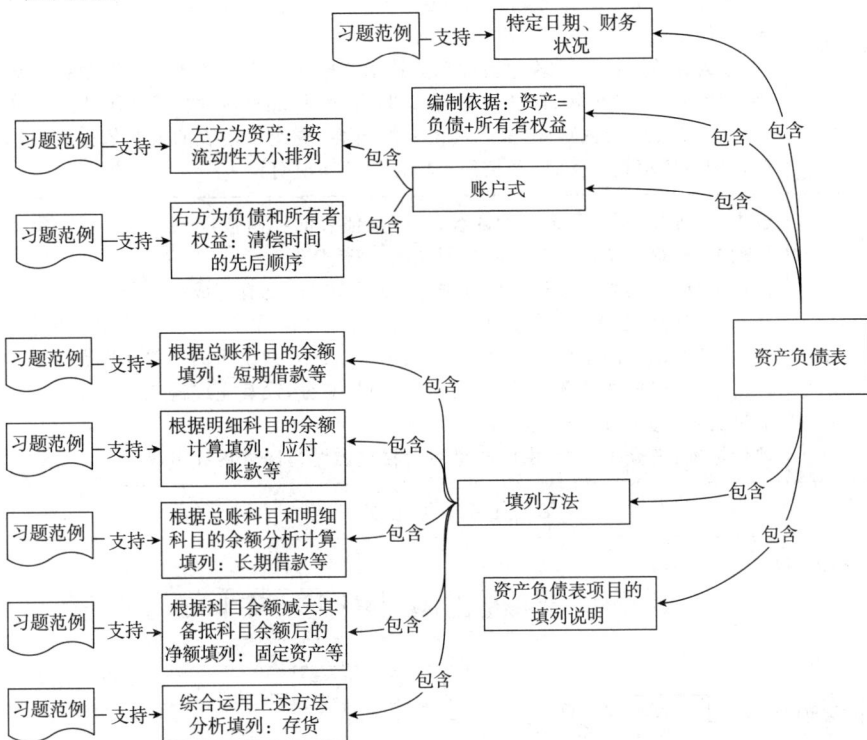

任务描述	通过视频课复习资产负债表的内容、资产负债表的编制依据、账户式、资产负债表的填列方法、资产负债表项目的填列说明;通过问卷星测试检验复习效果
任务时长	60 分钟
学习地点	课下
教学方法 (或学习方法)	□讲授　☑小组讨论　□答疑　□实验　□实训　☑自主学习 □其他(请填写)_____
师生交互 过程	教师布置课下任务,学生在学习中心自主完成后,教师在学习中心查看完成情况,同时通过微信在线文档收集问题。需完成的课下任务包括以下几项 ① 视频课学习。课前已学知识的复习。内容包括:资产负债表的内容、资产负债表的编制依据、账户式、资产负债表的填列方法、资产负债表项目的填列说明 ② 问卷星测试。根据视频课的学习,结合教材,完成问卷星测试 ③ 完成"轻松过关一"中关于资产负债表的内容、资产负债表的编制依据、账户式、资产负债表的填列方法、资产负债表项目的填列说明的考点学习,并将笔记和学习内容拍照上传到智慧黄科作业区 其中的测试习题筛选的是历年初级会计资格考试中涉及资产负债表的内容、资产负债表的编制依据、账户式、资产负债表的填列方法、资产负债表项目的填列说明等相关知识点的真题

学习资源	① 资产负债表的内容、资产负债表的编制依据、账户式、资产负债表的填列方法、资产负债表项目的填列说明的习题(问卷星) ② 教材,《初级会计实务》,财政部会计财务评价中心编著,2024 年 1 月,经济科学出版社 ③ 考试参考资料,《2024 年会计专业技术资格考试应试指导及全真模拟测试　初级会计实务》,马小新、肖磊荣主编,2024 年 1 月,北京科学技术出版社 ④ 东奥会计网校视频课(资产负债表的内容、资产负债表的编制依据、账户式、资产负债表的填列方法、资产负债表项目的填列说明)
学习成果及评价标准	成果一:视频(资产负债表的内容、资产负债表的编制依据、账户式、资产负债表的填列方法、资产负债表项目的填列说明)完成情况 评价标准:根据智慧黄科后台数据,完成得 10 分,没有完成得 0 分 成果二:"轻松过关一"中关于资产负债表的内容、资产负债表的编制依据、账户式、资产负债表的填列方法、资产负债表项目的填列说明的相关知识点的学习情况 评价标准:根据智慧黄科后台数据,完成得 10 分,没有完成得 0 分 成果三:问卷星习题测试 评价标准:满分 100 分,由问卷星后台根据做题情况直接导出成绩

活动任务序列(任务二)

任务二知识组块

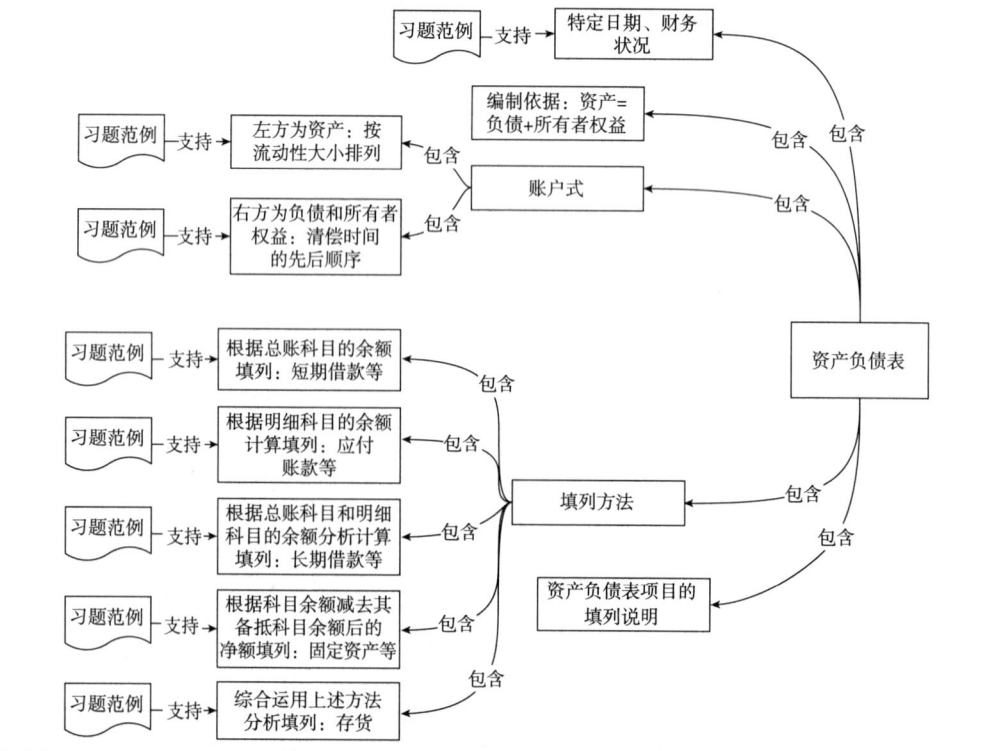

任务描述	通过课堂测试、答疑、讲授、归纳总结,掌握资产负债表的内容、资产负债表的编制依据、账户式、资产负债表的填列方法、资产负债表项目的填列说明的知识点
任务时长	30 分钟
学习地点	课上
教学方法 (或学习方法)	☑讲授　□小组讨论　☑答疑　□实验　□实训　□自主学习 ☑其他(请填写)课堂测试
师生交互 过程	教师,发布任务,将提前打印好的涉及资产负债表的内容、资产负债表的编制依据、账户式、资产负债表的填列方法、资产负债表项目的填列说明相关的习题发放给学生 学生:在规定的时间内完成习题测试,期间不得翻书、查阅资料 完成测试后教师立即收齐习题,然后公布正确答案和解析,学生互相交换批改。 教师将成绩录入小程序后再将试卷发给学生,学生有 5～10 分钟的时间,根据答案和解析整理自己的错题 学生:根据错题情况,针对自己不理解的知识点向教师提出问题 教师:结合学生提出的共性问题中所涉及的知识点判断学生对知识点的掌握情况,根据实际掌握情况和高频考点对相关知识点进行讲解和补充 教师:提问"现金流量表的编制基础是什么?" 学生:回答"收付实现制" 教师:组织学生回忆两收两付的账户余额计算 教师:重点梳理资产负债表的填列方法 学生:做练习,加强对资产负债表的填列方法的理解和掌握
学习资源	① 资产负债表的内容、资产负债表的编制依据、账户式、资产负债表的填列方法、资产负债表项目的填列说明的习题(打印版) ② 教材,《初级会计实务》,财政部会计财务评价中心编著,2024 年 1 月,经济科学出版社 ③ 考试参考资料,《2024 年会计专业技术资格考试应试指导及全真模拟测试　初级会计实务》,马小新、肖磊荣主编,2024 年 1 月,北京科学技术出版社 ④ 资产负债表的内容、资产负债表的编制依据、账户式、资产负债表的填列方法、资产负债表项目的填列说明的 PPT ⑤ 资产负债表的内容、资产负债表的编制依据、账户式、资产负债表的填列方法、资产负债表项目的填列说明的讲义 ⑥ 考试大纲
学习成果及 评价标准	**成果:测试题** **评价标准:**关于资产负债表的内容、资产负债表的编制依据、账户式、资产负债表的填列方法、资产负债表项目的填列说明的选择题,单选题每小题 1 分,多选题每小题 2 分(少选得相应分,多选、错选均不得分),判断题每小题 1 分,不定项选择题每小题 2 分,得分达到 60% 及以上为合格
备注	填写注意事项: ① 上课结束后对该活动(任务)的教学心得、体会或反思等 ② 补充课上收集到的学生学情信息,例如,学生常见的学习问题;需要特别关注的学生特征;学生学习的好方法;学生对本次课程的反馈与建议

续表

活动 3 知识建模图（课上＋课下）

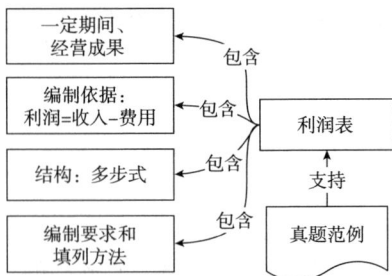

活动目标	利润表的内容（记忆）；利润表的编制依据（记忆、运用）；利润表的结构（记忆、运用）；利润表的编制要求（记忆、运用）；利润表的填列方法（记忆、运用）

活动任务序列（任务一）

任务一知识组块		任务描述	通过视频课复习利润表的内容、利润表的编制依据、利润表的结构、利润表的编制要求、利润表的填列方法；通过问卷星测试检验复习效果
		任务时长	40 分钟
		学习地点	课下

教学方法（或学习方法）	□讲授　☑小组讨论　□答疑　□实验　□实训　☑自主学习 □其他（请填写）＿＿＿＿＿＿＿
师生交互过程	教师布置课下任务，学生在学习中心自主完成后，教师在学习中心查看完成情况，同时通过微信在线文档收集问题。需完成的课下任务包括以下几项 ① 视频课学习。课前已学知识的复习。内容包括：利润表的内容、利润表的编制依据、利润表的结构、利润表的编制要求、利润表的填列方法 ② 问卷星测试。根据视频课的学习，结合教材，完成问卷星测试 ③ 完成"轻松过关一"中关于利润表的内容、利润表的编制依据、利润表的结构、利润表的编制要求、利润表的填列方法的考点学习，并将笔记和学习内容拍照上传到智慧黄科作业区 其中，测试习题筛选的是历年初级会计资格考试中涉及利润表的内容、利润表的编制依据、利润表的结构、利润表的编制要求、利润表的填列方法相关知识点的真题
学习资源	① 利润表的内容、利润表的编制依据、利润表的结构、利润表的编制要求、利润表的填列方法的习题（问卷星） ② 教材，《初级会计实务》，财政部会计财务评价中心编著，2024 年 1 月，经济科学出版社 ③ 考试参考资料，《2024 年会计专业技术资格考试应试指导及全真模拟测试　初级会计实务》，马小新、肖磊荣主编，2024 年 1 月，北京科学技术出版社 ④ 东奥会计网校视频课（利润表的内容、利润表的编制依据、利润表的结构、利润表的编制要求、利润表的填列方法）

学习成果及评价标准	成果一:视频(利润表的内容、利润表的编制依据、利润表的结构、利润表的编制要求、利润表的填列方法) 评价标准:根据智慧黄科后台数据,完成得 10 分,没有完成得 0 分 成果二:"轻松过关一"中关于利润表的内容、利润表的编制依据、利润表的结构、利润表的编制要求、利润表的填列方法的相关知识点的学习情况 评价标准:根据智慧黄科后台数据,完成得 10 分,没有完成得 0 分 成果三:问卷星习题测试 评价标准:满分 100 分,由问卷星后台根据做题情况直接导出成绩

活动任务序列(任务二)

任务二知识组块

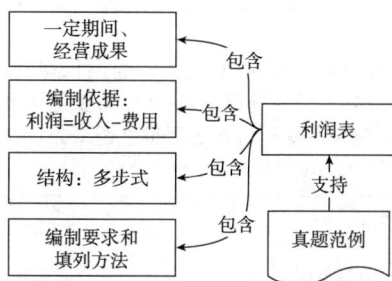

任务描述	通过课堂测试、答疑、讲授、归纳总结,掌握利润表的内容、利润表的编制依据、利润表的结构、利润表的编制要求、利润表的填列方法的内容
任务时长	20 分钟
学习地点	课上
教学方法 (或学习方法)	☑讲授　□小组讨论　☑答疑　□实验　□实训　□自主学习 ☑其他(请填写)课堂测试
师生交互过程	教师:发布任务,将提前打印好的涉及利润表的内容、利润表的编制依据、利润表的结构、利润表的编制要求、利润表的填列方法的相关习题发放给学生 学生:在规定的时间内完成习题测试,期间不得翻书、查阅资料 完成测试后教师立即收齐习题,然后公布正确答案和解析,学生互相交换批改。教师将成绩录入小程序后再将试卷发给学生,学生有 5～10 分钟的时间,根据答案和解析整理自己的错题 学生:根据错题情况,针对自己不理解的知识点向教师提出问题 教师:结合学生提出的共性问题中所涉及的知识点判断学生对知识点的掌握情况,根据实际掌握情况和高频考点对相关知识点进行讲解和补充 教师:引导学生思考并预习研发费用的列示金额来源于管理费用和无形资产摊销 教师:向学生讲授利润表的编制要求 学生:做习题并思考"如何通过利润表判断一个企业的经营活动?" 通过学生的回答使学生真正理解利润表,并通过例题练习巩固相关知识点

续表

学习资源	① 利润表的内容、利润表的编制依据、利润表的结构、利润表的编制要求、利润表的填列方法的习题(打印版) ② 教材,《初级会计实务》,财政部会计财务评价中心编著,2024 年 1 月,经济科学出版社 ③ 考试参考资料,《2024 年会计专业技术资格考试应试指导及全真模拟测试 初级会计实务》,马小新、肖磊荣主编,2024 年 1 月,北京科学技术出版社 ④ 利润表的内容、利润表的编制依据、利润表的结构、利润表的编制要求、利润表的填列方法的 PPT ⑤ 利润表的内容、利润表的编制依据、利润表的结构、利润表的编制要求、利润表的填列方法的讲义 ⑥ 考试大纲
学习成果及评价标准	成果:测试题 评价标准:关于利润表的内容、利润表的编制依据、利润表的结构、利润表的编制要求、利润表的填列方法的选择题,单选题每小题 1 分,多选题每小题 2 分(少选得相应分,多选、错选均不得分),判断题每小题 1 分,不定项选择题每小题 2 分,得分达到 60% 及以上为合格

活动 4 知识建模图(课上十课下)

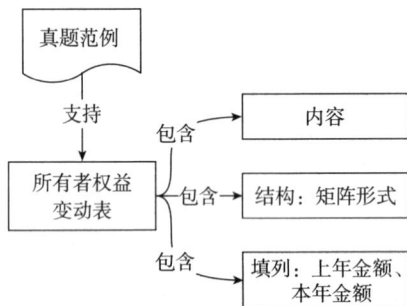

活动目标	所有者权益变动表的内容(记忆、运用);所有者权益变动表的结构(记忆、运用);所有者权益变动表的填列(记忆、运用)

活动任务序列(任务一)

任务一知识组块		
	任务描述	通过视频课复习所有者权益变动表的内容、所有者权益变动表的结构、所有者权益变动表的填列;通过问卷星测试检验复习效果
	任务时长	40 分钟
	学习地点	课下

教学方法 （或学习方法）	□讲授　☑小组讨论　□答疑　□实验　□实训　☑自主学习 □其他（请填写）_____
师生交互 过程	教师布置课下任务,学生在学习中心自主完成后,教师在学习中心查看完成情况,同时通过微信在线文档收集问题。需完成的课下任务包括以下几项 ① 视频课学习。课前已学知识的复习。内容包括:所有者权益变动表的内容、所有者权益变动表的结构、所有者权益变动表的填列 ② 问卷星测试。根据视频课的学习,结合教材,完成问卷星测试 ③ 完成"轻松过关一"中关于所有者权益变动表的内容、所有者权益变动表的结构、所有者权益变动表的填列的考点学习,并将笔记和学习内容拍照上传到智慧黄科作业区 其中,测试习题筛选的是历年初级会计资格考试中涉及所有者权益变动表的内容、所有者权益变动表的结构、所有者权益变动表的填列相关知识点的真题
学习资源	① 所有者权益变动表的内容、所有者权益变动表的结构、所有者权益变动表的填列的习题（问卷星） ② 教材,《初级会计实务》,财政部会计财务评价中心编著,2024 年 1 月,经济科学出版社 ③ 考试参考资料,《2024 年会计专业技术资格考试应试指导及全真模拟测试　初级会计实务》,马小新、肖磊荣主编,2024 年 1 月,北京科学技术出版社 ④ 东奥会计网校视频课（所有者权益变动表的内容、所有者权益变动表的结构、所有者权益变动表的填列）
学习成果及 评价标准	成果一:视频（所有者权益变动表的内容、所有者权益变动表的结构、所有者权益变动表的填列） 评价标准:根据智慧黄科后台数据,完成得 10 分,没有完成得 0 分 成果二:"轻松过关一"中关于所有者权益变动表的内容、所有者权益变动表的结构、所有者权益变动表的填列的相关知识点的学习情况 评价标准:根据智慧黄科后台数据,完成得 10 分,没有完成得 0 分 成果三:问卷星习题测试 评价标准:满分 100 分,由问卷星后台根据做题情况直接导出成绩

活动任务序列（任务二）

任务二知识组块		
	任务描述	通过课堂测试、答疑、讲授、归纳总结,掌握所有者权益变动表的内容、所有者权益变动表的结构、所有者权益变动表的填列的内容
	任务时长	20 分钟
	学习地点	课上

教学方法 （或学习方法）	☑讲授　□小组讨论　☑答疑　□实验　□实训　□自主学习 ☑其他（请填写）课堂测试
师生交互 过程	教师：发布任务，将提前打印好的涉及所有者权益变动表的内容、所有者权益变动表的结构、所有者权益变动表的填列的相关习题发放给学生 学生：在规定的时间内完成习题测试，期间不得翻书、查阅资料 完成测试后教师立即收齐习题，然后公布正确答案和解析，学生互相交换批改。教师将成绩录入小程序后再将试卷发给学生，学生有 5～10 分钟的时间，根据答案和解析整理自己的错题 学生：根据错题情况，针对自己不理解的知识点向教师提出问题 教师：结合学生提出的共性问题中所涉及的知识点判断学生对知识点的掌握情况，根据实际掌握情况和高频考点对相关知识点进行讲解和补充 教师：引导学生重视至少单独列示的项目 学生：完成习题并加深对于至少单独列示的项目的记忆 通过学生的回答使学生真正理解所有者权益变动表，并通过例题练习巩固相关知识点
学习资源	① 所有者权益变动表的内容、所有者权益变动表的结构、所有者权益变动表的填列的习题（打印版） ② 教材，《初级会计实务》，财政部会计财务评价中心编著，2024 年 1 月，经济科学出版社 ③ 考试参考资料，《2024 年会计专业技术资格考试应试指导及全真模拟测试　初级会计实务》，马小新、肖磊荣主编，2024 年 1 月，北京科学技术出版社 ④ 所有者权益变动表的内容、所有者权益变动表的结构、所有者权益变动表的填列的 PPT ⑤ 所有者权益变动表的内容、所有者权益变动表的结构、所有者权益变动表的填列的讲义 ⑥ 考试大纲
学习成果及 评价标准	成果：测试题 评价标准：关于所有者权益变动表的内容、所有者权益变动表的结构、所有者权益变动表的填列的选择题，单选题每小题 1 分，多选题每小题 2 分（少选得相应分，多选、错选均不得分），判断题每小题 1 分，不定项选择题每小题 2 分，得分达到 60% 及以上为合格

活动 5 知识建模图（课上＋课下）

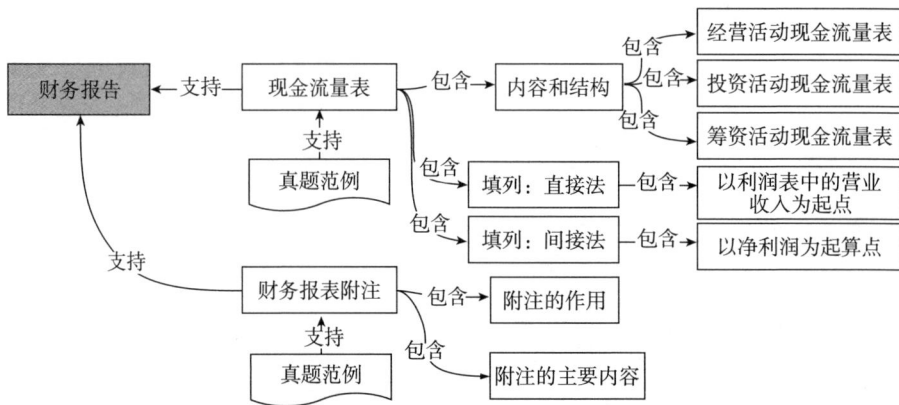

续表

活动目标	现金流量表的内容和结构(记忆、运用);现金流量表的填列方法(记忆、运用);财务报表附注的作用(记忆);财务报表附注的主要内容(记忆)

活动任务序列(任务一)

任务一知识组块

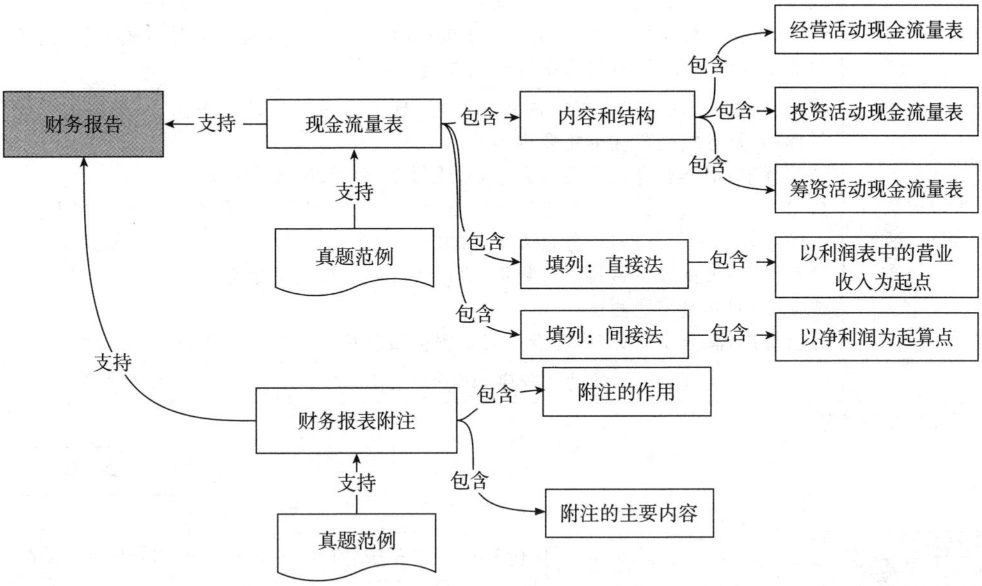

任务描述	通过视频课复习现金流量表的内容和结构、现金流量表的填列方法、财务报表附注的作用、财务报表附注的主要内容;通过问卷星测试检验复习效果
任务时长	30 分钟
学习地点	课下
教学方法 (或学习方法)	□讲授　☑小组讨论　□答疑　□实验　□实训　☑自主学习 □其他(请填写)_____
师生交互过程	教师布置课下任务,学生在学习中心自主完成后,教师在学习中心查看完成情况,同时通过微信在线文档收集问题。需完成的课下任务包括以下几项 ① 视频课学习。课前已学知识的复习。内容包括:现金流量表的内容和结构、现金流量表的填列方法、财务报表附注的作用、财务报表附注的主要内容 ② 问卷星测试。根据视频课的学习,结合教材,完成问卷星测试 ③ 完成"轻松过关一"中关于现金流量表的内容和结构、现金流量表的填列方法、财务报表附注的作用、财务报表附注的主要内容的考点学习,并将笔记和学习内容拍照上传到智慧黄科作业区 其中,测试习题筛选的是历年初级会计资格考试中涉及现金流量表的内容和结构、现金流量表的填列方法、财务报表附注的作用、财务报表附注的主要内容相关知识点的真题

续表

学习资源	① 现金流量表的内容和结构、现金流量表的填列方法、财务报表附注的作用、财务报表附注的主要内容的习题(问卷星) ② 教材,《初级会计实务》,财政部会计财务评价中心编著,2024 年 1 月,经济科学出版社 ③ 考试参考资料,《2024 年会计专业技术资格考试应试指导及全真模拟测试　初级会计实务》,马小新、肖磊荣主编,2024 年 1 月,北京科学技术出版社 ④ 东奥会计网校视频课(现金流量表的内容和结构、现金流量表的填列方法、财务报表附注的作用、财务报表附注的主要内容)
学习成果及评价标准	成果一:视频(现金流量表的内容和结构、现金流量表的填列方法、财务报表附注的作用、财务报表附注的主要内容) 评价标准:根据智慧黄科后台数据,完成得 10 分,没有完成得 0 分 成果二:"轻松过关一"中关于现金流量表的内容和结构、现金流量表的填列方法、财务报表附注的作用、财务报表附注的主要内容的相关知识点的学习情况 评价标准:根据智慧黄科后台数据,完成得 10 分,没有完成得 0 分 成果三:问卷星习题测试 评价标准:满分 100 分,由问卷星后台根据做题情况直接导出成绩

活动任务序列(任务二)

任务二知识组块

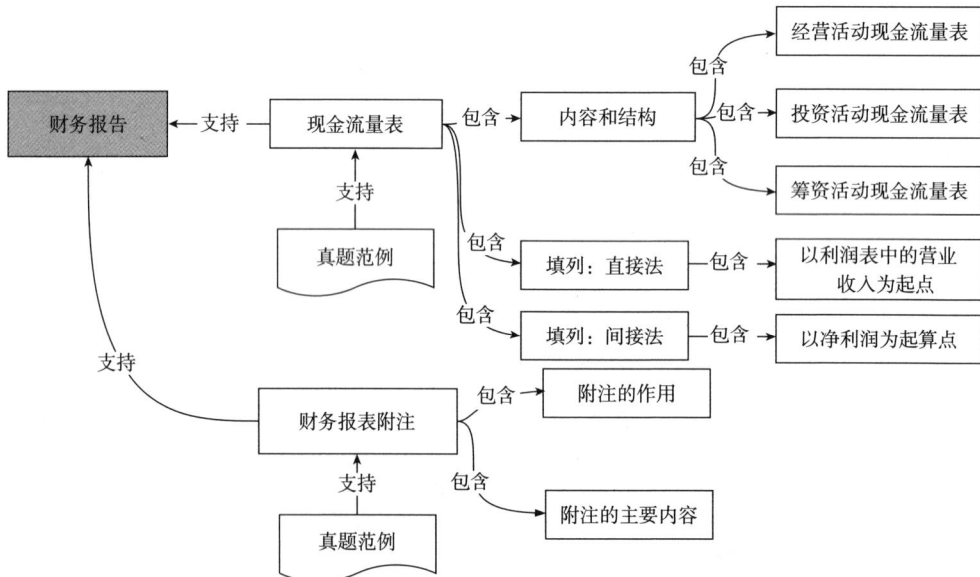

任务描述	通过课堂测试、答疑、讲授、归纳总结,掌握现金流量表的内容和结构、现金流量表的填列方法、财务报表附注的作用、财务报表附注的主要内容
任务时长	15 分钟
学习地点	课上
教学方法(或学习方法)	☑讲授　□小组讨论　☑答疑　□实验　□实训　□自主学习 ☑其他(请填写)课堂测试

师生交互过程	教师:发布任务,将提前打印好的涉及现金流量表的内容和结构、现金流量表的填列方法、财务报表附注的作用、财务报表附注的主要内容的相关习题发放给学生 学生:在规定的时间内完成习题测试,期间不得翻书、查阅资料 完成测试后教师立即收齐习题,然后公布正确答案和解析,学生互相交换批改。教师将成绩录入小程序后再将试卷发给学生,学生有 5~10 分钟的时间,根据答案和解析整理自己的错题 学生:根据错题情况,针对自己不理解的知识点向教师提出问题 教师:结合学生提出的共性问题中所涉及的知识点判断学生对知识点的掌握情况,根据实际掌握情况和高频考点对相关知识点进行讲解和补充 教师:引导学生重点记忆经营活动、投资活动、筹资活动的项目内容 教师:向学生讲授现金流量表的编制方法 学生:完成习题并思考"现金和现金等价物的转换会不会引起现金及现金等价物总额变动" 通过学生的回答使学生真正理解现金流量表,并通过例题练习巩固相关知识点
学习资源	① 现金流量表的内容和结构、现金流量表的填列方法、财务报表附注的作用、财务报表附注的主要内容的习题(打印版) ② 教材,《初级会计实务》,财政部会计财务评价中心编著,2024 年 1 月,经济科学出版社 ③ 考试参考资料,《2024 年会计专业技术资格考试应试指导及全真模拟测试　初级会计实务》,马小新、肖磊荣主编,2024 年 1 月,北京科学技术出版社 ④ 现金流量表的内容和结构、现金流量表的填列方法、财务报表附注的作用、财务报表附注的主要内容的 PPT ⑤ 现金流量表的内容和结构、现金流量表的填列方法、财务报表附注的作用、财务报表附注的主要内容的讲义 ⑥ 考试大纲
学习成果及评价标准	成果:测试题 评价标准:关于现金流量表的内容和结构、现金流量表的填列方法、财务报表附注的作用、财务报表附注的主要内容的选择题,单选题每小题 1 分,多选题每小题 2 分(少选得相应分,多选、错选均不得分),判断题每小题 1 分,不定项选择题每小题 2 分,得分达到 60% 及以上为合格

4.2.2　税务会计与纳税筹划

1. 课程简介

"税务会计与纳税筹划"课程是会计学专业的一门项目化教学课程,需要先修专业基础课程会计学、财务会计、税法。"税务会计与纳税筹划"课程是从企业税务会计岗位出发,以工作过程为导向,以岗位任务为依托,将岗位任务转化为学习任务,将工作过程与学习过程有机结合开发的课程。该课程基于岗位任务重塑教学内容和教学模式,实现实体税种与税收程序、申报实务与账务处理、法条解读与实务操作的有机统一。课程内容主要包括增值税、企业所得税、个人所得税等税种的纳税申报、税务会计处理、税务筹划等项目任务。

通过该课程的学习,学生能够遵从税法政策进行应纳税额的核算,遵循会计准则完成涉税会计处理,合规完成纳税申报和涉税事务性工作。同时,学生还将具备税务会计岗位诚信纳税的基本素养和职业精神,具有合规税务筹划的职业意识和初步能力,为走向税务会计岗位奠定基础。

2. 课程大纲

"税务会计与纳税筹划"课程大纲如表 4-5 所示。

表 4-5 "税务会计与纳税筹划"课程大纲

一、课程大纲			
课程代码:kg20231xm50		课程名称:税务会计与纳税筹划	
授课教师:朱会芳、杨静波			
课程性质:a. 必修 　　　　b. 选修	学时:48	学分:3	授课对象:会计学/财务管理
项目来源	① 企业研发类项目 ② 岗位典型任务和研发类项目相结合 ③ 岗位典型任务 ④ 课程领域真实应用案例(仿真模拟)√ ⑤ 岗位任务真实应用案例(仿真模拟)		
课程目标	使学生能够遵从税法政策进行应纳税额的核算,遵循会计准则完成涉税会计处理,合规完成纳税申报和涉税事务性工作。同时,具备税务会计岗位合法纳税申报的基本素养,具备合规税务筹划的职业意识和初步能力,具备诚信纳税、合法节税的职业精神		
学习成果	记账凭证、应交增值税明细账簿、应交税费总账、增值税纳税申报表、企业所得税纳税申报表、个人所得税纳税申报表、增值税纳税筹划方案、企业所得税纳税筹划方案、个人所得税纳税筹划方案、行为评价量表、考试成绩		
教学方法 (或学习方法)	☑讲授　☑小组讨论　☑答疑　□实验　☑实训　☑自主学习 □其他(请填写)小组汇报、比较法、项目、案例分析		
先修课程	专业基础课程:会计学、税法、财务会计 项目化教学课程:无		
后衔接课程	应用型课程		
课程资源	自主设计(选择相应选项即可,如有补充请填写内容): □教材　□教辅用书　□拓展书目　□教具　□实验室　□网络平台　□图片 □音频　☑视频　□软件　☑学科专家、科学家、企业家等社会人士　□实地/现场　□图书馆、博物馆等社会场所　☑报纸杂志　☑教学过程中生成性资源(如教学活动中提出的问题、学生的作品/作业、课堂实录等) ☑其他(请填写)案例、PPT 现成资源(选择相应选项即可,如有补充请填写内容): ☑教材　□教辅用书　☑拓展书目　□教具　□实验室　□图片　□音频　☑视频 ☑软件　□学科专家、科学家、企业家等社会人士　☑实地/现场　□图书馆、博物馆等场所　☑报纸杂志　□教学过程中生成性资源　□其他(请填写)项目		

续表

项目评价模块		平时(60%)				期末(40%)		项目评价标准	
		评价主体				评价主体			
		学生(40%)		教师(60%)		学生(20%)	教师第三方(80%)		
		项目质量(60%)	贡献(40%)	项目质量(90%)	出勤(10%)	贡献	项目质量综合评价	具体标准	总体标准
课程评价方式	涉税会计处理(40分)	增值税(25分)						① 进项、其他业务及期末结转：100 分＝税法政策引用 20 分＋进项税额能否抵扣的判断 20 分＋税额准确 30 分＋会计分录、账簿合理正确 30 分 ② 销售业务：100 分＝税法政策引用 20 分＋纳税义务时间正确 20 分＋税额准确 30 分＋会计分录、账簿合理正确 30 分	经济业务税额核算符合税法政策，金额准确；会计处理符合借贷记账法规则及会计准则，会计分录合理正确
		企业所得税(10分)						100 分＝差异判断正确 10 分＋应纳税或可抵扣暂时性差异金额正确 20 分＋递延所得税科目金额准确 20 分＋所得税费用准确 20 分＋会计分录正确 30 分	
		消费税及其他税种(5分)						政策引用 20 分＋纳税义务时间正确 20 分＋税额准确 30 分＋会计分录、账簿合理正确 30 分	

续表

课程评价方式	纳税申报（50分）	增值税及其附加税费（15分）						100分＝销项附表30分＋进项附表30分＋其他附表10分＋主表30分	依照税法政策合规纳税申报，纳税申报表附表和主表各项目符合逻辑，金额准确
		企业所得税（25分）						100分＝附表70分＋主表30分	
		个人所得税（10分）						100分＝预扣预缴30分＋汇算清缴70分	
	税务筹划（10分）	各税种（10分）						100分＝经济业务设计具有商业实质20分＋依据的税法政策合法40分＋税额、利润核算方案合理40分	经济业务符合商业实质，依据的税法政策合理，税务筹划方案合法合规合理

二、课程教学进度表

| 周次 | 课　上 | | | 课　下 | | 备注 |
	课程主题内容	教学场所	计划学时	学习主题内容	学生用时	
第一周	（一）课程介绍 （二）增值税会计 1.增值税二级科目和专栏的总体认识 2.增值税进项税相关事项会计处理 （1）判断进项税抵扣条件 （2）核算进项税额 （3）编写增值税进项税相关的会计分录 （4）登记应交增值税明细账簿和应交税费总分类账	教室	4	任务一：通过国家税务总局网站搜集、阅读增值税进项税政策 任务二：通过自制视频复习增值税进项税具体规定 任务三：通过发布的案例、项目，进行进项税相关业务分析、核算，编制与应交税费——待转进项税额、应交税费——待抵扣进项税额、应交税费——应交增值税（进项税额）、应交税费——应交增值税（进项税转出）相关的会计分录，登记账簿 任务四：通过推送的中国税务报进项税实务资料，开阔税法政策应用思路，拓展税法灵活应用思维 任务五：通过中国大学MOOC和教材，自主学习进项税相关业务会计处理 任务六：梳理进项税允许抵扣的政策和不允许抵扣的情形；购进免税农产品允许抵扣的情形；客运支出允许抵扣的情形	12	

续表

第二周	（二）增值税会计 3. 增值税销项税相关事项会计处理 （1）判断增值税纳税义务时间 （2）核算销项税额 （3）编写增值税销项税相关的会计分录 （4）登记应交增值税明细账簿和应交税费总分类账	教室	4	任务一：通过国家税务总局网站搜集、阅读增值税销项税政策 任务二：通过自制视频复习增值税销项税具体规定 任务三：通过发布的案例、项目，对不同结算方式、不同销售模式、视同销售、特殊销售的相关业务进行销项税相关业务分析、核算，编制与应交税费——应交增值税（销项税额）相关的会计分录，登记账簿 任务四：通过推送的中国税务报销项税实务资料，开阔税法政策应用思路，拓展税法灵活应用思维 任务五：通过中国大学 MOOC 和教材，自主学习销项税相关业务会计处理 任务六：梳理视同销售的情形、销项税计税依据的具体规定、纳税义务时间的具体规定，以及会计收入确认的条件	12
第三周	（二）增值税会计（续） 3. 增值税销项税相关事项会计处理（续） 运用待转销项税额、销项税额抵减明细科目记录差额征税等相关经济业务 4. 增值税其他事项会计处理 运用转让金融商品应交增值税、简易计税、出口退税等明细科目记录特殊的经济业务 5. 增值税结转会计处理 运用已交税金、转出未交增值税、转出多交增值税、未交增值明细科目进行应交增值税期末结转	教室	4	任务一：通过发布的项目，对其他特殊业务进行税额核算，编制相关涉税会计分录，登记账簿 任务二：通过中国大学 MOOC 和教材，自主学习其他特殊业务的涉税会计处理 任务三：梳理、理解预交增值税记录的四种特定业务，以及预交增值税和纳税申报增值税的计算公式 任务四：使用应交税费——应交增值税（已交税金）、应交税费——应交增值税（转出未交增值税）、应交税费——应交增值税（转出多交增值税）、应交税费——未交增值税这几个会计科目对增值税项目进行月末结转 任务五：完成应交税费——应交增值税明细账簿的月末汇总和结转	8
第四周	（三）增值税纳税申报 1. 单项项目纳税申报 （1）采集销项税 （2）采集进项税额 （3）采集进项税额转出	教室	4	任务一：观看发布的填写增值税纳税申报表的视频，预习增值税纳税申报	10

续表

第四周	(4) 填写销售情况附表 (5) 填写进项情况附表 (6) 填写增值税其他附表 (7) 填写主表	教室	4	任务二:对发布的单项项目,预习填写销售情况附表、进项情况附表、增值税其他附表及主表	10	
第五周	(三) 增值税纳税申报(续) 2. 综合项目纳税申报 (1) 采集销项税 (2) 采集进项税额 (3) 采集进项税额转出 (4) 填写销售情况附表 (5) 填写进项情况附表 (6) 填写增值税其他附表 (7) 填写主表	实训室	4	任务:对发布的综合项目,复习填写销售情况附表、进项情况附表、增值税其他附表及主表	8	
第六周	(四) 增值税纳税筹划 1. 纳税人身份选择的纳税筹划 2. 销项税额的纳税筹划 3. 进项税额的纳税筹划 4. 其他筹划	实训室	4	任务一:对发布的增值税筹划项目、案例,分析筹划所依据的政策,选择筹划方法,编写筹划方案 任务二:阅读10篇与增值税纳税筹划相关的高质量前沿论文	4	
第七周	(五) 企业所得税会计 1. 讲解与资产负债表债务法相关的基本概念 2. 核算递延所得税资产、递延所得税负债、所得税费用 3. 编写所得税相关会计分录	教室	4	任务一:梳理税会差异项目、具体标准,分类暂时性差异和永久性差异 任务二:通过国家税务总局网站阅读企业所得税税法政策 任务三:搜集、整理、汇编研发费用的加计扣除政策历史沿革、固定资产加速折旧优惠政策的历史沿革、小微企业所得税优惠政策的历史沿革 任务四:预习、理解基本概念:资产、负债计税基础,应纳税暂时性差异、可抵扣暂时性差异,递延所得税资产、递延所得税会计,资产负债表债务法	10	
第八周	(六) 企业所得税纳税申报 1. 单项项目纳税申报 (1) 填写预缴申报表 (2) 填写汇算清缴表 ① 填写收入附表 ② 填写成本支出附表 ③ 填写期间费用附表 ④ 填写纳税调整附表 ⑤ 其他附表 (3) 填写汇算清缴主表	实训室	4	任务一:观看发布的企业所得税预缴和汇算清缴纳税申报表填写的视频,预习企业所得税纳税申报 任务二:通过发布的单项项目,预习填写企业所得税汇算清缴纳税申报的附表及主表 任务三:复习长期股权投资会计处理	10	

续表

周次	内容	地点	学时	任务	学时
第九周	（六）企业所得税纳税申报（续） 2.综合项目纳税申报 （1）填写预缴申报表 （2）填写汇算清缴附表 ①填写收入附表 ②填写成本支出附表 ③填写期间费用附表 ④填写纳税调整附表 ⑤其他附表 （3）填写汇算清缴主表	实训室	4	任务：通过发布的综合项目，复习填写企业所得税汇算清缴纳税申报的附表及主表	6
第十周	（七）企业所得税纳税筹划 1.纳税人的筹划 2.收入确认的纳税筹划 3.税前扣除项目的纳税筹划 4.企业所得税率的纳税筹划 5.其他筹划	教室	4	任务一：对发布的企业所得税筹划项目、案例，分析筹划所依据的政策，选择筹划方法，编写筹划方案 任务二：阅读10篇与企业所得税筹划相关的高质量前沿论文	6
第十一周	（八）个人所得税会计、纳税申报与筹划 1.综合所得预扣预缴和汇算清缴纳税申报 2.个人所得税会计处理 3.个人所得税纳税筹划	实训室	4	任务一：观看发布的个人所得税预扣预缴和汇算清缴纳税申报视频，预习个人所得税的纳税申报 任务二：对发布的个人所得税筹划项目、案例，分析筹划所依据的政策，选择筹划方法，编写筹划方案 任务三：阅读10篇与个人所得税筹划相关的高质量前沿论文	8
第十二周	（九）消费税及其他税种会计、纳税申报及筹划 1.纳税申报 2.会计处理 3.纳税筹划	实训室	4	任务一：填写消费税纳税申报表 任务二：对发布的项目进行税额核算，及相关涉税会计处理 任务三：对消费税、土地增值税进行纳税筹划 任务四：阅读5篇与土地增值税纳税筹划相关的论文	4
合　计			48	合　计	98

3. 教学设计

（1）"税务会计与纳税筹划"项目化教学课程之"进项税相关事项的会计处理"教学设计见表 4-6。

表 4-6　进项税相关事项的会计处理教学设计

2023—2024 学年第一学期第一周

知识建模图（100 分钟）

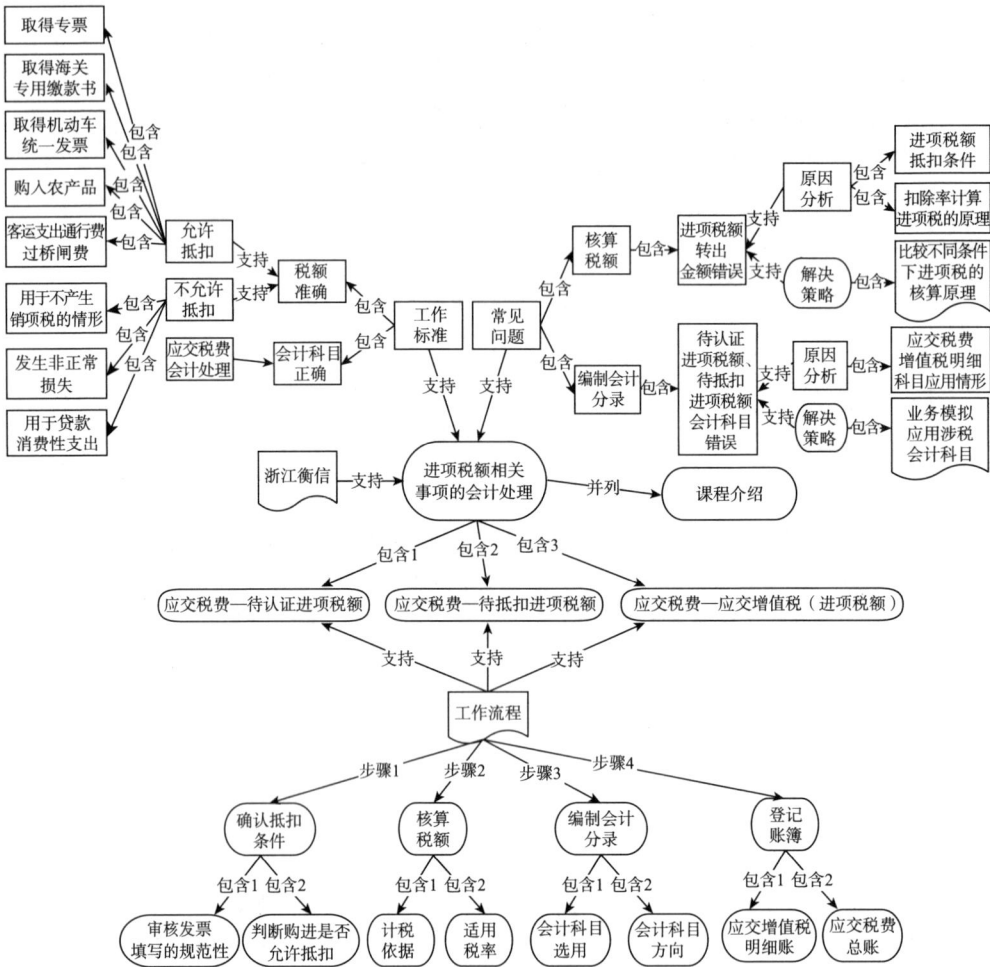

学习目标	知识点（学习水平）	能力目标	素质目标
	① 应 交 税 费——待 认 证进项税额（理解、运用） ② 应 交 税 费——待 抵 扣进项税额（理解、运用） ③ 应 交 税 费——应 交 增值税（进项税额）（理解、运用）	能够对购进货物、服务等业务进行分析，对增值税进项税待认证、待抵扣、允许抵扣的条件进行判断，具备对购进货物、服务等业务的增值税会计处理能力	具备诚信纳税、合法合规合理纳税的职业精神

续表

学习先决知识技能	知识点(学习水平)		
	① 进项税允许抵扣的条件(记忆、理解) ② 进项税不允许抵扣的条件(记忆、理解) ③ 应交税费会计处理(记忆、理解)		

课上资源		课下资源	
① PPT ② 浙江茶颜化妆品公司高仿真项目 ③ 案例 ④ 教材,《税务会计与税务筹划》,盖地编著,2021 年 8 月,中国人民大学出版社		① 浙江茶颜化妆品公司高仿真项目 ② 自制视频 ③ 中国大学 MOOC《税务会计》,中南财经政法大学 ④ 国家税务总局网站税收政策模块 ⑤《中国税务报》 ⑥ 案例 ⑦ 教材,《税务会计与税务筹划》,盖地编著,2021 年 8 月,中国人民大学出版社	

课上时间	100 分钟	课下时间	200 分钟

活动序列	任务的学习目标	时间	学习地点	学习资源
活动 1	课程介绍	30 分钟	课上	
活动 2	应交税费——待认证进项税额(理解、运用)	10 分钟	课上	① PPT ② 浙江茶颜化妆品公司高仿真项目 ③ 案例 ④ 教材,《税务会计与税务筹划》,盖地编著,2021 年 8 月,中国人民大学出版社
活动 3	应交税费——待抵扣进项税额(理解、运用)	10 分钟	课上	① PPT ② 浙江茶颜化妆品公司高仿真项目 ③ 案例 ④ 教材,《税务会计与税务筹划》,盖地编著,2021 年 8 月,中国人民大学出版社

活动4	应交税费——应交增值税(进项税额)(理解、运用)	50分钟	课上	① PPT ② 浙江茶颜化妆品公司高仿真项目 ③ 案例 ④ 教材,《税务会计与税务筹划》,盖地编著,2021年8月,中国人民大学出版社
		200分钟	课下	① 浙江茶颜化妆品公司项目 ② 自制视频 ③ 中国大学MOOC《税务会计》,中南财经政法大学 ④ 国家税务总局网站税收政策模块 ⑤《中国税务报》 ⑥ 案例 ⑦ 教材,《税务会计与税务筹划》,盖地编著,2021年8月,中国人民大学出版社

活动1知识建模图(课上＋课下)

进项税额相关事项的会计处理 —并列→ 课程介绍

活动目标	课程介绍

活动任务序列(任务)

任务知识组块 进项税额相关事项的会计处理 —并列→ 课程介绍		任务描述	通过讲授法,让学生了解课程学习任务和要求
		任务时长	30分钟
		学习地点	课上

教学方法 (或学习方法)	☑讲授　□小组讨论　□答疑　□实验　□实训　□自主学习 □其他(请填写)_____
师生交互过程	教师讲授:课程性质、地位、作用、任务、要求等
学习资源	教材,《税务会计与税务筹划》增值税会计处理部分,盖地编著,2021年8月,中国人民大学出版社;国家税务总局网站;《中国税务报》;自制视频(增值税);中国大学MOOC《税务会计》(增值税),中南财经政法大学
学习成果及评价标准	成果:记账凭证(会计分录)、账簿 100分＝税法政策引用20分＋税额准确40分＋会计分录、账簿合理正确40分 100分＝教师60分＋学生40分

活动 2 知识建模图(课上+课下)

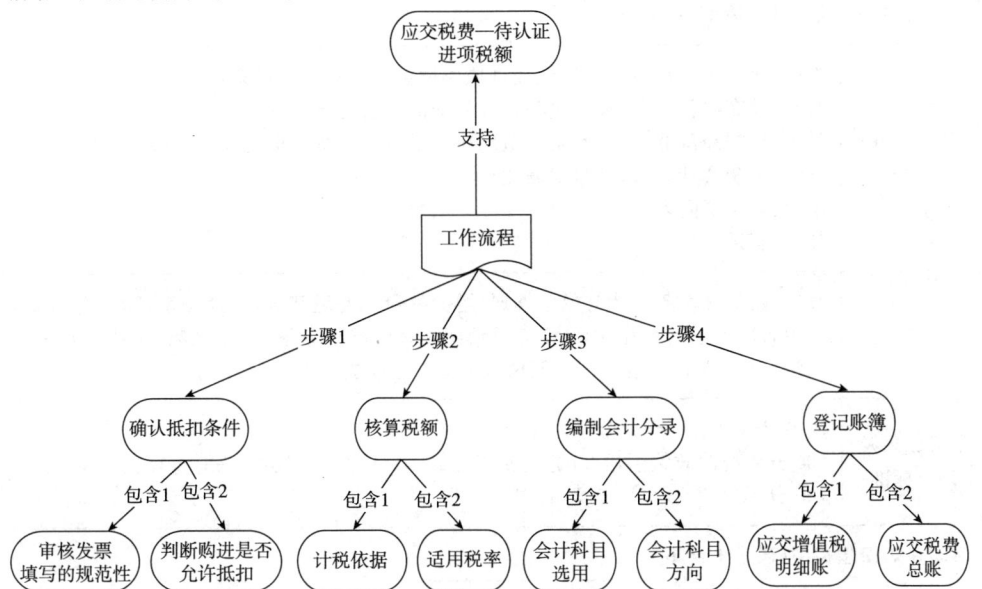

活动目标	应交税费——待认证进项税额(理解、运用)

活动任务序列(导入任务)

师生交互过程	取得进项税允许抵扣的合法票据,是否一定能抵扣增值税?引导学生回忆进项税额的抵扣条件

活动任务序列(任务)

任务知识组块		
	任务描述	通过案例法识别出经济业务适用应交税费——待认证进项税会计科目的条件
	任务时长	10 分钟
	学习地点	课上

教学方法（或学习方法）	☑讲授　□小组讨论　☑答疑　□实验　□实训　□自主学习 ☑其他（请填写）案例
师生交互过程	教师：讲授应交税费——待认证进项税额会计科目的应用条件 教师：发布项目任务，涉及进项税待认证的经济业务 学生：根据经济业务，判断是否适用应交税费——待认证进项税额会计科目 学生：编制会计分录，填写记账凭证 小组：讨论疑问点 教师：答疑
学习资源	案例；教材，《税务会计与税务筹划》增值税会计处理部分，盖地编著，2021年8月，中国人民大学出版社；国家税务总局网站；《中国税务报》自制视频（增值税）；中国大学MOOC《税务会计》（增值税），中南财经政法大学
学习成果及评价标准	成果：记账凭证（会计分录）、账簿 100分＝税法政策引用20分＋税额准确40分＋会计分录、账簿合理正确40分 100分＝教师60分＋学生40分

活动3 知识建模图（课上＋课下）

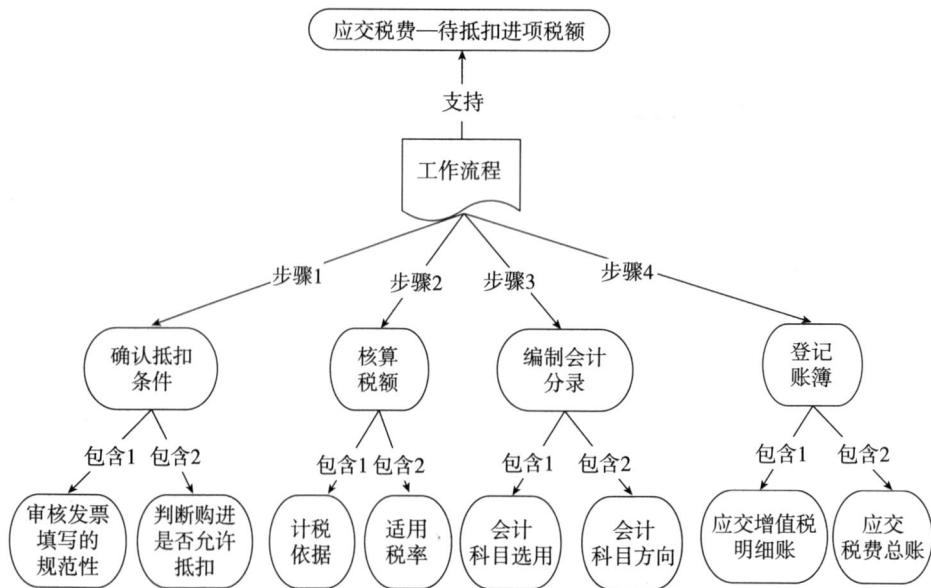

活动目标	应交税费——待抵扣进项税额（理解、运用）

活动任务序列（导入任务）

师生交互过程	待认证进项税额与待抵扣进项税额适用的情形有什么不同？引导学生对二者进行对比分析

活动任务序列（任务）		
任务知识组块		

任务描述	通过案例法识别出经济业务适用应交税费——待抵扣进项税额会计科目的条件
任务时长	10 分钟
学习地点	课上

教学方法（或学习方法）	☑讲授　□小组讨论　☑答疑　□实验　□实训　□自主学习 ☑其他（请填写）案例
师生交互过程	教师：讲授应交税费——待抵扣进项税额会计科目的应用条件 教师：发布项目任务，涉及待抵扣进项税额的经济业务 学生：根据经济业务，判断是否适用应交税费——待抵扣进项税额会计科目 学生：核算待抵扣进项税额 学生：编制会计分录，填写记账凭证 小组：讨论疑问点 教师：答疑
学习资源	案例；教材《税务会计与税务筹划》增值税会计处理部分，盖地编著，2021 年 8 月，中国人民大学出版社；国家税务总局网站；《中国税务报》；自制视频（增值税）；中国大学 MOOC《税务会计》（增值税），中南财经政法大学
学习成果及评价标准	成果：记账凭证（会计分录）、账簿 100 分＝税法政策引用 20 分＋税额准确 40 分＋会计分录、账簿合理正确 40 分 100 分＝教师 60 分＋学生 40 分

活动 4 知识建模图（课上＋课下）

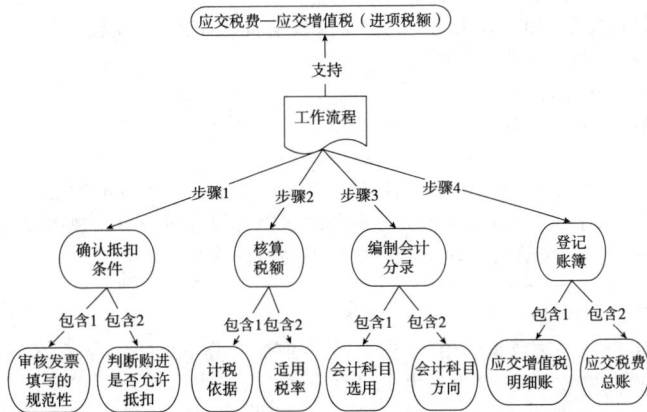

续表

活动目标	应交税费——应交增值税(进项税额)(理解、运用)

活动任务序列(导入任务)

师生交互过程	没有取得增值税专用发票,就一定不能抵扣进项税额吗?引导学生回忆购进农产品进项税额抵扣的特殊政策规定

活动任务序列(任务一)

任务一知识组块 应交税费—应交增值税(进项税额) ↓支持 工作流程 步骤1 步骤2 步骤3 步骤4 确认抵扣条件 核算税额 编制会计分录 登记账簿 包含1 包含2 包含1 包含2 包含1 包含2 包含1 包含2 审核发票填写的规范性 判断购进是否允许抵扣 计税依据 适用税率 会计科目选用 会计科目方向 应交增值税明细账 应交税费总账	任务描述	通过案例、项目法识别出一般购进业务允许抵扣进项税额的条件,准确核算出进项税额,编写一般购进业务应交税费——应交增值税(进项税额)相关会计分录,填制记账凭证,登记应交税费——应交增值税明细账簿
	任务时长	10分钟
	学习地点	课上

教学方法 (或学习方法)	☑讲授 ☑小组讨论 ☑答疑 □实验 □实训 □自主学习 ☑其他(请填写)案例、项目
师生交互过程	教师:讲授应交税费——应交增值税(进项税额)会计科目的应用条件,包括接受投资等其他特殊购进业务的涉税会计处理 教师:发布项目任务,涉及可以抵扣的进项税额的经济业务 学生:根据经济业务,判断当期是否允许抵扣进项税额,核算进项税额,编制会计分录,填写记账凭证,登记明细账簿 教师:拓展问,如果是委托加工应税消费品业务,进项税额与消费税计税依据有什么不同?为什么不同 小组:讨论、回答 教师:评价、答疑
学习资源	教材,《税务会计与税务筹划》增值税会计处理部分,盖地编著,2021年8月,中国人民大学出版社;国家税务总局网站;《中国税务报》;自制视频(增值税);中国大学MOOC《税务会计》(增值税),中南财经政法大学
学习成果及评价标准	成果:记账凭证(会计分录)、账簿 100分=税法政策引用20分+税额准确40分+会计分录、账簿合理正确40分 100分=教师60分+学生40分

活动任务序列(任务二)

任务二知识组块	任务描述	通过项目、案例法、小组汇报法,识别出购进免税农产品业务允许抵扣进项税额的条件,准确核算出进项税额。编写购进免税农产品业务应交税费——应交增值税(进项税额)相关会计分录,填制记账凭证,登记应交税费——应交增值税明细账簿

	任务时长	25 分钟
	学习地点	课上

教学方法 (或学习方法)	☑讲授　□小组讨论　□答疑　□实验　□实训　□自主学习 ☑其他(请填写)案例、项目

师生交互 过程	学生:汇报课前任务 小组:提出问题 教师:点评、答疑 教师提问:购进免税农产品允许抵扣的条件 学生回答:从农业生产者收购、从小规模纳税人收购并取得 3%税率的增值税专用发票 教师提问:进项税允许抵扣的金额如何核算 学生回答:按照扣除率计算出进项税额 教师提问:扣除率计算的进项税额与从一般纳税人购买农产品取得增值税专用发票进项税额的计算依据有什么不同 学生回答:前者计税依据是含税价,后者是不含税价 教师:发布项目任务,涉及购进免税农产品业务的进项税额应用,业务分为三类:一类是从农民手中购买,一类是从小规模纳税人手中购买,一类是从一般纳税人手中购买 学生:分成三大组,分别核算三种业务 小组:核算进项税额分别是多少,依据有什么不同 学生:编制会计分录,填写记账凭证 小组:讨论疑问点,对比从农民手中购买农产品、从小规模纳税人手中购买农产品、从一般纳税人手中购买农产品会计分录各科目金额之间的钩稽关系有什么不同 教师:组织答疑 学生:登记明细账簿

学习资源	教材,《税务会计与税务筹划》增值税会计处理部分,盖地编著,2021年8月,中国人民大学出版社;国家税务总局网站;《中国税务报》;自制视频(增值税);中国大学MOOC《税务会计》(增值税),中南财经政法大学
学习成果及评价标准	成果:记账凭证(会计分录)、账簿 100分=税法政策引用20分+税额准确40分+会计分录、账簿合理正确40分 100分=教师60分+学生40分

活动任务序列(任务三)

任务三知识组块 	任务描述	识别出进口业务允许抵扣进项税额的条件,准确核算出进项税额。编写进口业务应交税费——应交增值税(进项税额)相关会计分录,填制记账凭证,登记应交税费——应交增值税明细账簿
	任务时长	5分钟
	学习地点	课上

活动任务序列(导入任务)

教学方法 (或学习方法)	☑讲授 □小组讨论 □答疑 □实验 □实训 □自主学习 ☑其他(请填写)案例
师生交互过程	学生:编制会计分录,填写记账凭证 教师提问:如果进口的是应税消费品,进口货物的入账价值包括哪些内容?增值税与消费税、关税分别记录到什么会计科目?为什么存在不同 学生回答:消费税、关税是价内税,计入货物成本;增值税是价外税,单独记录在应交税费——应交增值税(进项税额) 学生:登记明细账簿
学习资源	教材,《税务会计与税务筹划》增值税会计处理部分,盖地编著,2021年8月,中国人民大学出版社;国家税务总局网站;《中国税务报》;自制视频(增值税);中国大学MOOC《税务会计》(增值税),中南财经政法大学
学习成果及评价标准	成果:记账凭证(会计分录)、账簿 100分=税法政策引用20分+税额准确40分+会计分录、账簿合理正确40分 100分=教师60分+学生40分

<table>
<tr><td colspan="2" align="center">活动任务序列(任务四)</td></tr>
</table>

任务四知识组块		任务描述	通过案例法识别出客运支出等业务允许抵扣进项税的条件,准确核算出进项税额。编写客运支出等业务涉税会计分录,填制记账凭证,登记应交税费——应交增值税明细账簿
		任务时长	10 分钟
		学习地点	课上

<table><tr><td colspan="2" align="center">活动任务序列(导入任务)</td></tr></table>

教学方法 (或学习方法)	☑讲授 □小组讨论 □答疑 □实验 □实训 □自主学习 ☑其他(请填写)案例
师生交互 过程	教师提问:道路通行费、过桥过闸费、客运支出等业务允许抵扣进项税额的条件及依据 学生回答:道路通行费按取得增值税普通电子发票注明的税额;过桥过闸费按5%含税价计算得出;客运支出按增值税专用发票或增值税电子普通发票注明的税额或者其他带有员工姓名、身份证等信息的支出凭证 教师提问:客运支出进项税额的核算与购进免税农产品有什么不同 学生回答:购进客运支出进项税额的计税依据不含增值税,免税农产品计税依据是含税价 教师:发布项目任务,涉及客运支出业务进项税额的经济业务 学生:根据经济业务,判断当期是否允许抵扣进项税额 学生:核算进项税额 教师:讲授客运支出业务涉税会计处理 学生:编制会计分录,填写记账凭证 小组:讨论客运支出、购进免税农产品、一般购进货物服务的入账价值有什么不同 教师:答疑 学生:登记明细账簿
学习资源	案例;教材,《税务会计与税务筹划》增值税会计处理部分,盖地编著,2021 年 8 月,中国人民大学出版社;国家税务总局网站;《中国税务报》;自制视频(增值税);中国大学 MOOC《税务会计》(增值税),中南财经政法大学
学习成果及 评价标准	成果:记账凭证(会计分录)、账簿 100 分 = 税法政策引用 20 分 + 税额准确 40 分 + 会计分录、账簿合理正确 40 分 100 分 = 教师 60 分 + 学生 40 分

续表

备注	教学反思:购进农产品抵扣进项税额的特殊计算政策,与一般进项税抵扣的计算原理不同,需要让学生对比分析,深化理解

活动任务序列(任务五)

任务描述	采用自主学习法,判断进项税是否允许抵扣,核算进项税额,编写涉税会计分录,填制记账凭证,登记账簿
任务时长	200 分钟
学习地点	课下

教学方法(或学习方法)	□讲授 □小组讨论 □答疑 □实验 □实训 ☑自主学习 □其他(请填写)_____
师生交互过程	教师:①发布视频。课前已学知识的复习。内容包括:进项税业务涉税会计处理。②发布案例。已学税法知识的运用及涉税相关的会计处理的预习。结合教材,查阅其他资料,完成案例分析。(案例涉及进项税额业务涉税会计处理。)③ 推送阅读资源。查阅国家税务总局网站,阅读增值税具体政策;查阅《中国税务报》,阅读实务 学生:以小组为单位完成案例,其他任务个人完成
学习资源	案例;教材《税务会计与税务筹划》会计处理部分,盖地编著,2021 年 8 月,中国人民大学出版社;国家税务总局网站;《中国税务报》;自制视频(增值税);中国大学MOOC《税务会计》(增值税),中南财经政法大学
学习成果及评价标准	成果:记账凭证(会计分录)、账簿 100 分=税法政策引用 20 分+税额准确 40 分+会计分录、账簿合理正确 40 分 100 分=教师 60 分+学生 40 分

　　(2)"税务会计与纳税筹划"项目化教学课程之"销售事项相关的增值税会计处理"教学设计见表 4-7。

表 4-7 "销售事项相关的增值税会计处理"教学设计

2023—2024 学年第一学期第一周

知识建模图(课上＋课下)(上课 2 课时,100 分钟)

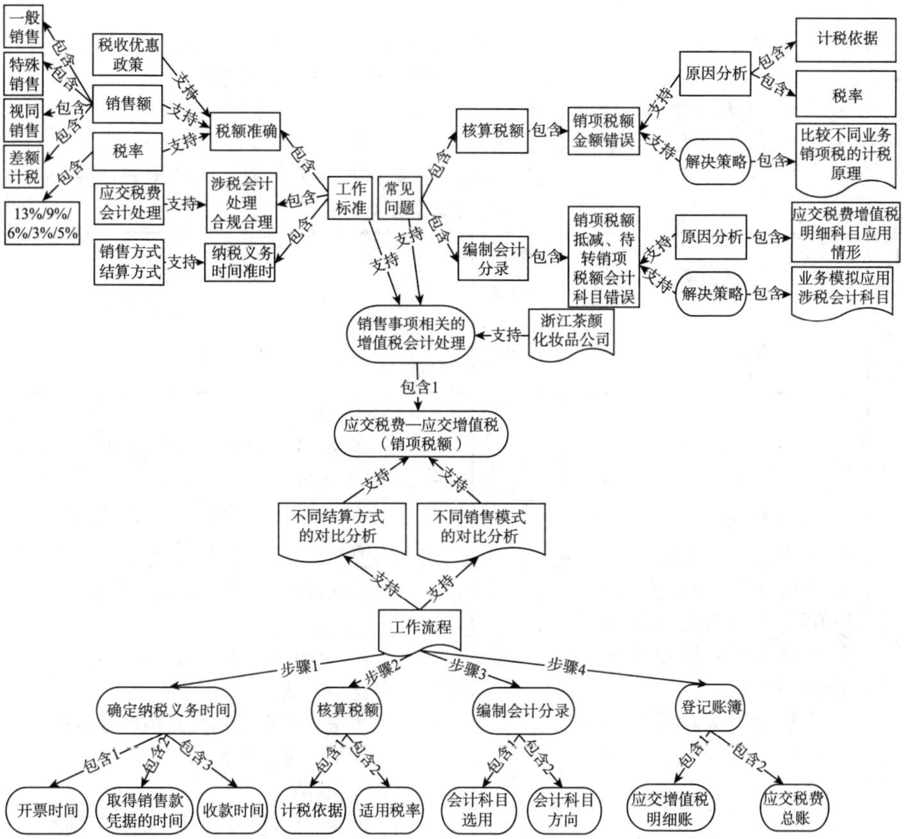

	知识点(学习水平)	能力目标	素质目标
学习目标	① 应交税费——应交增值税(销项税额)(运用) ② 准确确定不同结算方式、不同销售模式下增值税纳税义务时间(运用) ③ 正确核算不同结算方式、不同销售模式下增值税额(运用) ④ 合规合理编写不同结算方式、不同销售模式下涉税会计分录(运用)	运用批判性思维审视不同税务政策的合理性与可行性,具备对不同结算方式、不同销售模式的增值税销项额会计处理的能力	具备诚信纳税、合法节税的职业精神
学习先决知识技能	知识点(学习水平)		
	① 税收优惠政策(理解) ② 销售额的确定(理解) ③ 税率(记忆) ④ 应交税费会计处理(记忆、理解) ⑤ 不同销售方式、不同结算方式下销项税额的确认(理解)		

续表

课上资源	课下资源
① PPT ② 浙江茶颜化妆品公司项目 ③ 案例 ④ 教材《税务会计与税务筹划》,盖地编著,2021年8月,中国人民大学出版社	① 浙江茶颜化妆品公司项目 ② 自制视频 ③ 中国大学MOOC《税务会计》,中南财经政法大学 ④ 国家税务总局网站税收政策模块 ⑤《中国税务报》 ⑥ 案例 ⑦ 教材《税务会计与税务筹划》,盖地编著,2021年8月,中国人民大学出版社

课上时间	100分钟	课下时间	240分钟

活动序列	任务的学习目标	时间	学习地点	学习资源
活动1	① 应交税费——应交增值税(销项税额)(运用) ② 准确确定不同结算方式下增值税纳税义务时间(运用) ③ 正确核算不同结算方式下增值税额(运用) ④ 合规合理编写不同结算方式下涉税会计分录(运用)	50分钟	课上	① PPT ② 浙江茶颜化妆品公司项目 ③ 案例 ④ 教材,《税务会计与税务筹划》,盖地编著,2021年8月,中国人民大学出版社
		140分钟	课下	① 浙江茶颜化妆品公司项目 ② 自制视频 ③ 中国大学MOOC《税务会计》,中南财经政法大学 ④ 国家税务总局网站税收政策模块 ⑤《中国税务报》 ⑥ 案例 ⑦ 教材,《税务会计与税务筹划》,盖地编著,2021年8月,中国人民大学出版社
活动2	① 应交税费——应交增值税(销项税额)(运用) ② 准确确定不同销售模式下增值税纳税义务时间(运用) ③ 正确核算不同销售模式下增值税额(运用) ④ 合规合理编写不同销售模式下涉税会计分录(运用)	50分钟	课上	① PPT ② 浙江茶颜化妆品公司项目 ③ 案例 ④ 教材,《税务会计与税务筹划》,盖地编著,2021年8月,中国人民大学出版社
		100分钟	课下	① 浙江茶颜化妆品公司项目 ② 自制视频 ③ 中国大学MOOC《税务会计》,中南财经政法大学 ④ 国家税务总局网站税收政策模块 ⑤《中国税务报》 ⑥ 案例 ⑦ 教材,《税务会计与税务筹划》,盖地编著,2021年8月,中国人民大学出版社

活动 1 知识建模图（课上＋课下）

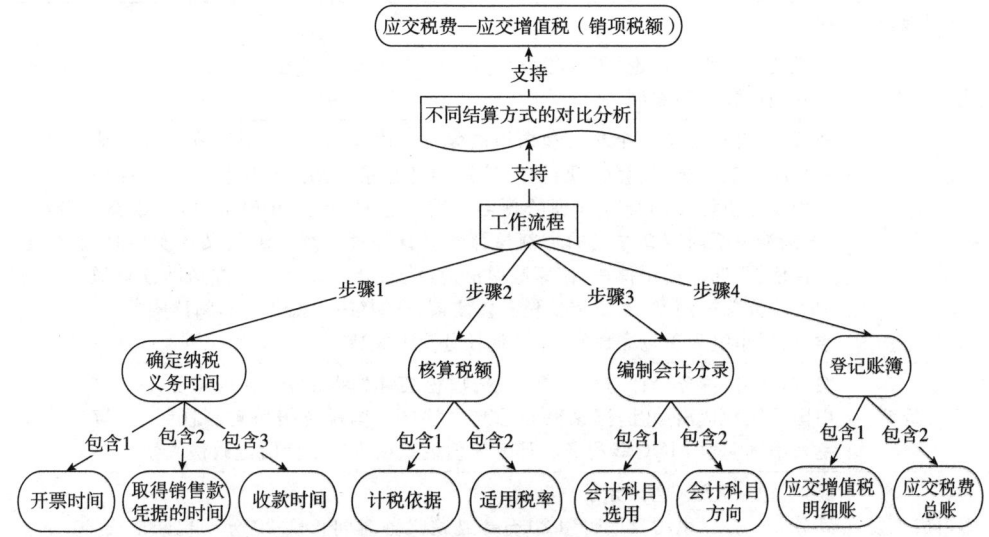

应交税费—应交增值税（销项税额）
↑ 支持
不同结算方式的对比分析
↑ 支持
工作流程

- 步骤1 → 确定纳税义务时间
  - 包含1 开票时间
  - 包含2 取得销售款凭据的时间
  - 包含3 收款时间
- 步骤2 → 核算税额
  - 包含1 计税依据
  - 包含2 适用税率
- 步骤3 → 编制会计分录
  - 包含1 会计科目选用
  - 包含2 会计科目方向
- 步骤4 → 登记账簿
  - 包含1 应交增值税明细账
  - 包含2 应交税费总账

活动目标	① 应交税费——应交增值税（销项税额）（运用） ② 准确确定不同结算方式下增值税纳税义务时间（运用） ③ 正确核算不同结算方式下增值税税额（运用） ④ 合规合理编写不同结算方式下涉税会计分录（运用）

活动任务序列（任务一）

任务一知识组块

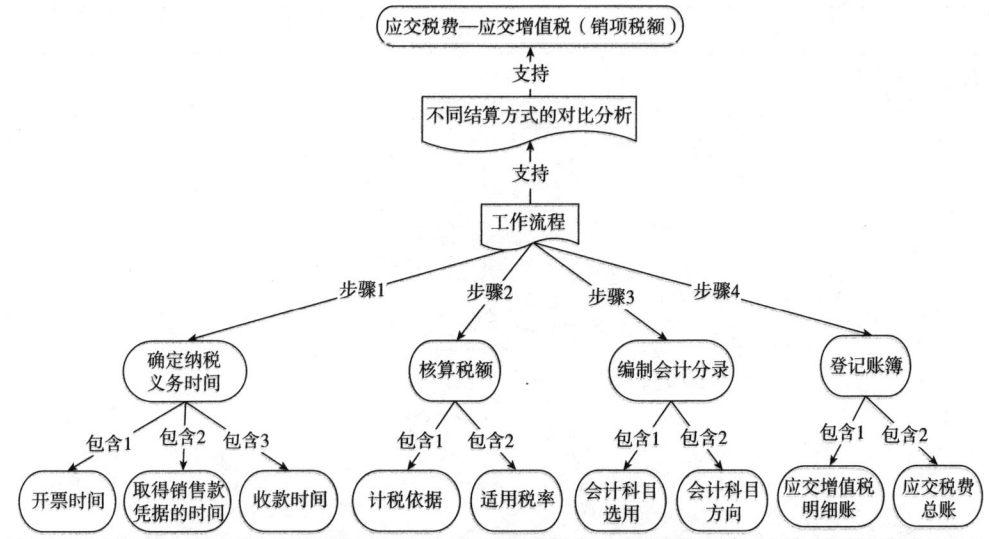

应交税费—应交增值税（销项税额）
↑ 支持
不同结算方式的对比分析
↑ 支持
工作流程

- 步骤1 → 确定纳税义务时间
  - 包含1 开票时间
  - 包含2 取得销售款凭据的时间
  - 包含3 收款时间
- 步骤2 → 核算税额
  - 包含1 计税依据
  - 包含2 适用税率
- 步骤3 → 编制会计分录
  - 包含1 会计科目选用
  - 包含2 会计科目方向
- 步骤4 → 登记账簿
  - 包含1 应交增值税明细账
  - 包含2 应交税费总账

任务描述	通过自主学习、案例分析法，复习增值税销项税法政策，销项税额的核算，销项税相关的会计处理。判断不同结算方式下纳税义务发生时间，确定计税依据，选择适用税率，核算销项税额，编制会计分录

续表

任务时长	140分钟
学习地点	课下
教学方法 （或学习方法）	□讲授 ☑小组讨论 □答疑 □实验 □实训 ☑自主学习 ☑其他（请填写）案例
师生交互 过程	教师：①发布视频。课前已学知识的复习。内容包括：不同结算方式下纳税义务发生时间的确定、核算销项税额、编制会计分录。②发布案例。已学税法知识的运用及涉税相关的会计处理的预习。结合教材，查阅其他资料，完成案例分析。（案例涉及不同结算方式的税额核算和会计处理。判断纳税义务发生时间，确定计税依据，选择适用税率，核算销项税额，编制会计分录。）③推送阅读资源。查阅国家税务总局网站，阅读增值税具体政策；查阅《中国税务报》，阅读实务 学生：以小组为单位完成案例，其他任务个人完成
学习资源	案例；教材《税务会计与税务筹划》销项税会计处理部分，盖地编著，2021年8月，中国人民大学出版社；国家税务总局网站；《中国税务报》；自制视频（增值税销项税）；中国大学MOOC《税务会计》（增值税销项税），中南财经政法大学
学习成果及 评价标准	成果：记账凭证（会计分录）、账簿 满分100分＝税法政策引用20分＋纳税义务时间正确20分＋税额准确30分＋会计分录、账簿合理正确30分 满分100分＝教师60分＋学生40分

活动任务序列（导入任务）

师生交互 过程	双11、618时，商家有多种促销方式：满额增、满额减、打折降价等，结算方式往往会采取预收定金的方式提前锁定客户，也有商家为满足年轻人的消费习惯，采取分期的收款方式。引导学生将这些市场常见的结算方式与增值税销项税建立起关联

活动任务序列（任务二）

任务二知识组块

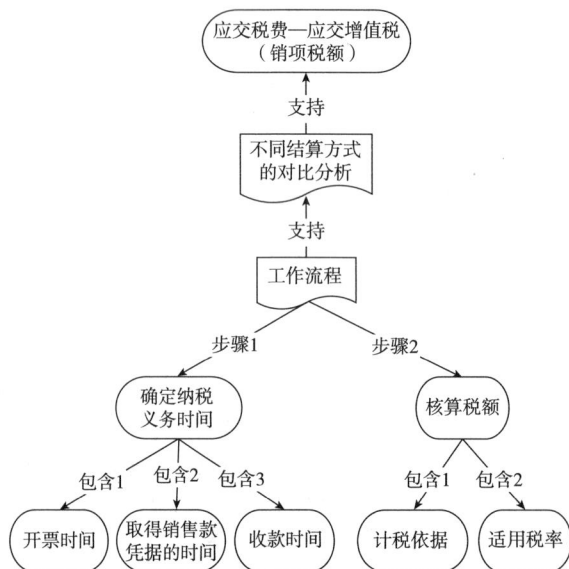

任务描述	采用比较法、小组汇报法,确定不同结算方式下纳税义务发生时间,确定计税依据,选择适用税率,核算销项税额
任务时长	20 分钟
学习地点	课上
教学方法 (或学习方法)	□讲授　□小组讨论　☑答疑　□实验　□实训　□自主学习 ☑其他(请填写)小组汇报、比较法
师生交互 过程	教师:阐述增值税是我国第一大税种,销项税是增值税的来源,税收政策比较琐碎繁杂。财务工作者最核心的任务是要熟悉税收政策,尤其要充分利用优惠政策,但是不得随意降低、隐瞒收入,也不能推迟纳税义务时间,要遵从增值税政策,合规纳税申报,防范涉税风险。然后带领学生思考不同结算方式下的增值税纳税义务时间、会计记账规则、应交增值税(销项税额)明细专栏核算的内容及基本用法 学生:随机挑选两组分别汇报课前布置的分期收款案和预收账款两个案例。汇报内容主要有案例中增值税纳税义务具体时间、判断依据;增值税计税依据;税额;涉税会计处理。一组学生汇报完毕,其他组的学生提出问题或质疑 教师:通过汇报的案例分析,引导对比理解预收款与分期收款纳税义务时间的不同规定。在此基础上提出问题:企业长期挂账预收账款,一直不需要交税吗? 如果是服务业,没有具体发货时间,如何判断纳税义务时间呢? 再引入一个案例,涉及企业长期挂账应收账款或分期收款,让学生判断是否需要纳税 学生:随机挑选一组分析案例——企业长期增值税倒挂的原因 教师:答疑
学习资源	PPT;案例
学习成果及 评价标准	成果:记账凭证(会计分录)、账簿 满分 100 分=税法政策引用 20 分+纳税义务时间正确 20 分+税额准确 30 分+会计分录、账簿合理正确 30 分 满分 100 分=教师 60 分+学生 40 分

活动任务序列(任务三)

任务三知识组块

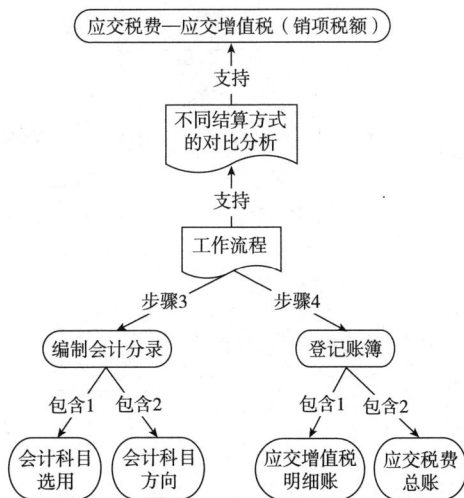

续表

任务描述	采用项目法,对不同结算方式的销售业务编制会计分录,登记账簿
任务时长	30 分钟
学习地点	课上
教学方法 (或学习方法)	□讲授 □小组讨论 ☑答疑 □实验 □实训 □自主学习 ☑其他(请填写)项目
师生交互 过程	教师:发布项目任务,让学生分析经济业务,确定纳税义务时间,核算增值税额,编制会计分录,填制记账凭证 学生:逐一完成任务,然后随机挑选一组汇报各任务结果 教师:发布案例(难度提高),航空公司送积分业务的增值税处理分析 学生:分析航空公司送积分的各环节增值税处理及政策依据 教师:解析、答疑
学习资源	项目;PPT;案例;教材《税务会计与税务筹划》销项税会计处理部分,盖地编著, 2021 年 8 月,中国人民大学出版社
学习成果及 评价标准	成果:会计凭证(会计分录)、账簿 满分 100 分=税法政策引用 20 分+纳税义务时间正确 20 分+税额准确 30 分+ 会计分录、账簿合理正确 30 分 100 分=教师 60 分+学生 40 分
备注	教学反思:在实际经济业务中,送积分等不同结算方式的销项税额确认的依据是 不同的,学生容易混淆,需要对比分析

活动 2 知识建模图(课上+课下)

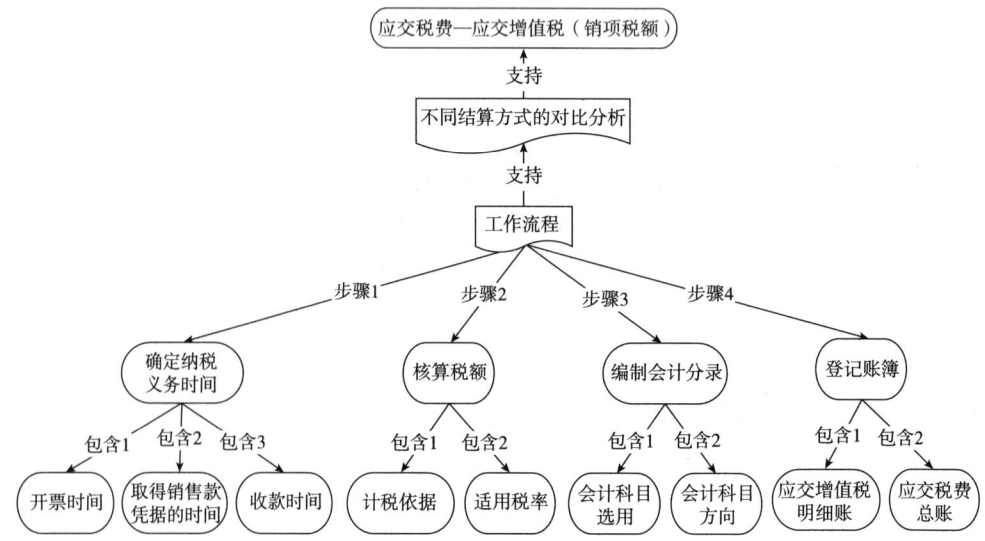

续表

活动目标	① 应交税费——应交增值税(销项税额)(运用) ② 准确确定不同销售模式下增值税纳税义务时间(运用) ③ 正确核算不同销售模式下增值税额(运用) ④ 合规合理编写不同销售模式下涉税会计分录(运用)

活动任务序列(任务一)

任务一知识组块

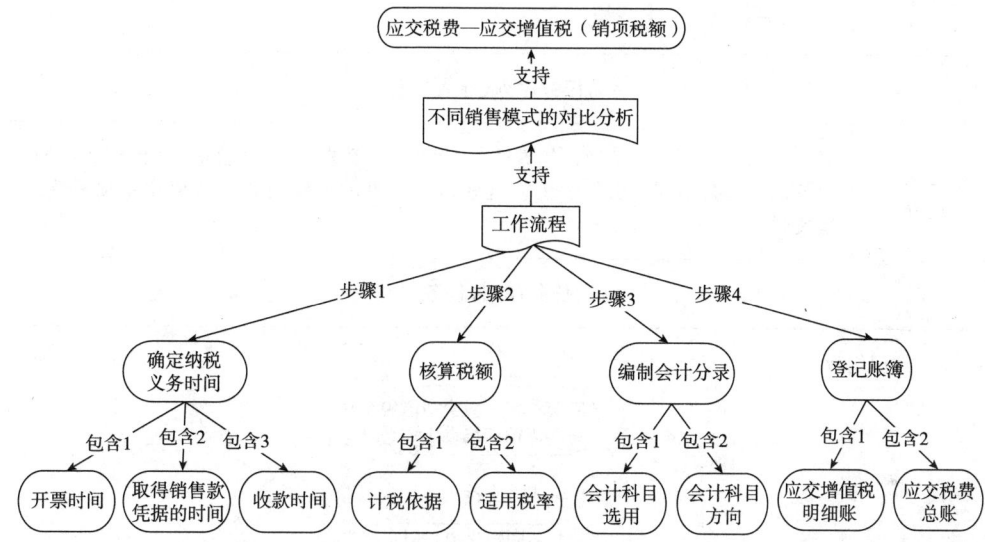

任务描述	通过自主学习、案例分析法,复习增值税销项税税法政策,销项税额的核算,销项税相关的会计处理。判断不同销售模式下的纳税义务发生时间,确定计税依据,选择适用税率,核算销项税额,编制会计分录
任务时长	100 分钟
学习地点	课下
教学方法 (或学习方法)	□讲授　☑小组讨论　□答疑　□实验　□实训　☑自主学习 ☑其他(请填写)案例
师生交互 过程	教师:①发布视频。课前已学知识的复习。内容包括:不同销售模式下纳税义务发生时间的确定;核算销项税额;编制会计分录。②发布案例。已学税法知识的运用及涉税相关的会计处理的预习。结合教材,查阅其他资料,完成案例分析。(案例涉及不同销售模式的税额核算和会计处理。判断纳税义务发生时间,确定计税依据,选择适用税率,核算销项税额,编制会计分录。)③推送阅读资源。查阅国家税务总局网站,阅读增值税具体政策;查阅《中国税务报》,阅读实务 学生:以小组为单位完成案例,其他任务个人完成

学习资源	案例；教材《税务会计与税务筹划》销项税会计处理部分，盖地编著，2021年8月，中国人民大学出版社；国家税务总局网站；《中国税务报》；自制视频（增值税销项税）；中国大学MOOC《税务会计》（增值税销项税），中南财经政法大学
学习成果及评价标准	成果：会计凭证（会计分录）、账簿 满分100分＝税法政策引用20分＋纳税义务时间正确20分＋税额准确30分＋会计分录、账簿合理正确30分 100分＝教师60分＋学生40分

活动任务序列（导入任务）

师生交互过程	双11、618时，商家有多种促销方式：满额增、满额减、打折降价等，销售模式不同，计税依据也会不同。引导学生将这些市场常见的促销模式与增值税销项税建立起关联

活动任务序列（任务二）

任务二知识组块

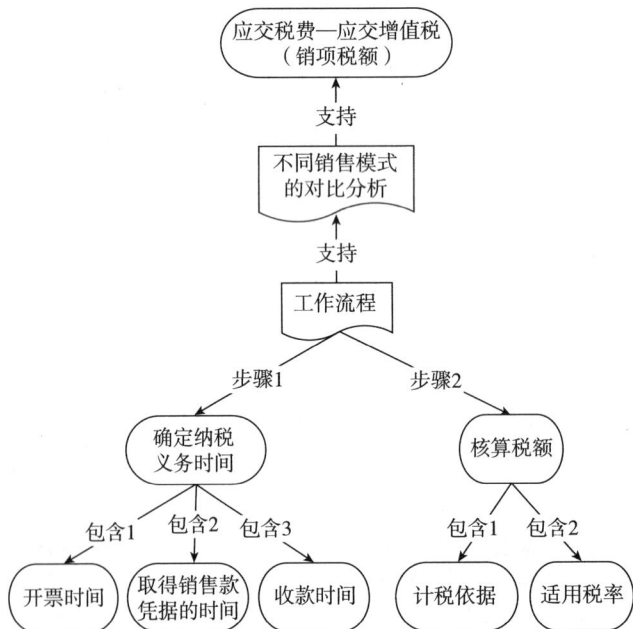

任务描述	采用比较法、小组汇报法，判断不同销售模式的纳税义务发生时间，确定计税依据，选择适用税率，核算销项税额
任务时长	30分钟

学习地点	课上
教学方法 （或学习方法）	□讲授　□小组讨论　☑答疑　□实验　□实训　□自主学习 ☑其他（请填写）<u>小组汇报、比较法</u>
师生交互 过程	教师：通过列举年中 618、双 11、七夕、国庆等节假日，电商平台、商场等线上线下的各种促销活动，引出折扣销售、销售折扣、销售折让三种税法界定的业务模式，引导学生对三者进行区分——各自的增值税计税依据是什么？如果按折扣销售计税，开具发票的要求是什么？引导学生思考现金折扣不能扣除折扣计税的原因 学生：随机挑两组分别汇报课前布置的折扣销售与销售折扣两个案例。汇报的内容主要有判断案例业务属于折扣销售、销售折让还是销售折扣；增值税计税依据；税额；增值税纳税义务时间及判断依据；涉税会计处理。一组学生汇报完毕，其他组的学生提出问题或质疑 教师：根据汇报情况作出评价，并适时提出问题。通过汇报的案例分析，引导学生对比理解折扣销售、销售折让与销售折扣计税依据的不同规定。在此基础上提出另一个问题——如果商家搞满额返券的活动，该如何进行增值税处理 学生：思考分析 教师：随机挑选一组汇报分析结果，评价、答疑
学习资源	PPT；案例
学习成果及 评价标准	成果：会计凭证（会计分录）、账簿 满分 100 分＝税法政策引用 20 分＋纳税义务时间正确 20 分＋税额准确 30 分＋会计分录、账簿合理正确 30 分 100 分＝教师 60 分＋学生 40 分

活动任务序列（任务三）

任务三知识组块

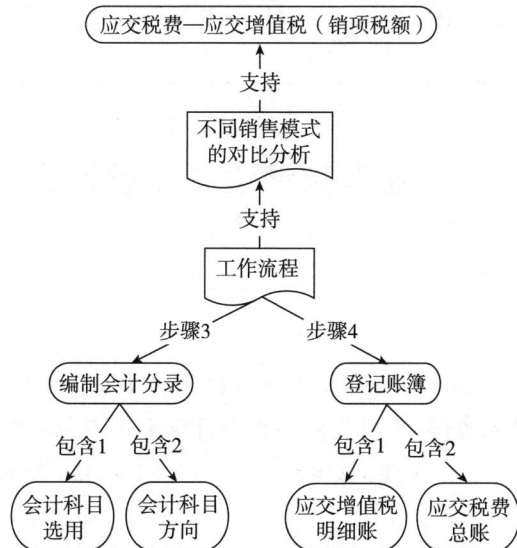

续表

任务描述	采用项目法,对不同销售模式下的业务编制涉税会计分录,登记账簿
任务时长	20分钟
学习地点	课上
教学方法 (或学习方法)	□讲授 □小组讨论 ☑答疑 □实验 □实训 □自主学习 ☑其他(请填写)项目
师生交互 过程	教师:在前一个任务基础上提出另一个问题——如果商家搞满额返券的活动,该如何进行增值税处理 学生:随机挑选学生对满额返券活动进行增值税会计处理分析 教师:发布项目任务,让学生分析经济业务,确定纳税义务时间,核算增值税额,编制会计分录,填制记账凭证,登记账簿 学生:思考分析,完成各项任务 教师:随机挑选学生汇报各任务结果,评价、答疑
学习资源	项目;PPT;教材《税务会计与税务筹划》销项税会计处理部分,盖地编著,2021年8月,中国人民大学出版社
学习成果及 评价标准	成果:会计凭证(会计分录)、账簿 满分100分＝税法政策引用20分＋纳税义务时间正确20分＋税额准确30分＋会计分录、账簿合理正确30分 100分＝教师60分＋学生40分
备注	教学反思:各种销售模式,如送积分、送服务、送礼品、打折等,销项税会计核算依据有所区别,学生要学会综合运用税法政策分析判断经济业务适用情形。教学中要注意不同业务的对比分析

4.3 专业基础课程教学设计实例

4.3.1 财务会计

1. 课程简介

"财务会计"是专业基础课程,支撑的项目化教学课程有中小企业会计实践、大数据财务分析、企业财务预算等,需要先修课程会计学原理,后续课程是高级财务会计,主要开设在大学一年级第二学期,总课时128学时,其中96个理论学时,32个实训学时。

财务会计课程主要教学内容包括财务会计的基本理论体系和基本方法,以及财务会计要素确认、计量、记录及报告的程序与方法。财务会计基本理论体系的主要内容有财务会计的目标、会计的基本假设和会计确认、计量的基础等。财务会计要素确认、计量、记录及报告的程序与方法的主要内容有反映企业财务状况会计要素的确认条件、初始计量、后续计量及期末计量方法。具体的知识模块有货币资金、金融资产、长期股权投资、固定资产、无形资产、投资性房地产、负债、所有者权益等;反映企业经营成果会计要素的确认条件、计量规则与方法的具体知识模块有收入、费用、利润等;财务报告的构成内容、编制原则、编制方法,主要涉及的具体知识模块有资产负债表、利润表、现金流量表、所有者权益变动表等。在学习理论知识的基础上以制造业企业为例开展财务会计模拟实训。

这门课程主要采用线上线下混合式教学,注重学生自主学习。教学过程中主要参考《企业会计准则》(CAS)、《企业会计准则讲解》(CAS)及会计学权威期刊《会计研究》《财务与会计》等教学资料。财务会计课程的教学,使已经掌握基础会计知识的学生,进一步深入理解财务会计的理论体系的内容、理论意义及具体的会计方法;让学生打下深厚的财务会计理论功底,培养学生独立思考和分析问题、解决问题的能力;能支持学生在校期间通过初级会计师考试,毕业后通过注册会计师考试。

2. 课程大纲

"财务会计"课程大纲见表 4-8。

表 4-8　"财务会计"课程大纲

一、课程大纲	
课程代码:kg19200300003	课程名称:财务会计

授课教师:武迎春、郭超、张好莲			

课程性质:a. 必修√　　b. 选修	学时:128	学分:8	授课对象:会计学/财务管理
课程目标	通过本课程的学习,会计学、财务管理专业的学生能全面了解企业的经济业务内容,进一步理解财务会计的基本理论和知识,掌握企业具体经济业务和交易事项的会计处理方法;增强学生财务意识,培养学生分析和解决企业财务会计问题的能力,为以后的会计工作打下坚实的理论基础		
学习成果（没有可不填）	① 期末考试成绩在 70 分以上　② 初级会计师考试通过率在 50% 以上		
教学方法（或学习方法）	☑讲授　□小组讨论　☑答疑　□实验　☑实训　☑自主学习　□其他(请填写)_____		
先修课程	专业基础课程:会计学原理		

续表

后衔接课程	高级财务会计
课程资源	自主设计（选择相应选项即可,如有补充请填写内容）： ☑教材　☑教辅用书　☑拓展书目　□教具　☑实验室　□网络平台　□图片 □音频　☑视频　□软件　□学科专家、科学家、企业家等社会人士　□实地/现场　□图书馆、博物馆等社会场所　☑报纸杂志　☑教学过程中生成性资源（如教学活动中提出的问题、学生的作品/作业、课堂实录等）　□其他（请填写）_____ 现成资源（选择相应选项即可,如有补充请填写内容）： ☑教材　☑教辅用书　☑拓展书目　□教具　☑实验室　□图片　□音频　☑视频 □软件　□学科专家、科学家、企业家等社会人士　□实地/现场　□图书馆、博物馆等场所　☑报纸杂志　☑教学过程中生成性资源　□其他（请填写）_____
课程评价方式	平时成绩占40％,考试成绩占60％。其中平时成绩包括考勤（15％）,学习中心测试（35％）,实训账册（50％）

二、理论部分课程教学进度表

周次	课　上			课　下		备注
	课程 主题内容	教学 场所	计划 学时	学习 主题内容	学生 用时	
第一周	财务会计基本理论概述	教室	2	财务会计的目标	4	
第一周	货币资金	教室	4	货币资金	8	
第二周	存货及其分类	教室	6	存货及其分类	12	
第二周	存货的确认、计量、记录	教室	4	存货的确认、计量、记录	8	
第二周	金融资产及其分类、交易性金融资产	教室	2	金融资产及其分类、交易性金融资产	4	
第三周	债权投资、应收款项	教室	4	债权投资、应收款项	8	
第四周	其他金融工具投资	教室	2	其他金融工具投资	4	
第四周	长期股权投资的初始计量	教室	4	长期股权投资的初始计量	8	
第五周	长期股权投资的后续计量、转换、处置	教室	4	长期股权投资的后续计量、转换、处置	8	
第五周	固定资产的初始计量	教室	2	固定资产的初始计量	4	

续表

第六周	固定资产的后续计量、处置	教室	6	固定资产的后续计量、处置	12	
第七周	无形资产初始计量、研发支出的核算、处置	教室	6	无形资产初始计量、研发支出的核算、处置	12	
第八周	投资性房地产初始计量、后续计量、转换	教室	6	投资性房地产初始计量、后续计量、转换	12	
第九周	资产减值	教室	2	资产减值	4	
第十周	流动负债、非流动负债	教室	6	流动负债、非流动负债	12	
第十一周	借款费用、债务重组	教室	2	借款费用、债务重组	4	
第十一周	所有者权益	教室	4	所有者权益	8	
第十二周	费用	教室	2	费用	4	
第十二周	收入五步法模型、会计科目核算	教室	4	收入五步法模型、会计科目核算	8	
第十三周	某一时段、某一时点履行义务收入核算	教室	4	某一时段、某一时点履行义务收入核算	8	
第十三周	特殊业务收入核算	教室	2	特殊业务收入核算	4	
第十四周	利润	教室	2	利润	4	
第十四周	所得税:资产负债表债务法	教室	4	所得税:资产负债表债务法	8	
第十五周	资产和负债的计税基础、递延所得税资产、递延所得税负债	教室	4	资产和负债的计税基础、递延所得税资产、递延所得税负债	8	
第十五周	资产负债表	教室	2	资产负债表	4	
第十六周	利润表	教室	2	利润表	4	
第十六周	所有者权益变动表、现金流量表、财务报表附注	教室	4	所有者权益变动表、现金流量表、财务报表附注	8	
合　　计			96	合　　计	192	

续表

三、实训部分课程教学进度表

周次	课上			课下		备注
	课程主题内容	教学场所	计划学时	学习主题内容	学生用时	
第一周	日记账、明细账建账、总账	教室	4	日记账、明细账的建账要求	8	
第二周	12月1日至12月15日账务处理实操	教室	4	收款凭证、付款凭证的选择与应用	8	
第三周	12月1日至12月15日工作底稿的编制、科目汇总表(一)的填写及第一次总账的填写	教室	4	工作底稿的编制方法及科目汇总表(一)的填写方法	8	
第四周	12月16日至12月31日账务处理实操	教室	4	账务处理要求	8	
第五周	12月16日至12月31日工作底稿的编制及科目汇总表(二)的填写及第二次填写总账	教室	4	工作底稿的编制方法及科目汇总表(一)的填写方法	8	
第六周	成本计算及期末经济业务的账务处理	教室	4	成本计算及期末经济业务的账务处理方法	8	
第七周	日记账、明细账、总账的结账	教室	4	日记账,明细账,总账的结账方法	8	
第八周	账簿资料的整理及实训报告写作	教室	4	账簿资料的整理方法及实训报告的写作要求	8	
合　计			32	合　计	64	
理论＋实务总合计			128	理论＋实务总合计	256	

3. 教学设计

(1)"财务会计"专业基础课程之"费用"教学设计见表 4-9。

表 4-9　"费用"教学设计

2023—2024 学年第二学期第十五周

知识建模图

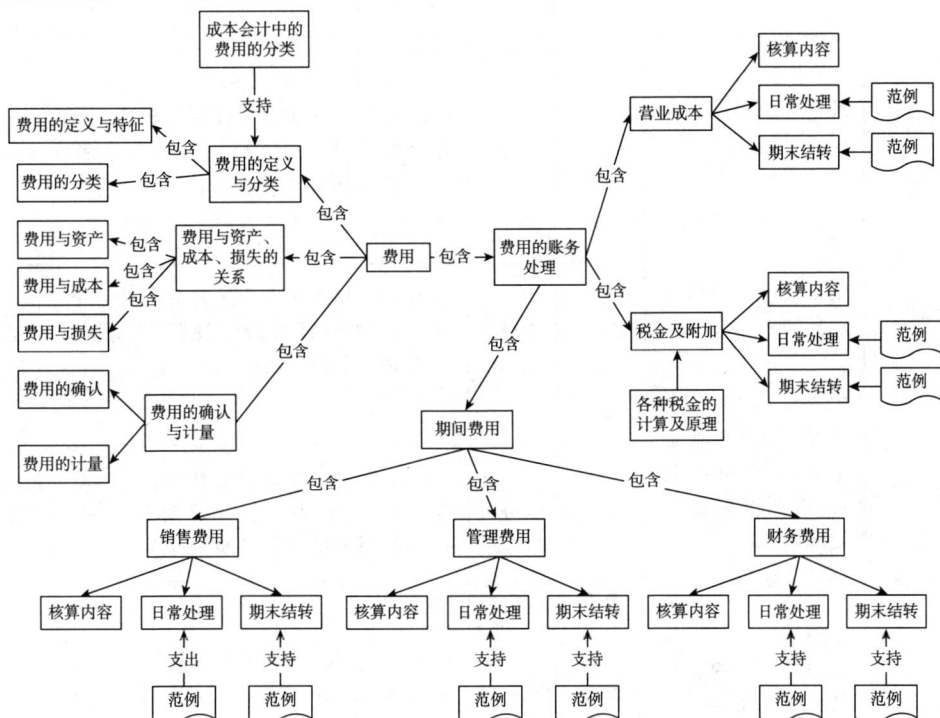

学习目标	知识点(学习水平)		素质目标
	① 掌握营业成本的分类及其内容构成和核算方法 ② 掌握税金及附加的核算内容及核算方法 ③ 掌握期间费用各部分构成、各部分核算内容及核算方法		培养良好的分析判断、逻辑推理能力,逐步形成会计思维
学习先决知识	知识点(学习水平)		
	已学习会计基础、税法基础课程,掌握了会计的基本原理、主要税种的计算方法,并完成了资产、负债、所有者权益、收入的学习		
课上资源	视频;PPT;习题	课下资源	中国大学 MOOC,《中级财务会计》,哈尔滨工业大学;教学视频;PPT;题库;思维导图库;案例库;拓展资源等
课上时间	100 分钟	课下时间	200 分钟

续表

活动序列	活动目标	地点	时间	学习资源
活动1	记忆费用的定义、特征及分类	课上	10分钟	教材；PPT
		课下	20分钟	中国大学MOOC，《中级财务会计》，哈尔滨工业大学（5分钟）；教学视频（5分钟）；习题（5分钟）；思维导图（5分钟）
活动2	理解费用与资产、成本、损失的关系	课上	5分钟	教材；PPT
		课下	10分钟	中国大学MOOC，《中级财务会计》，哈尔滨工业大学（2分钟）；教学视频（2分钟）；习题（4分钟）；思维导图（2分钟）
活动3	记忆费用的确认与计量	课上	5分钟	教材；PPT
		课下	10分钟	中国大学MOOC，《中级财务会计》，哈尔滨工业大学（2分钟）；教学视频（2分钟）；习题（4分钟）；思维导图（2分钟）
活动4	能够进行与营业成本相关的账务处理，按照准则进行记账、结账	课上	10分钟	教材；PPT
		课下	20分钟	中国大学MOOC，《中级财务会计》，哈尔滨工业大学（10分钟）；教学视频（2分钟）；习题（4分钟）；思维导图（4分钟）
活动5	掌握计入税金及附加的各税种的名称及会计处理	课上	25分钟	教材；PPT
		课下	50分钟	中国大学MOOC，《中级财务会计》，哈尔滨工业大学（10分钟）；教学视频（20分钟）；习题（10分钟）；思维导图（10分钟）
活动6	记忆销售费用的内容，掌握销售费用的会计处理	课上	20分钟	教材；PPT
		课下	40分钟	中国大学MOOC，《中级财务会计》，哈尔滨工业大学（10分钟）；教学视频（10分钟）；习题（10分钟）；思维导图（10分钟）
活动7	记忆管理费用主要的内容，掌握管理费用的会计处理	课上	20分钟	教材；PPT
		课下	40分钟	中国大学MOOC，《中级财务会计》，哈尔滨工业大学（10分钟）；教学视频（10分钟）；习题（10分钟）；思维导图（10分钟）
活动8	了解财务费用核算的内容，按照会计准则要求进行相应的会计处理	课上	5分钟	教材；PPT
		课下	10分钟	中国大学MOOC，《中级财务会计》，哈尔滨工业大学（2分钟）；教学视频（2分钟）；习题（4分钟）；思维导图（2分钟）

续表

活动 1 知识建模图（课上或课下）

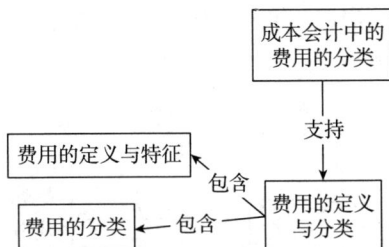

活动目标	记忆费用的定义、特征及分类

活动任务序列（导入任务描述）

① 总结课前复习情况：学生的完成情况、错题的分布情况

② 导入新课：结合"大白话之收入费用 VS 利得损失"视频导入

师生交互过程	知识预习与课前自测

活动任务序列（任务一）

任务一知识组块		
	任务描述	知识预习与课前自测
	任务时长	20 分钟
	学习地点	课下、线上

教学方式（或学习方式）	□讲授　□小组讨论　☑答疑　□实验　□实训　☑自主学习　☑翻转课堂 □其他（请填写）_____ ① 线上自主学习：学习相关教学视频、慕课、PPT ② 完成测试题：独立完成学习中心平台中的测试题，对相关知识点进行梳理并预习所有者权益的相关基础内容 ③ 案例教学：在教学过程中根据教学内容与学生交流"什么是收入""什么是费用"，关注学生的思路逻辑是否清晰合理 ④ 思维导图法：利用思维导图工具帮助学生梳理相关知识点
师生交互过程	教师：发布观看视频的任务；发布习题；发布任务清单完成思维导图
学习资源	中国大学 MOOC，《中级财务会计》，哈尔滨工业大学；教学大纲；教学视频；PPT；题库；思维导图库；案例库；拓展资源等
学习成果及评价标准	学习中心测试题准确率达到 80% 以上

备注	① 学生不能很好地理解费用的定义,需要将收入与费用进行配比来进行讲解 ② 收入－费用＝利润,利用该会计等式进行费用的讲解,让学生明白等式中的收入与费用的内涵

活动任务序列(任务二)

任务二知识组块 	任务描述	掌握费用的定义与特征、费用的分类
	任务时长	10 分钟
	学习地点	课上

教学方式 (或学习方式)	☑讲授　□小组讨论　☑答疑　□实验　□实训　□自主学习　☑翻转课堂 □其他(请填写)_____ 完成测试题:独立完成学习中心平台中的测试题,对相关知识点进行梳理并预习所有者权益的相关基础内容
师生交互过程	① 教师播放视频,导入新课"4.会计口中的'费用'到底是什么?"视频(5分钟) ② 教师播放 PPT,讲解费用的定义及特征(2分钟) ③ 学生在讨论区回答费用的分类(3分钟)
	学生不能充分理费用对报表的影响,对会计等式的影响,所以会死记硬背费用的定义与特征。在教学中教师要以财务会计核算结果的呈现载体报表来进行讲解,从而让学生理解定义背后的会计逻辑
学习资源	教学视频;PPT;题库;思维导图库;案例;教材中的拓展资源等
学习成果及评价标准	① 学生需要画出思维导图(3分) ② 学习中心的测试题正确率达到90%(2分)
备注	① 需要开阔学生的视野,不同场景对费用的理解是不一样的 ② 补充课上收集到的学生学情信息

活动 2 知识建模图(课上或课下)

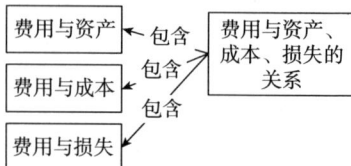

活动目标	理解费用与资产、成本、损失的关系

活动任务序列（导入任务描述）

导入成本会计中的产品成本核算,引出生产费用、生产成本、在产品成本、制造费用、辅助生产费用、辅助生产成本之间的关系;将费用与支出相互联系,引出费用与资产的关系;将费用与损失进行对比,引起学生的学习兴趣

师生交互过程	知识预习与课前自测

活动任务序列（任务一）

任务一知识组块		任务描述	知识预习与课前自测
		任务时长	10 分钟
		学习地点	课下

教学方式（或学习方式）	□讲授　□小组讨论　□答疑　□实验　□实训　☑自主学习　□翻转课堂 □其他(请填写)_____ ① 线上自主学习:学习相关教学视频、慕课、PPT ② 完成测试题:独立完成学习中心平台中的测试题,对相关知识点进行梳理并复习成本核算的相关内容(生产费用在完工与在产品之间费用的分配、辅助生产费用的分配、制造费用的分配)
师生交互过程	① 教师发布任务清单,学生进行学习 ② 教师发布讨论题,学生课下在讨论区进行回答 ③ 教师发布习题,学生课下完成 教师发布的任务方便学生利用课余碎片化的时间完成
学习资源	中国大学 MOOC,《中级财务会计》,哈尔滨工业大学;教学大纲;教学视频;PPT;题库;思维导图库;案例库;拓展资源等
学习成果及评价标准	① 学生上课前完成初步的思维导图 ② 学生上课前完成讨论区的问题 ③ 学生上课前完成课前测试题
备注	填写注意事项: ① 上课结束后对该活动(任务)的教学心得、体会或反思等 ② 补充课上收集到的学生学情信息,例如,学生的常见的学习问题;需要特别关注的学生特征;学生学习的好方法;学生对本次课程的反馈与建议

活动任务序列（任务二）

任务二知识组块		任务描述	知识预习与课前自测
		任务时长	5 分钟
		学习地点	课上

续表

教学方式 (或学习方式)	☑讲授　□小组讨论　☑答疑　□实验　□实训　□自主学习　☑翻转课堂 □其他(请填写)_____ ① 线上自主学习:学习相关教学视频、慕课、PPT ② 完成测试题:独立完成学习中心平台中的测试题,对相关知识点进行梳理并预习所有者权益的相关基础内容
师生交互 过程	① 教师播放"成本、费用是一回事吗? 好像不是,但……"视频(1分钟),让学生回答对该视频的理解。老师进行点评(2分钟) ② 教师播放PPT,讲解费用、成本、损失、支出的关系,学生在讨论区回答(2分钟) 学生不能很好地理解损失
学习资源	教学视频;PPT;思维导图库
学习成果及 评价标准	学习中心习题正确率达到90%以上
备注	填写注意事项: ① 上课结束后对该活动(任务)的教学心得、体会或反思等 ② 补充课上收集到的学生学情信息,例如,学生的常见的学习问题;需要特别关注的学生特征;学生学习的好方法;学生对本次课程的反馈与建议

活动3 知识建模图(课上或课下)

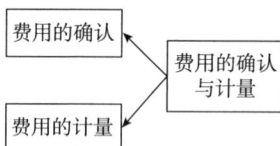

活动目标	记忆费用的确认与计量

活动任务序列(导入任务描述)

① 总结课前复习情况:学生的完成情况、错题的分布情况
② 导入新课:从费用的定义导入新课"费用如何确认和计量"(梳理成本核算中费用的分配方法)

师生交互 过程	知识预习与课前自测

活动任务序列(任务一)

任务一知识组块		任务描述	知识预习与课前自测
		任务时长	10分钟
		学习地点	课下

续表

教学方式 （或学习方式）	□讲授　□小组讨论　□答疑　□实验　□实训　☑自主学习　□翻转课堂 □其他（请填写）_____ ① 线上自主学习：学习相关教学视频、慕课、PPT ② 完成测试题：独立完成学习中心平台中的测试题，对相关知识点进行梳理并预习所有者权益的相关基础内容
师生交互 过程	① 教师发布任务清单，学生进行学习 ② 教师发布讨论题，学生课下在讨论区进行回答 ③ 教师发布习题，学生课下完成 教师发布的任务方便学生利用课余碎片化的时间完成
学习资源	中国大学 MOOC，《中级财务会计》，哈尔滨工业大学；教学大纲；教学视频；PPT；题库；思维导图库；案例库；拓展资源等
学习成果及 评价标准	① 学生上课前完成初步的思维导图 ② 学生上课前完成讨论区的问题 ③ 学生上课前完成课前测试题
备注	① 提醒学生一定要认真看完发布的视频，做好充分的预习 ② 提醒学生认真完成发布的习题 ③ 提醒学生完成初步的思维导图

活动任务序列（任务二）

任务二知识组块 费用的确认 → 费用的确认与计量 ← 费用的计量	任务描述	知识预习与课前自测
	任务时长	5 分钟
	学习地点	课上

教学方式 （或学习方式）	☑讲授　□小组讨论　☑答疑　□实验　□实训　□自主学习　☑翻转课堂 □其他（请填写）_____
师生交互 过程	教师提问：确认费用的三个条件是什么？ 如何理解 学生：在讨论区进行回答 教师提问：费用计量的都是实际已经发生的或者已经支出的费用吗 学生：在讨论区回答（有些费用是需要预提的，有些费用是需要估计的） 需要对学过的知识进行总结梳理，才能加深理解
学习资源	中国大学 MOOC，《中级财务会计》，哈尔滨工业大学；教学大纲；教学视频；PPT；题库；思维导图库；案例库；拓展资源等
学习成果及 评价标准	课堂习题正确率达到 90%；课后进一步完善思维导图（越详细越好）

续表

备注	填写注意事项： ① 上课结束后对该活动(任务)的教学心得、体会或反思等 ② 学生不理解原理、方法的重要性,需要搭建学生学习会计的思维方式

活动 4 知识建模图(课上或课下)

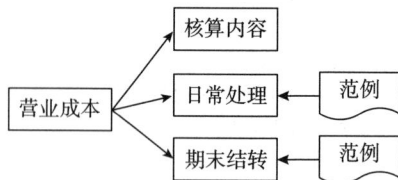

活动目标	能够进行营业成本相关的掌握处理,按照准则进行记账、结账

活动任务序列(导入任务描述)

① 总结课前复习情况:学生的完成情况、错题的分布情况
② 导入新课:视频学习导入"日常活动与非日常活动"

师生交互 过程	知识预习与课前自测

活动任务序列(任务一)

任务一知识组块 	任务描述	知识预习与课前自测
	任务时长	20 分钟
	学习地点	课下

教学方式 (或学习方式)	□讲授　□小组讨论　☑答疑　□实验　□实训　☑自主学习　□翻转课堂 □其他(请填写)_____ ① 线上自主学习:学习相关教学视频、慕课、PPT ② 完成测试题:独立完成学习中心平台中的测试题,对相关知识点进行梳理并预习所有者权益的相关基础内容
师生交互 过程	① 教师发布任务清单,学生进行学习 ② 教师发布讨论题,学生课下在讨论区进行回答 ③ 教师发布习题,学生课下完成 教师发布的任务方便学生利用课余碎片化的时间完成
学习资源	中国大学 MOOC,《中级财务会计》,哈尔滨工业大学;教学大纲;教学视频;PPT;题库;思维导图库;案例库;拓展资源等
学习成果及 评价标准	① 学生上课前完成初步的思维导图 ② 学生上课前完成讨论区的问题 ③ 学生上课前完成课前测试题

备注	填写注意事项： ① 需要提醒学生按照时间要求和进度要求完成各项学习任务 ② 好的学习方法就是要进行讨论，在讨论中理解营业成本的概念

活动任务序列（任务二）

任务二知识组块		任务描述	知识预习与课前自测
		任务时长	10 分钟
		学习地点	课上

教学方式 （或学习方式）	☑讲授　□小组讨论　☑答疑　□实验　□实训　□自主学习　☑翻转课堂 □其他（请填写）_____ ① 线上自主学习：学习相关教学视频、慕课、PPT ② 完成测试题：独立完成学习中心平台中的测试题，对相关知识点进行梳理并预习所有者权益的相关基础内容
师生交互 过程	① 教师：播放视频"会计——营业成本的核算"（4 分钟） ② 教师：配合典型例题讲解账务处理，当堂练习类似习题，互动纠错，加深理解，学以致用（4 分钟） ③ 共同总结，教师针对性点拨（2 分钟） 让学生充分理解练习题的内涵，如"什么是主营业务成本""什么是其他业务成本"，这样才能更好地按照会计准则要求进行会计处理
学习资源	中国大学 MOOC，《中级财务会计》（实收资本增减变动的核算），哈尔滨工业大学；教学大纲；教学视频；PPT；题库；思维导图库；案例库；拓展资源等
学习成果及 评价标准	课堂习题测试正确率达到 90%；继续修改和完善思维导图
备注	继续深入学习视频"14. 合同履约成本与主营业务成本的区别？"（5 分钟）和视频"初级会计实务"中其他业务成本是什么（1 分钟）

活动 5 知识建模图（课上或课下）

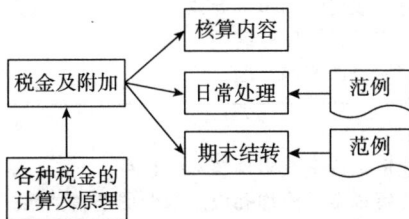

活动目标	掌握计入税金及附加的各税种的名称及会计处理

续表

活动任务序列（导入任务描述）

① 总结课前复习情况：学生的完成情况、错题的分布情况

② 导入新课：视频"一分钟让你记住，哪些税应该计入税金及附加？哪些计入应交税费？"导入

③ 视频学习"为什么有的税费计入税金及附加，有的计入管理费用啊，我都迷糊了"

师生交互过程	知识预习与课前自测

活动任务序列（任务一）

任务一知识组块		任务描述	知识预习与课前自测
		任务时长	50分钟
		学习地点	课下

教学方式（或学习方式）	□讲授　□小组讨论　☑答疑　□实验　□实训　☑自主学习　□翻转课堂 □其他（请填写）_____ ① 线上自主学习：学习相关教学视频、慕课、PPT ② 完成测试题：独立完成学习中心平台中的测试题，对相关知识点进行梳理并预习所有者权益的相关基础内容
师生交互过程	① 教师发布任务清单，学生进行学习 ② 教师发布讨论题，学生课下在讨论区进行回答 ③ 教师发布习题，学生课下完成 教师发布的任务方便学生利用课余碎片化的时间完成
学习资源	中国大学 MOOC，《中级财务会计》（所有者权益—学习目标、重点及难点；所有者权益概述），哈尔滨工业大学；教学大纲；教学视频；PPT；题库；思维导图库；案例库；拓展资源等
学习成果及评价标准	① 学生上课前完成初步的思维导图 ② 学生上课前完成讨论区的问题 ③ 学生上课前完成课前测试题
备注	填写注意事项： ① 不能很好地记忆税金及附件核算的税种 ② 不能很好理解税金及附加和应交税费的逻辑关系 以上两个问题需要教师在课堂上进行分类讲解，并结合在报表中的体现分析其原理

续表

活动任务序列(任务二)			
任务二知识组块		任务描述	知识预习与课前自测
		任务时长	25 分钟
		学习地点	课上
教学方式 (或学习方式)	☑讲授　□小组讨论　☑答疑　□实验　□实训　□自主学习　☑翻转课堂 □其他(请填写)_____ ① 线上自主学习:学习相关教学视频、慕课、PPT ② 完成测试题:独立完成学习中心平台中的测试题,对相关知识点进行梳理并预习所有者权益的相关基础内容		
师生交互 过程	① 教师播放视频"我国现有的 18 个税种分别是计入管理费用、税金及附加,还是资产成本,您知道吗?"(5 分钟) ② 配合典型例题讲解账务处理,当堂练习类似习题,互动纠错,加深理解,学以致用(13 分钟) ③ 共同总结:教师针对性点拨(2 分钟) 学生充分理解各个税种的意义、每个税种的计税依据、纳税环节,才能较好地进行分类掌握,理解业务才能更好地按照会计准则要求进行会计处理		
学习资源	中国大学 MOOC,《中级财务会计》,哈尔滨工业大学;教学大纲;教学视频;PPT;题库;思维导图库;案例库;拓展资源等		
学习成果及 评价标准	课堂习题测试正确率达到 90%;继续修改和完善思维导图		
备注	业务的理解对于没有实际工作经验的同学是非常重要的		

活动 6 知识建模图(课上或课下)

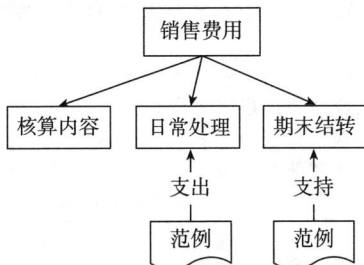

活动目标	记忆销售费用的内容;掌握销售费用的会计处理

续表

活动任务序列(导入任务描述)
① 总结课前复习情况:学生的完成情况、错题的分布情况 ② 导入新课:视频"财学堂:什么是销售费用?"导入

师生交互 过程	知识预习与课前自测:发布视频及测试题让学生完成,并进行线上答疑

活动任务序列(任务一)

任务一知识组块		任务描述	知识预习与课前自测
		任务时长	40分钟
		学习地点	课下

教学方式 (或学习方式)	□讲授　□小组讨论　☑答疑　□实验　□实训　☑自主学习　□翻转课堂 □其他(请填写)_____ ① 线上自主学习:学习相关教学视频、慕课、PPT ② 完成测试题:独立完成学习中心平台中的测试题,对相关知识点进行梳理并预习所有者权益的相关基础内容
师生交互 过程	① 教师发布任务清单,学生进行学习 ② 教师发布讨论题,学生课下在讨论区进行回答 ③ 教师发布习题,学生课下完成 教师发布的任务方便学生利用课余碎片化的时间完成
学习资源	中国大学MOOC,《中级财务会计》(所有者权益——学习目标、重点及难点;所有者权益概述),哈尔滨工业大学;教学大纲;教学视频;PPT;题库;思维导图库;案例库;拓展资源等
学习成果及 评价标准	① 学生上课前完成初步的思维导图 ② 学生上课前完成讨论区的问题 ③ 学生上课前完成课前测试题
备注	填写注意事项: ① 销售费用的特殊情况需要注意 ② 结合税法进行学习

活动任务序列(任务二)

任务二知识组块	任务描述	知识预习与课前自测
	任务时长	20 分钟
	学习地点	课上

教学方式 (或学习方式)	☑讲授　□小组讨论　☑答疑　□实验　□实训　□自主学习　☑翻转课堂 □其他(请填写)_____ ① 线上自主学习:学习相关教学视频、慕课、PPT ② 完成测试题:独立完成学习中心平台中的测试题,对相关知识点进行梳理并预习所有者权益的相关基础内容
师生交互 过程	① 观看视频"会计、审计小白一口气拿下销售费用"(4 分钟) ② 配合典型例题讲解账务处理,当堂练习类似习题,互动纠错,加深理解,学以致用(4 分钟) ③ 共同总结:教师针对性点拨(2 分钟)
	让学生充分理解销售费用的范围;理解业务才能更好地按照会计准则要求进行会计处理
学习资源	中国大学 MOOC,《中级财务会计》(实收资本增减变动的核算),哈尔滨工业大学;教学大纲;教学视频;PPT;题库;思维导图库;案例库;拓展资源等
学习成果及 评价标准	课堂习题测试正确率达到 90%;继续修改和完善思维导图
备注	业务的理解对于没有实际工作经验的同学是非常重要的,结合税法学习

活动 7 知识建模图(课上或课下)

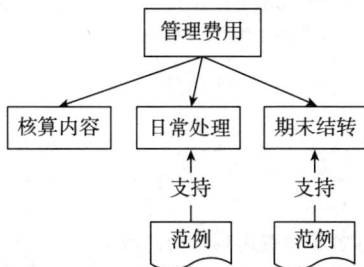

活动目标	记忆管理费用包括的内容;掌握管理费用的会计处理

活动任务序列（导入任务描述）

① 总结课前复习情况：学生的完成情况、错题的分布情况

② 导入新课：视频"管理费用底稿"导入

让学生明白管理费用的重要性及审计的重点，通过该视频让学生知道管理费用不能随意进行归类，要遵循客观事实，遵守职业道德

师生交互过程	知识预习与课前自测

活动任务序列（任务一）

任务一知识组块

任务描述	知识预习与课前自测
任务时长	40 分钟
学习地点	课下

教学方式（或学习方式）	□讲授　□小组讨论　□答疑　□实验　□实训　☑自主学习　□翻转课堂 □其他（请填写）_____ ① 线上自主学习：学习相关教学视频、慕课、PPT ② 完成测试题：独立完成学习中心平台中的测试题，对相关知识点进行梳理并预习所有者权益的相关基础内容
师生交互过程	① 教师发布任务清单，学生进行学习 ② 教师发布讨论题，学生课下在讨论区进行回答 ③ 教师发布习题，学生课下完成 教师发布的任务方便学生利用课余碎片化的时间完成
学习资源	中国大学 MOOC，《中级财务会计》，哈尔滨工业大学；教学大纲；教学视频；PPT；题库；思维导图库；案例库；拓展资源等
学习成果及评价标准	① 学生上课前完成初步的思维导图 ② 学生上课前完成讨论区的问题 ③ 学生上课前完成课前测试题
备注	填写注意事项： ① 不能较好地理解管理费用核算的内容 ② 补充课上收集到的学生学情信息，比如"研发费用什么时候计入管理费用"，以及对一些特殊的计入管理费用的业务事项不理解

续表

活动任务序列(任务二)

任务二知识组块	任务描述	知识预习与课前自测
	任务时长	20 分钟
	学习地点	课上

教学方式 (或学习方式)	☑讲授 □小组讨论 ☑答疑 □实验 □实训 □自主学习 ☑翻转课堂 □其他(请填写)_____ ① 线上自主学习:学习相关教学视频、慕课、PPT ② 完成测试题:独立完成学习中心平台中的测试题,对相关知识点进行梳理并预习所有者权益的相关基础内容
师生交互 过程	① 视频"初级会计:管理费用包括哪些核算内容"导入 ② 配合典型例题讲解账务处理,当堂练习类似习题,互动纠错,加深理解,学以致用(4 分钟) ③ 共同总结:教师针对性点拨(2 分钟)
	让学生充分理解练习题的内涵,通过习题开阔学生的视野,知道管理费用的范围,并结合案例进行课后研讨,不能乱挤成本、不能乱摊费用,还要知道管理费用对企业所得税的影响等。提醒学生一定严格按照会计准则的要求进行会计处理
学习资源	中国大学 MOOC,《中级财务会计》,哈尔滨工业大学;教学大纲;教学视频;PPT;题库;思维导图库;案例库;拓展资源等
学习成果及 评价标准	课堂习题测试正确率达到 90%;继续修改和完善思维导图
备注	① 业务的理解对于没有实际工作经验的同学是非常重要的,继续深入学习 ② 课后观看视频"【38】2000 元的打印机 究竟是计入'固定资产'OR'管理费用'?"

活动 8 知识建模图(课上或课下)

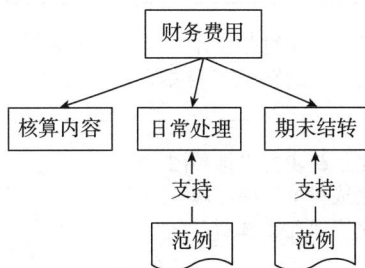

活动目标	了解财务费用核算的内容;按照会计准则要求进行相应的会计处理

活动任务序列(导入任务描述)

① 总结课前复习情况:学生的完成情况、错题的分布情况
② 导入新课:视频"考点:期间费用——财务费用"导入

师生交互过程	知识预习与课前自测

活动任务序列(任务一)

任务一知识组块	任务描述	知识预习与课前自测
	任务时长	10分钟
	学习地点	课下

教学方式(或学习方式)	□讲授　□小组讨论　□答疑　□实验　□实训　☑自主学习　□翻转课堂 □其他(请填写)_____ ① 线上自主学习:学习相关教学视频、慕课、PPT ② 完成测试题:独立完成学习中心平台中的测试题,对相关知识点进行梳理并预习所有者权益的相关基础内容
师生交互过程	① 教师发布任务清单,学生进行学习 ② 教师发布讨论题,学生课下在讨论区进行回答 ③ 教师发布习题,学生课下完成 教师发布的任务方便学生利用课余碎片化的时间完成
学习资源	中国大学 MOOC,《中级财务会计》,哈尔滨工业大学;教学大纲;教学视频;PPT;题库;思维导图库;案例库;拓展资源等
学习成果及评价标准	① 学生上课前完成初步的思维导图 ② 学生上课前完成讨论区的问题 ③ 学生上课前完成课前测试题

备注	填写注意事项: ① 需要结合案例进行学习 ② 对财务费用的理解只停留在利息费用上

活动任务序列(任务二)

任务二知识组块 	任务描述	知识预习与课前自测
	任务时长	5 分钟
	学习地点	课上

教学方式 (或学习方式)	☑讲授　□小组讨论　☑答疑　□实验　□实训　□自主学习　☑翻转课堂 □其他(请填写)_____ ① 线上自主学习:学习相关教学视频、慕课、PPT ② 完成测试题:独立完成学习中心平台中的测试题,对相关知识点进行梳理并预习所有者权益的相关基础内容
师生交互 过程	① 教师播放视频"利息费用是财务费用吗"(1 分钟) ② 配合典型例题讲解账务处理,当堂练习类似习题,互动纠错,加深理解,学以致用(3 分钟) ③ 共同总结:教师针对性点拨(1 分钟) 让学生充分理解练习题的内涵,能按照会计准则要求进行会计处理
学习资源	中国大学 MOOC、《中级财务会计》(实收资本增减变动的核算)、哈尔滨工业大学;教学大纲;教学视频;PPT;题库;思维导图库;案例库;拓展资源等
学习成果及 评价标准	课堂习题测试正确率达到 90%;继续修改和完善思维导图
备注	业务的理解对于没有实际工作经验的同学是非常重要的,结合财务费用的审计,通过视频"会计、审计小白财务费用该怎么审计"深入了解财务费用

（2）"财务会计"专业基础课程之"实收资本"教学设计见表4-10。

表4-10 "实收资本"教学设计

2023—2024学年第二学期第十五周

知识建模图

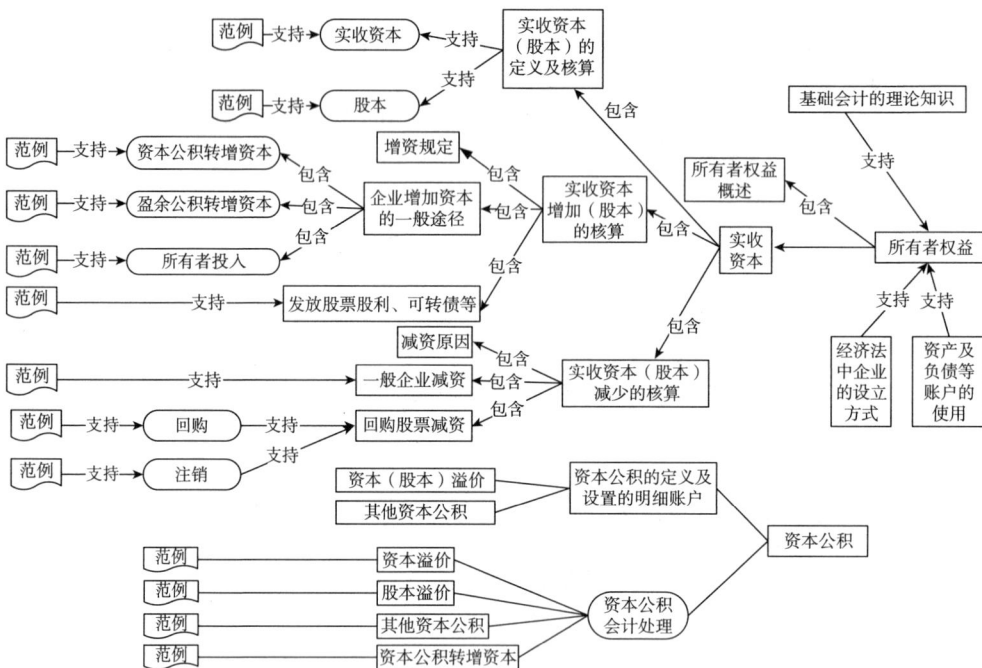

	知识点（学习水平）	素质目标
学习目标	① 认识所有者权益特点 ② 了解实收资本（股本）的来源及投资者出资方式 ③ 熟悉资本公积内容、来源及用途 ④ 掌握接受货币出资及非货币出资的核算 ⑤ 掌握资本公积——资本溢价的核算 ⑥ 掌握资本公积——其他资本公积与其他综合收益的区别	① 培养良好的分析判断、逻辑推理能力，逐步形成会计思维 ② 具有良好的职业道德
学习先决知识	知识点（学习水平）	
	已学习会计基础、财务会计实务课程中资产类账户、负债类账户的相关账务处理，掌握了会计的基本原理	

续表

课上资源	视频;PPT;习题	课下资源		中国大学 MOOC,《中级财务会计》,哈尔滨工业大学;教学视频;PPT;题库;思维导图库;案例库;拓展资源等
课上时间	100	课下时间		200
活动序列	活动目标	地点	时间	学习资源
活动 1	掌握所有者权益的定义及来源	课上	20分钟	教材;PPT
		课下	40分钟	中国大学 MOOC,《中级财务会计》,哈尔滨工业大学(10分钟);教学视频(10分钟);习题(10分钟);思维导图(10分钟)
活动 2	实收资本(股本)定义及核算	课上	20分钟	教材;PPT
		课下	40分钟	中国大学 MOOC,《中级财务会计》,哈尔滨工业大学(20分钟);教学视频(10分钟);习题(5分钟);思维导图(5分钟)
活动 3	实收资本(股本)的增加	课上	15分钟	教材;PPT
		课下	30分钟	中国大学 MOOC,《中级财务会计》,哈尔滨工业大学(10分钟);教学视频(10分钟);习题(5分钟);思维导图(5分钟)
活动 4	实收资本(股本)的减少	课上	20分钟	教材;PPT
		课下	40分钟	中国大学 MOOC,《中级财务会计》,哈尔滨工业大学(10分钟);教学视频(10分钟);习题(10分钟);思维导图(10分钟)
活动 5	资本公积的定义及账户	课上	10分钟	教材;PPT
		课下	20分钟	中国大学 MOOC,《中级财务会计》,哈尔滨工业大学(5分钟);教学视频(5分钟);习题(5分钟);思维导图(5分钟)

续表

| 活动6 | 资本公积的会计处理 | 课上 | 15分钟 | 教材;PPT |
| | | 课下 | 30分钟 | 中国大学MOOC,《中级财务会计》,哈尔滨工业大学(10分钟);教学视频(10分钟);习题(5分钟);思维导图(5分钟) |

活动1 知识建模图(课上或课下)

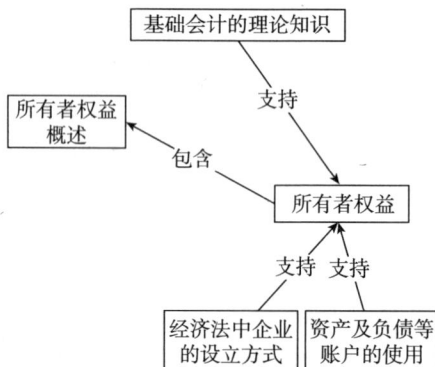

活动目标	理解企业的组织形式、公司的特征与分类、股份有限公司的基本特征、记忆所有者权益的构成

活动任务序列(导入任务描述)

① 总结课前复习情况:学生的完成情况、错题的分布情况
② 导入新课:复习"会计基础"课程中学的所有者权益基本概念、构成与特点,配合一些概念性选择题、判断题加深理解,结合具体的初创企业案例,分项解析所有者权益构成的项目内涵,导入新课

师生交互过程	知识预习与课前自测

活动任务序列(任务一)

任务一知识组块		任务描述	知识预习与课前自测
		任务时长	40分钟
		学习地点	课下、线上

续表

教学方式 （或学习方式）	□讲授　□小组讨论　☑答疑　□实验　□实训　☑自主学习　☑翻转课堂 □其他（请填写）_____ ① 线上自主学习：学习相关教学视频、慕课、PPT ② 完成测试题：独立完成学习中心平台中的测试题，对相关知识点进行梳理并预习所有者权益的相关基础内容
师生交互 过程	① 教师：发布任务清单，引导学生自学。教师在平台中发布相关课程资源，供学生线上自主学习，巩固相关知识并预习课程内容 ② 教师：课前摸底，教学调整。教师在平台中发布测试题，以基础性的选择题为主，要求学生独立完成，并根据测试情况调整教学内容 注意提醒学生复习企业的组织形式、公司的特征与分类、了解股份有限公司的特征
学习资源	中国大学 MOOC,《中级财务会计》(所有者权益－学习目标、重点及难点；所有者权益概述)，哈尔滨工业大学；教学大纲；教学视频；PPT；题库；思维导图库；案例库；拓展资源等
学习成果及 评价标准	学习中心测试题准确率达到 80% 以上
备注	① 学生不理解企业的组织形式 ② 学生不能将《公司法》《证券法》和会计的学习进行有机的融合

活动任务序列（任务二）

任务二知识组块		
	任务描述	所有者权益的基本特征、股东权益的表现形式、股本的种类、股票的种类、所有者权益的构成
	任务时长	20 分钟
	学习地点	课上

教学方式 （或学习方式）	☑讲授　□小组讨论　☑答疑　□实验　□实训　□自主学习　☑翻转课堂 □其他（请填写）_____ 完成测试题：独立完成学习中心平台中的测试题，对相关知识点进行梳理并预习所有者权益的相关基础内容

师生交互过程	① 教师:播放视频"会计知识第 5 讲:如何理解所有者权益?";播放 PPT 并提出定义"所有者权益是指企业资产扣除负债后由所有者享有的剩余权益。其金额是企业全部资产减去负债后的余额是一种剩余权益"(8 分钟) ② 教师:提问学生,总结所有者权益的别称,梳理出所有者权益的特点,其与资产、负债之间的关系(4 分钟) ③ 教师:播放 PPT,讲解所有者权益的表现形式取决于企业的组织形式,分为独资企业、合伙企业、股份公司;对学生进行提问,针对不同类型的公司,所有者权益的表现形式是什么,即所有者权益的来源与构成(3 分钟) ④ 学生:做习题(5 分钟)
	学生对一些专业术语,如"业主权益""合伙人权益""股东权益"还不能很好地理解
学习资源	中国大学 MOOC,《中级财务会计》(所有者权益—学习目标、重点及难点;所有者权益概述);哈尔滨工业大学;教学大纲;教学视频;PPT;题库;思维导图库;案例库;拓展资源等
学习成果及评价标准	① 学生需要画出思维导图(包括股东权益的构成、股本的种类、股票的种类)(3 分) ② 学习中心的测试题正确率达到 90%(2 分)
备注	① 需要开阔学生的视野,了解上市公司的所有者权益的来源 ② 补充课上收集到的学生学情信息

活动 2 知识建模图(课上或课下)

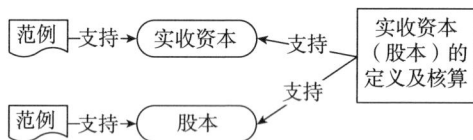

活动目标	了解《公司法》中关于实收资本的规定、股份有限公司发行股票的流程、股票的分类;记忆实收资本的法律规定;能够运用会计准则进行相应的会计处理

活动任务序列(导入任务描述)

引入大学生创业投入资本如何进行处理,让学生思考实收资本和股本有没有明细账,如何进行设置

师生交互过程	知识预习与课前自测

活动任务序列(任务一)

任务一知识组块		任务描述	知识预习与课前自测
		任务时长	40 分钟
		学习地点	课下

续表

教学方式（或学习方式）	□讲授　□小组讨论　☑答疑　□实验　□实训　☑自主学习　□翻转课堂 □其他（请填写）_____ ① 线上自主学习：学习相关教学视频、慕课、PPT ② 完成测试题：独立完成学习中心平台中的测试题，对相关知识点进行梳理并预习所有者权益的相关基础内容
师生交互过程	① 教师发布任务清单，学生进行学习 ② 教师发布讨论题，学生课下在讨论区进行回答 ③ 教师发布习题，学生课下完成 教师发布的任务方便学生利用课余碎片化的时间完成
学习资源	中国大学 MOOC，《中级财务会计》，哈尔滨工业大学；教学大纲；教学视频；PPT；题库；思维导图库；案例库；拓展资源等
学习成果及评价标准	① 学生上课前完成初步的思维导图 ② 学生上课前完成讨论区的问题 ③ 学生上课前完成课前测试题
备注	填写注意事项： ① 经济法中的理论基础需要再补充资料，了解注册资本和实收资本的区别 ② 学生对于上市公司发行股票的流程及股票的分类比较感兴趣

活动任务序列（任务二）

任务二知识组块		任务描述	知识预习与课前自测
范例—支持→ 实收资本 —支持→ 实收资本（股本）的定义及核算 范例—支持→ 股本 —支持→		任务时长	20 分钟
		学习地点	课上

教学方式（或学习方式）	☑讲授　□小组讨论　☑答疑　□实验　□实训　□自主学习　☑翻转课堂 □其他（请填写）_____ ① 线上自主学习：学习相关教学视频、慕课、PPT ② 完成测试题：独立完成学习中心平台中的测试题，对相关知识点进行梳理并预习所有者权益的相关基础内容
师生交互过程	① 教师：播放视频"注册资本和实收资本的区别"（1 分钟） ② 教师：播放 PPT，讲解实收资本的概念，提出问题"实收资本与注册资本的区别"，学生在讨论区进行回答（3 分钟） ③ 教师：播放 PPT，提出问题"实收资本（股本）投入的形式、投资的主体"（5 分钟） ④ 教师：提出问题"核算的账户"（1 分钟） ⑤ 学生：（案例分析）以货币资金方式投入资本的核算；以实物资产方式投入资本的核算；以无形资产方式投入资本的核算；股份有限公司股本的核算（面值、溢价发行）；发行费用的核算（冲减溢价，面值发行或溢价不够冲减怎么处理）（10 分钟） 学生对于投资的形式需要结合经济法深入学习；对于投资的主体需要结合一些企业来加深印象，如国家资本、集体资本、法人资本、个人资本、港澳台资本、外商资本

学习资源	教学视频;PPT;思维导图库
学习成果及评价标准	学习中心习题正确率达到90%以上
备注	填写注意事项: ① 对于股本的理解还不够深入 ② 补充课上收集到的学生学情信息,例如,以更生动的视频信息来帮助学生学习抽象化的内容

活动3 知识建模图(课上或课下)

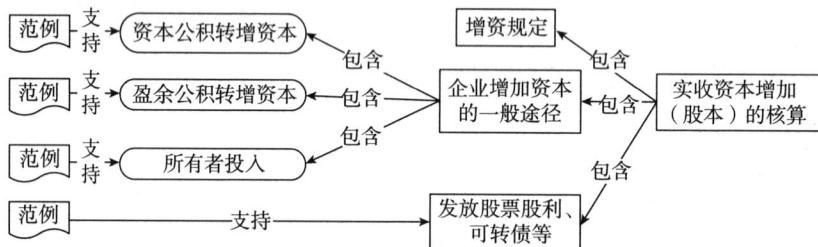

活动目标	了解实收资本(股本)增加的途径及用到的会计科目,记忆实收资本增加的途径;理解发放股票股利的业务本质;理解发行股票股利和发行可转债对企业的影响;能够运用会计准则进行实收资本(股本)增加的会计处理

活动任务序列(导入任务描述)

① 总结课前复习情况:学生的完成情况、错题的分布情况
② 导入新课:新投资者加入如何进行会计处理

师生交互过程	知识预习与课前自测

活动任务序列(任务一)

任务一知识组块

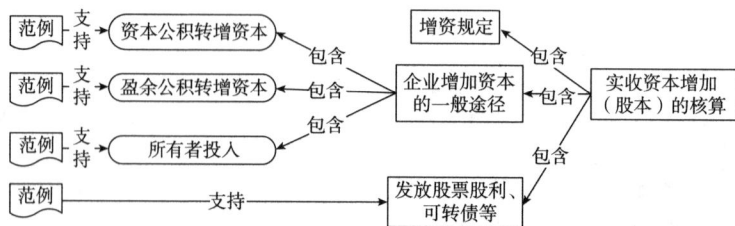

任务描述	知识预习与课前自测
任务时长	30分钟
学习地点	课下

教学方式 （或学习方式）	□讲授　□小组讨论　☑答疑　□实验　□实训　☑自主学习　□翻转课堂 □其他（请填写）_____ ① 线上自主学习：学习相关教学视频、慕课、PPT ② 完成测试题：独立完成学习中心平台中的测试题，对相关知识点进行梳理并预习所有者权益的相关基础内容
师生交互 过程	① 教师发布任务清单，学生进行学习 ② 教师发布讨论题，学生课下在讨论区进行回答 ③ 教师发布习题，学生课下完成 教师发布的任务方便学生利用课余碎片化的时间完成
学习资源	中国大学 MOOC，《中级财务会计》，哈尔滨工业大学；教学大纲；教学视频；PPT；题库；思维导图库；案例库；拓展资源等
学习成果及 评价标准	① 学生上课前完成初步的思维导图 ② 学生上课前完成讨论区的问题 ③ 学生上课前完成课前测试题
备注	① 提醒学生一定要认真看完发布的视频，做好充分的预习 ② 提醒学生认真完成发布的习题 ③ 提醒学生完成初步的思维导图

活动任务序列（任务二）

任务二知识组块

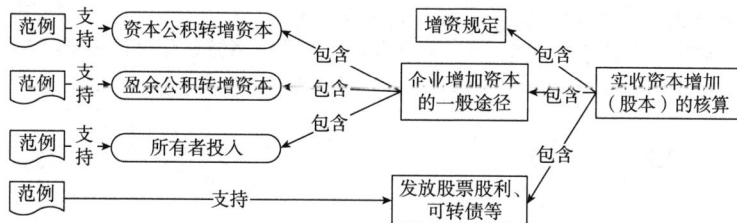

任务描述	知识预习与课前自测
任务时长	15 分钟
学习地点	课上
教学方式 （或学习方式）	☑讲授　□小组讨论　☑答疑　□实验　□实训　□自主学习　☑翻转课堂 □其他（请填写）_____
师生交互 过程	教师：播放 PPT，引导学生思考 学生：（针对案例进行回答）接受投资者追加投资；资本公积转增资本；盈余公积转增资本；发行股票股利、发行可转换公司债券如何进行会计核算 需要进一步预习上市公司分配股票股利的本质，以及对所有者权益的影响，只有理解背后的深层次逻辑关系，才能更好地进行会计处理。本次课只需要简单掌握实收资本（股本）增加的途径及会计分录

学习资源	中国大学 MOOC,《中级财务会计》(所有者权益－学习目标、重点及难点;所有者权益概述),哈尔滨工业大学;教学大纲;教学视频;PPT;题库;思维导图库;案例库;拓展资源等
学习成果及评价标准	课堂习题正确率达到90%;课后进一步完善思维导图(越详细越好)
备注	填写注意事项: ① 上课结束后对该活动(任务)的教学心得:需要复习可转化公司债券的会计处理 ② 补充课上收集到的学生学情信息,例如,学生常见的学习问题;需要特别关注的学生特征;学生学习的好方法;学生对本次课程的反馈与建议

活动 4 知识建模图(课上或课下)

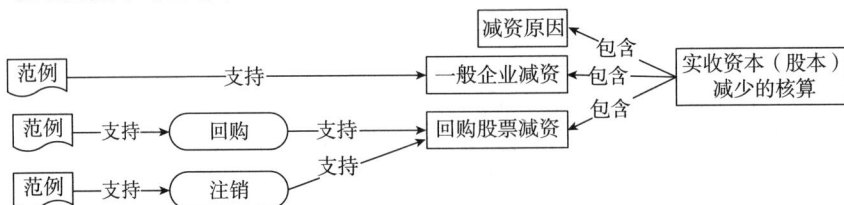

活动目标	了解实收资本(股本)减资的法律规定;理解减资的流程

活动任务序列(导入任务描述)

① 总结课前复习情况:学生的完成情况、错题的分布情况
② 导入新课:视频"注册资本将实缴,减资要怎么做? 你选择实缴还是含泪减资?""会计实操:新的公司法出台,您的注册资本金要准备减资了么? 方源老师"导入

师生交互过程	知识预习与课前自测

活动任务序列(任务一)

任务一知识组块

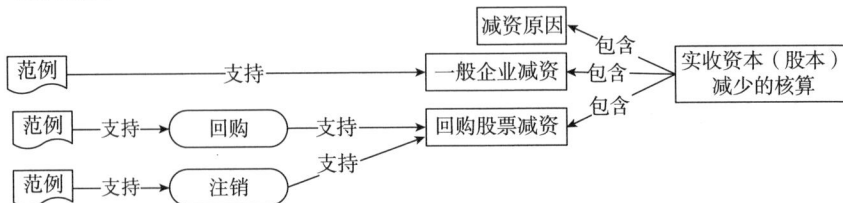

任务描述	知识预习与课前自测
任务时长	40分钟
学习地点	课下

续表

教学方式 （或学习方式）	☐讲授　☐小组讨论　☑答疑　☐实验　☐实训　☑自主学习　☐翻转课堂 ☐其他（请填写）_____ ① 线上自主学习:学习相关教学视频、慕课、PPT ② 完成测试题:独立完成学习中心平台中的测试题,对相关知识点进行梳理并预习所有者权益的相关基础内容
师生交互过程	① 教师发布任务清单,学生进行学习 ② 教师发布讨论题,学生课下在讨论区进行回答 ③ 教师发布习题,学生课下完成 教师发布的任务方便学生利用课余碎片化的时间完成
学习资源	中国大学 MOOC,《中级财务会计》（所有者权益-学习目标、重点及难点;所有者权益概述）,哈尔滨工业大学;教学大纲;教学视频;PPT;题库;思维导图库;案例库;拓展资源等
学习成果及评价标准	① 学生上课前完成初步的思维导图 ② 学生上课前完成讨论区的问题 ③ 学生上课前完成课前测试题
备注	填写注意事项: ① 上课结束后对该活动（任务）的教学心得、体会或反思等 ② 补充课上收集到的学生学情信息,例如,学生常见的学习问题;需要特别关注的学生特征;学生学习的好方法;学生对本次课程的反馈与建议

活动任务序列（任务二）

任务二知识组块

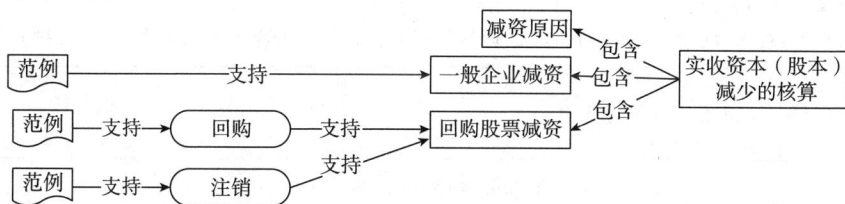

任务描述	知识预习与课前自测
任务时长	20 分钟
学习地点	课上
教学方式 （或学习方式）	☑讲授　☐小组讨论　☑答疑　☐实验　☐实训　☐自主学习　☑翻转课堂 ☐其他（请填写）_____ ① 线上自主学习:学习相关教学视频、慕课、PPT ② 完成测试题:独立完成学习中心平台中的测试题,对相关知识点进行梳理并预习所有者权益的相关基础内容

师生交互过程	① 教师:配合典型例题讲解实收资本账户增减变化的账务处理,当堂练习类似习题,互动纠错,加深理解,学以致用 ② 教师:针对性点拨,与学生共同总结实收资本账户的内涵与增减变化的账务处理[具体内容:责任公司和一般企业返还投资(5分钟);股份有限公司减资(回购、注销)(10分钟)]
	学生:充分理解练习题的内涵,如什么是折价回购,什么是溢价回购;理解业务才能更好地按照会计准则要求进行会计处理
学习资源	中国大学 MOOC,《中级财务会计》(实收资本增减变动的核算),哈尔滨工业大学;教学大纲;教学视频;PPT;题库;思维导图库;案例库;拓展资源等
学习成果及评价标准	课堂习题测试正确率达到90%;继续修改和完善思维导图
备注	业务的理解对于没有实际工作经验的同学是非常重要的

活动5 知识建模图(课上或课下)

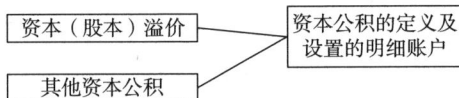

```
资本(股本)溢价 ┐
              ├──> 资本公积的定义及设置的明细账户
其他资本公积   ┘
```

活动目标	① 理解资本公积的定义 ② 掌握资本公积明细账户核算的内容

活动任务序列(导入任务描述)

① 总结课前复习情况:学生的完成情况、错题的分布情况
② 导入新课:视频"注会|CPA 会计:其他资本公积和其他综合收益有什么区别?"(4分钟)

师生交互过程	知识预习与课前自测

活动任务序列(任务一)

任务一知识组块		任务描述	知识预习与课前自测
``` 资本(股本)溢价 ┐ ├─> 资本公积的定义及设置的明细账户 其他资本公积 ┘ ```		任务时长	20分钟
		学习地点	课下

续表

教学方式 （或学习方式）	□讲授　□小组讨论　☑答疑　□实验　□实训　☑自主学习　□翻转课堂 □其他（请填写）_____ ① 线上自主学习：学习相关教学视频、慕课、PPT ② 完成测试题：独立完成学习中心平台中的测试题，对相关知识点进行梳理并预习所有者权益的相关基础内容
师生交互 过程	① 教师发布任务清单，学生进行学习 ② 教师发布讨论题，学生课下在讨论区进行回答 ③ 教师发布习题，学生课下完成 教师发布的任务方便学生利用课余碎片化的时间完成
学习资源	中国大学 MOOC，《中级财务会计》（所有者权益—学习目标、重点及难点；所有者权益概述），哈尔滨工业大学；教学大纲；教学视频；PPT；题库；思维导图库；案例库；拓展资源等
学习成果及 评价标准	① 学生上课前完成初步的思维导图 ② 学生上课前完成讨论区的问题 ③ 学生上课前完成课前测试题
备注	填写注意事项： ① 上课结束后对该活动（任务）的教学心得、体会或反思等 ② 补充课上收集到的学生学情信息，例如，学生常见学习问题；需要特别关注的学生特征；学生学习的好方法；学生对本次课程的反馈与建议

活动任务序列（任务二）

任务二知识组块 资本（股本）溢价 ——→ 资本公积的定义及设置的明细账户 其他资本公积	任务描述	知识预习与课前自测
	任务时长	10 分钟
	学习地点	课上

教学方式 （或学习方式）	☑讲授　□小组讨论　☑答疑　□实验　□实训　□自主学习　☑翻转课堂 □其他（请填写）_____ ① 线上自主学习：学习相关教学视频、慕课、PPT ② 完成测试题：独立完成学习中心平台中的测试题，对相关知识点进行梳理并预习所有者权益的相关基础内容
师生交互 过程	① 教师：提出问题"资本公积的含义""资本公积如何形成""资本公积的用途""资本公积与实收资本的区别" ② 学生：通过讨论区进行反馈（5 分钟） ③ 学生：思考并回答资本公积——其他资本公积与其他综合收益的区别是什么（5 分钟） 出现的问题：①不能很好地记忆和区分其他综合收益属于所有者权益，对于其核算的内容不能很好地理解。②对于其他资本公积不能很好地理解和掌握。这两个问题要结合前面学习的知识点进行复习和回顾，如结合金融资产、投资性房地产、长期股权投资权益法等内容加强课后的复习

学习资源	中国大学 MOOC,《中级财务会计》(所有者权益－学习目标、重点及难点;所有者权益概述),哈尔滨工业大学;教学大纲;教学视频;PPT;题库;思维导图库;案例库;拓展资源等
学习成果及评价标准	课堂习题测试正确率达到 90%;继续修改和完善思维导图
备注	好的学习方法:需要阅读相关的文献对定义加深理解

活动 6 知识建模图(课上或课下)

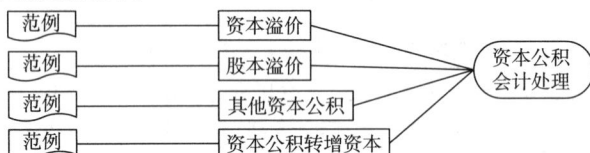

活动目标	① 理解资本公积的含义,以及和实收资本(股本)的区分 ② 记忆资本公积的明细账户 ③ 运用会计准则进行资本公积的会计处理

活动任务序列(导入任务描述)

① 总结课前复习情况:学生的完成情况、错题的分布情况

② 导入新课:复习"会计基础"课程中学的所有者权益基本概念、构成与特点,配合一些概念性选择题、判断题加深理解,结合具体的初创企业案例,分项解析所有者权益构成的项目内涵,导入新课

师生交互过程	知识预习与课前自测

活动任务序列(任务一)

任务一知识组块		任务描述	知识预习与课前自测
		任务时长	30 分钟
		学习地点	课下

教学方式(或学习方式)	□讲授　□小组讨论　☑答疑　□实验　□实训　☑自主学习　□翻转课堂 □其他(请填写)_____ ① 线上自主学习:学习相关教学视频、慕课、PPT ② 完成测试题:独立完成学习中心平台中的测试题,对相关知识点进行梳理并预习所有者权益的相关基础内容
师生交互过程	① 教师发布任务清单,学生进行学习 ② 教师发布讨论题,学生课下在讨论区进行回答 ③ 教师发布习题,学生课下完成
	教师发布的任务方便学生利用课余碎片化的时间完成

学习资源	中国大学 MOOC,《中级财务会计》(所有者权益-学习目标、重点及难点;所有者权益概述),哈尔滨工业大学;教学大纲;教学视频;PPT;题库;思维导图库;案例库;拓展资源等
学习成果及评价标准	① 学生上课前完成初步的思维导图 ② 学生上课前完成讨论区的问题 ③ 学生上课前完成课前测试题
备注	填写注意事项: ① 上课结束后对该活动(任务)的教学心得、体会或反思等 ② 补充课上收集到的学生学情信息,例如,学生常见的学习问题;需要特别关注的学生特征;学生学习的好方法;学生对本次课程的反馈与建议

活动任务序列(任务二)

任务二知识组块		任务描述	知识预习与课前自测
范例 —— 资本溢价 范例 —— 股本溢价 —— 资本公积 范例 —— 其他资本公积 —— 会计处理 范例 —— 资本公积转增资本		任务时长	15 分钟
		学习地点	课上

教学方式 (或学习方式)	☑讲授　□小组讨论　□答疑　□实验　□实训　□自主学习　☑翻转课堂 □其他(请填写)_____ ① 线上自主学习:学习相关教学视频、慕课、PPT ② 完成测试题:独立完成学习中心平台中的测试题,对相关知识点进行梳理并预习所有者权益的相关基础内容
师生交互过程	① 教师:播放 PPT,结合典型例题讲解资本公积账户的相关账务处理(资本溢价/股本溢价、其他资本公积、资本公积转增资本),每个知识点有相匹配的例题,促进知识的应用(10 分钟) ② 教师:针对性点拨,与学生共同总结其他综合收益的相关重要知识点(5 分钟) 其他资本公积与资本(股本)溢价的区分这个知识点非常重要,会为后续的学习奠定坚实的理论基础
学习资源	教学大纲;教学视频;PPT;题库;思维导图库;案例库;拓展资源等
学习成果及评价标准	课堂习题测试正确率达到 90%;继续修改和完善思维导图;能够按照会计准则的要求进行会计处理
备注	本部分内容需要做大量的练习题,需要把前后章节的知识点串联起来进行练习,并学会举一反三

（3）"财务会计"专业基础课程之"留存收益"教学设计见表4-11。

表 4-11 "留存收益"教学设计

2023—2024 学年第二学期第十五周

知识建模图

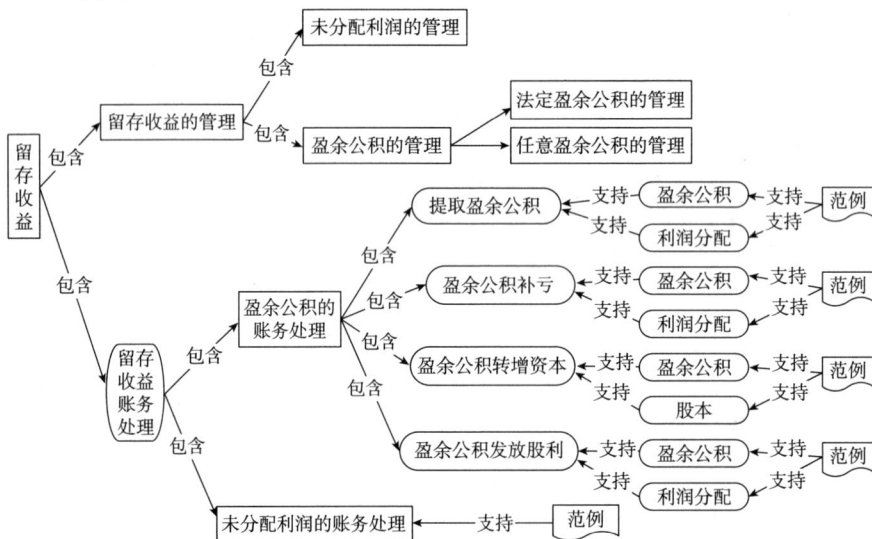

学习目标	知识点（学习水平）	素质目标
	① 熟悉利润分配的步骤 ② 熟悉盈余公积的来源及使用 ③ 了解企业资本金制度的相关法律规定	① 培养良好的分析判断、逻辑推理能力，逐步形成会计思维 ② 具有良好的职业道德

学习先决知识	知识点（学习水平）	
	"财务会计实务"课程中资产类账户、负债类账户、所有者权益类账户（实收资本、资本公积）的相关账务处理，掌握会计核算的基本原理	

课上资源	视频；PPT；习题	课下资源	中国大学 MOOC，《中级财务会计》，哈尔滨工业大学；教学视频；PPT；题库；思维导图库；案例库；拓展资源等
课上时间	100	课下时间	200

活动序列	活动目标	地点	时间	学习资源
活动1	掌握盈余公积的处理	课上	20分钟	教材；PPT
		课下	40分钟	中国大学 MOOC，《中级财务会计》，哈尔滨工业大学（10分钟）；教学视频（10分钟）；习题（10分钟）；思维导图（10分钟）

续表

		课上	10分钟	教材;PPT
活动2	掌握未分配利润的管理	课下	20分钟	中国大学 MOOC,《中级财务会计》,哈尔滨工业大学(5 分钟);教学视频(5 分钟);习题(5 分钟);思维导图(5 分钟)
		课上	50分钟	教材;PPT
活动3	掌握盈余公积的账务处理	课下	100分钟	中国大学 MOOC,《中级财务会计》,哈尔滨工业大学(10 分钟);教师录制视频、教学视频(60 分钟);习题(20 分钟);思维导图(10 分钟)
		课上	20分钟	教材;PPT
活动4	掌握未分配利润的账务处理	课下	40分钟	中国大学 MOOC,《中级财务会计》,哈尔滨工业大学(10 分钟);教学视频(10 分钟);习题(10 分钟);思维导图(10 分钟)

活动 1 知识建模图(课上或课下)

活动目标	掌握盈余公积的处理

活动任务序列(导入任务描述)

① 总结课前复习情况:学生的完成情况、错题的分布情况

② 导入新课:结合简单的小案例,带着学生了解企业留存收益的形成过程与分配去向,配合一些概念性选择题、判断题温故知新,加深学生对所有者权益各个项目的理解,形成整体概念,导入新课

师生交互过程	知识预习与课前自测

活动任务序列(任务一)

任务一知识组块

续表

任务描述	知识预习与课前自测
任务时长	40分钟
学习地点	课下、线上
教学方式 （或学习方式）	□讲授　□小组讨论　☑答疑　□实验　□实训　☑自主学习　☑翻转课堂 □其他（请填写） ① 线上自主学习:学习相关教学视频、慕课、PPT ② 完成测试题:独立完成学习中心平台中的测试题,对相关知识点进行梳理并预习所有者权益的相关基础内容
师生交互 过程	① 教师发布观看视频的任务 ② 教师发布习题 ③ 教师发布任务清单,并要求学生完成思维导图 学生不能很好地理解留存收益的定义
学习资源	中国大学MOOC,《中级财务会计》,哈尔滨工业大学;教学大纲;教学视频;PPT;题库;思维导图库;案例库;拓展资源等
学习成果及 评价标准	学习中心测试题准确率达到80%以上
备注	学生不理解留存收益这个概念

活动任务序列（任务二）

任务二知识组块

任务描述	掌握留存收益的定义、盈余公积的组成及管理
任务时长	20分钟
学习地点	课上
教学方式 （或学习方式）	☑讲授　□小组讨论　☑答疑　□实验　□实训　□自主学习　☑翻转课堂 □其他（请填写）_____ 完成测试题:独立完成学习中心平台中的测试题,对相关知识点进行梳理并预习所有者权益的相关基础内容

师生交互过程	① 教师:播放视频"认识股权筹资中留存收益"导入新课(5 分钟),提出问题"从案例中得到了哪些启示",学生在讨论区回答(2 分钟) ② 教师:播放视频"一分钟告诉你什么是留存收益.mp4"(1 分钟),提出问题"从该视频中得到了哪些启示",学生在讨论区回答(2 分钟) ③ 教师:播放 PPT,讲解留存收益的定义(2 分钟):盈余公积指企业按照国家有关规定从实现的净利润中提取的积累资金。告诉学生这个定义中应该关注的关键点是什么 ④ 教师:播放 PPT,讲解盈余公积的组成与管理,尤其关注法定盈余公积和任意盈余公积的管理(4 分钟) ⑤ 学生:做习题进行巩固(5 分钟)
	学生不能充分理解留存收益也是企业筹资的一种方式;学生不理解留存收益在财务分析中具有的价值
学习资源	中国大学 MOOC,《中级财务会计》(所有者权益—学习目标、重点及难点;所有者权益概述),哈尔滨工业大学;教学大纲;教学视频;PPT;题库;思维导图库;案例库;拓展资源等
学习成果及评价标准	① 学生需要画出思维导图(3 分) ② 学习中心的测试题正确率达到 90%(2 分)
备注	① 需要开阔学生的视野,了解留存收益的重要性 ② 补充课上收集的学生学情信息

活动 2 知识建模图(课上或课下)

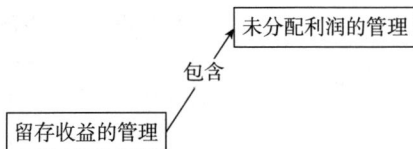

活动目标	了解《公司法》中关于实收资本的规定、股份有限公司发行股票的流程、股票的分类;记忆实收资本的法律规定;能够运用会计准则进行相应的会计处理

活动任务序列(导入任务描述)

引入"大学生创业投入资本如何进行处理",让学生思考实收资本和股本有没有明细账、如何进行设置

师生交互过程	知识预习与课前自测

活动任务序列(任务一)

任务一知识组块		任务描述	知识预习与课前自测
		任务时长	20 分钟
		学习地点	课下

续表

教学方式 （或学习方式）	☐讲授　☐小组讨论　☑答疑　☐实验　☐实训　☑自主学习　☑翻转课堂 ☐其他（请填写）_____ ① 线上自主学习：学习相关教学视频、慕课、PPT ② 完成测试题：独立完成学习中心平台中的测试题，对相关知识点进行梳理并预习所有者权益的相关基础内容
师生交互 过程	① 教师发布任务清单，学生进行学习 ② 教师发布讨论题，学生课下在讨论区进行回答 ③ 教师发布习题，学生课下完成 教师发布的任务方便学生利用课余碎片化的时间完成
学习资源	中国大学 MOOC，《中级财务会计》（所有者权益－学习目标、重点及难点；所有者权益概述）；哈尔滨工业大学；教学大纲；教学视频；PPT；题库；思维导图库；案例库；拓展资源等
学习成果及 评价标准	① 学生上课前完成初步的思维导图 ② 学生上课前完成讨论区的问题 ③ 学生上课前完成课前测试题
备注	填写注意事项： ① 需要通过报表讲解留存收益 ② 留存收益不是一个会计科目，是一个报表项目，需要学生有财务的逻辑思维

活动任务序列（任务二）

任务二知识组块 留存收益的管理　包含　未分配利润的管理	任务描述	知识预习与课前自测
	任务时长	10 分钟
	学习地点	课上

教学方式 （或学习方式）	☑讲授　☐小组讨论　☑答疑　☐实验　☐实训　☐自主学习　☑翻转课堂 ☐其他（请填写）_____ ① 线上自主学习：学习相关教学视频、慕课、PPT ② 完成测试题：独立完成学习中心平台中的测试题，对相关知识点进行梳理并预习所有者权益的相关基础内容
师生交互 过程	① 教师：播放视频"48. 资产负债表——未分配利润"（1分钟），提出问题"对该视频的理解" ② 学生：回答分配后留存的有较大的自主权的利润（1分钟） ③ 教师：播放视频"傻傻分不清楚？可供分配利润与未分配利润一次讲清楚！"（5分钟），提出问题"对该视频的理解" ④ 学生：进行回答，老师进行点评（2分钟） ⑤ 教师：播放 PPT，讲解未分配利润的管理（1分钟） 不能明确区分可供分配利润与未分配利润

学习资源	教学视频;PPT;思维导图库
学习成果及评价标准	学习中心习题正确率达到 90% 以上
备注	填写注意事项: ① 上课结束后对该活动(任务)的教学心得、体会或反思等 ② 补充课上收集到的学生学情信息,例如,学生常见的学习问题;需要特别关注的学生特征;学生学习的好方法;学生对本次课程的反馈与建议

活动 3 知识建模图(课上或课下)

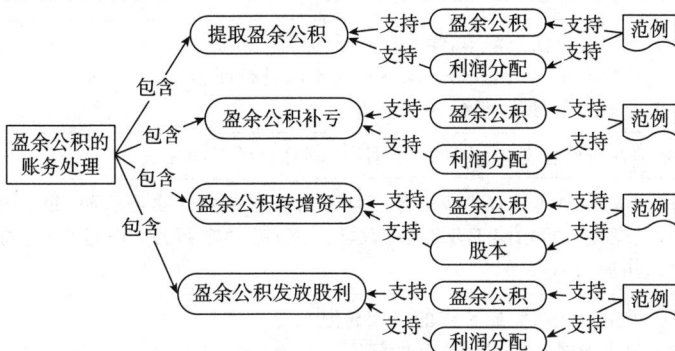

活动目标	了解实收资本(股本)增加的途径及用到的会计科目,记忆实收资本增加的途径;理解发放股票股利的业务本质;理解发行股票股利和发行可转债对企业的影响;能够运用会计准则进行实收资本(股本)增加的会计处理

活动任务序列(导入任务描述)

① 总结课前复习情况:学生的完成情况、错题的分布情况
② 导入新课:播放视频"47. 资产负债表——盈余公积"导入

师生交互过程	知识预习与课前自测

活动任务序列(任务一)

任务一知识组块

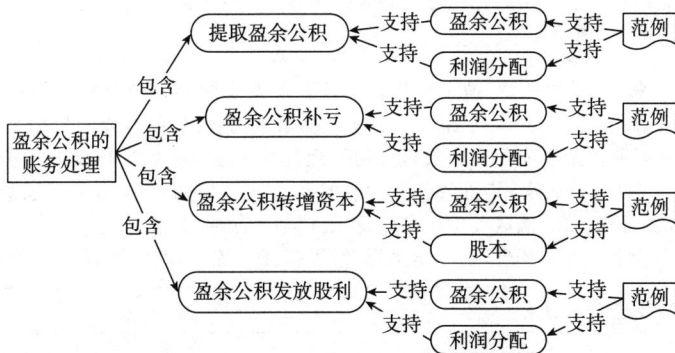

任务描述	知识预习与课前自测
任务时长	100分钟
学习地点	课下
教学方式 (或学习方式)	□讲授 □小组讨论 ☑答疑 □实验 □实训 ☑自主学习 ☑翻转课堂 □其他(请填写)_____ ① 线上自主学习:学习相关教学视频、慕课、PPT ② 完成测试题:独立完成学习中心平台中的测试题,对相关知识点进行梳理并预习所有者权益的相关基础内容
师生交互过程	① 教师发布任务清单,学生进行学习 ② 教师发布讨论题,学生课下在讨论区进行回答 ③ 教师发布习题,学生课下完成 教师发布的任务方便学生利用课余碎片化的时间完成
学习资源	中国大学 MOOC,《中级财务会计》(所有者权益-学习目标、重点及难点;所有者权益概述);哈尔滨工业大学;教学大纲;教学视频;PPT;题库;思维导图库;案例库;拓展资源等
学习成果及评价标准	① 学生上课前完成初步的思维导图 ② 学生上课前完成讨论区的问题 ③ 学生上课前完成课前测试题
备注	① 提醒学生一定要认真看完发布的视频,做好充分的预习 ② 提醒学生认真完成发布的习题 ③ 提醒学生完成初步的思维导图

活动任务序列(任务二)

任务二知识组块		任务描述	知识预习与课前自测
提取盈余公积 ←支持─ 盈余公积 ←支持─ 范例 ←支持─ 利润分配 ←支持─		任务时长	20分钟
		学习地点	课上
教学方式 (或学习方式)	☑讲授 □小组讨论 ☑答疑 □实验 □实训 □自主学习 ☑翻转课堂 □其他(请填写)_____		
师生交互过程	① 教师:播放视频"盈余公积真的是企业发展的储备金吗?恐怕早已沦为一个数字游戏了吧!!!"(4分钟),然后让学生思考"盈余公积提取的依据是什么? 为什么要提取盈余公积? 盈余公积如何管理"[学生在讨论区进行反馈(3分钟)] ② 教师:播放视频"盈余公积提取的几大误区!"(2分钟),然后引导学生思考"盈余公积提取的误区"[学生在讨论区反馈(2分钟)] ③ 教师:播放 PPT,引导学生思考,进行课堂练习,教师讲解(9分钟) 需要进一步预习		

续表

学习资源	中国大学 MOOC,《中级财务会计》,哈尔滨工业大学;教学大纲;教学视频;PPT;题库;思维导图库;案例库;拓展资源等
学习成果及评价标准	课堂习题正确率达到 90%;课后进一步完善思维导图(越详细越好)
备注	填写注意事项: ① 上课结束后对该活动(任务)的教学心得、体会或反思等 ② 补充课上收集的学生学情信息,例如,学生常见的学习问题;需要特别关注的学生特征;学生学习的好方法;学生对本次课程的反馈与建议

活动任务序列(任务三)

任务三知识组块		任务描述	知识预习与课前自测
盈余公积补亏 ←支持— 盈余公积 ←支持— 范例 　　　　　支持　　利润分配 ←支持—		任务时长	10 分钟
		学习地点	课上

教学方式(或学习方式)	☑讲授　□小组讨论　☑答疑　□实验　□实训　□自主学习　☑翻转课堂 □其他(请填写)_____
师生交互过程	① 教师:播放视频"财团讲法|为什么资本公积金不能弥补亏损?"(1 分钟),提出问题"为什么资本公积不可以弥补亏损,盈余公积可以弥补亏损"[学生在讨论区回答(3 分钟)] ② 教师:播放 PPT,引导学生思考会计核算的处理(6 分钟)
	需要进一步预习
学习资源	中国大学 MOOC,《中级财务会计》,哈尔滨工业大学;教学大纲;教学视频;PPT;题库;思维导图库;案例库;拓展资源等
学习成果及评价标准	课堂习题正确率达到 90%;课后进一步完善思维导图(越详细越好)
备注	填写注意事项: ① 上课结束后对该活动(任务)的教学心得、体会或反思等 ② 补充课上收集的学生学情信息,例如,学生常见的学习问题;需要特别关注的学生特征;学生学习的好方法;学生对本次课程的反馈与建议

活动任务序列(任务四)

任务四知识组块		任务描述	知识预习与课前自测
盈余公积转增资本 ←支持— 盈余公积 ←支持— 范例 　　　　　　支持　　股本 ←支持—		任务时长	10 分钟
		学习地点	课上

教学方式 (或学习方式)	☑讲授　□小组讨论　☑答疑　□实验　□实训　□自主学习　☑翻转课堂 □其他(请填写)_____
师生交互 过程	① 教师:播放视频"盈余公积转增资本,个人股东如何缴税?" ② 教师:播放 PPT,引导学生思考(3 分钟)
	需要进一步预习
学习资源	中国大学 MOOC,《中级财务会计》,哈尔滨工业大学;教学大纲;教学视频;PPT; 题库;思维导图库;案例库;拓展资源等
学习成果及 评价标准	课堂习题正确率达到 90%;课后进一步完善思维导图(越详细越好)
备注	填写注意事项: ① 开阔学生视野很重要,知识点是关联的,不是孤立的 ② 补充课上收集的学生学情信息,通过短视频或是微视频学习效果会更好

活动任务序列(任务五)

任务五知识组块		任务描述	知识预习与课前自测
		任务时长	10 分钟
		学习地点	课上

教学方式 (或学习方式)	☑讲授　□小组讨论　☑答疑　□实验　□实训　□自主学习　☑翻转课堂 □其他(请填写)_____
师生交互 过程	教师播放 PPT,引导学生思考
	需要进一步复习
学习资源	中国大学 MOOC,《中级财务会计》,哈尔滨工业大学;教学大纲;教学视频;PPT; 题库;思维导图库;案例库;拓展资源等
学习成果及 评价标准	课堂习题正确率达到 90%;课后进一步完善思维导图(越详细越好)
备注	填写注意事项: ① 需要反复练习,加深记忆 ② 理解前因后果,比如,盈余公积发放股票股利的原因和结果需要分析清楚

活动 4 知识建模图(课上或课下)

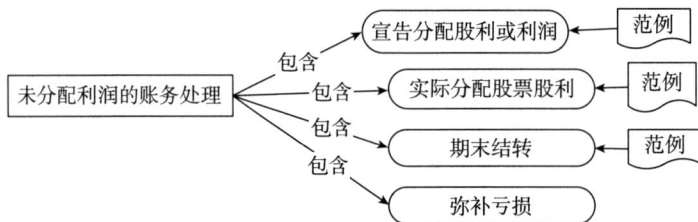

活动目标	了解实收资本(股本)减资的法律规定;理解减资的流程

活动任务序列(导入任务描述)

① 总结课前复习情况:学生的完成情况、错题的分布情况
② 导入新课:视频"分红两兄弟——现金股利和股票股利"导入

师生交互过程	知识预习与课前自测

活动任务序列(任务一)

任务一知识组块

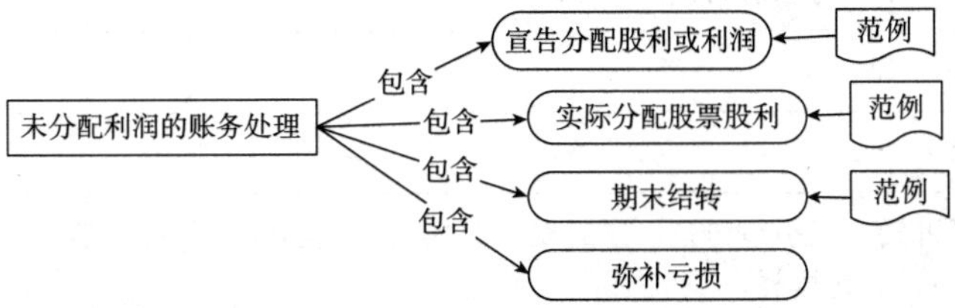

任务描述	知识预习与课前自测
任务时长	40 分钟
学习地点	课下
教学方式 (或学习方式)	□讲授　□小组讨论　☑答疑　□实验　□实训　☑自主学习　☑翻转课堂 □其他(请填写)_____ ① 线上自主学习:学习相关教学视频、慕课、PPT ② 完成测试题:独立完成学习中心平台中的测试题,对相关知识点进行梳理并预习所有者权益的相关基础内容
师生交互过程	① 教师发布任务清单,学生进行学习 ② 教师发布讨论题,学生课下在讨论区进行回答 ③ 教师发布习题,学生课下完成 教师发布的任务方便学生利用课余碎片化的时间完成
学习资源	中国大学 MOOC,《中级财务会计》(所有者权益-学习目标、重点及难点;所有者权益概述),哈尔滨工业大学;教学大纲;教学视频;PPT;题库;思维导图库;案例库;拓展资源等
学习成果及评价标准	① 学生上课前完成初步的思维导图 ② 学生上课前完成讨论区的问题 ③ 学生上课前完成课前测试题
备注	填写注意事项: ① 不清楚利润分配的流程 ② 不清楚弥补亏损的方式 ③ 要讲清楚业务,学生才能理解会计处理,理解会计是一门商业语言

续表

活动任务序列(任务二)

任务二知识组块

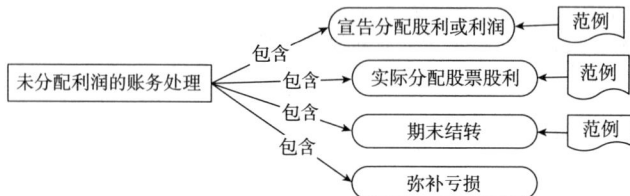

任务描述	知识预习与课前自测
任务时长	20分钟
学习地点	课上
教学方式 (或学习方式)	☑讲授 □小组讨论 ☑答疑 □实验 □实训 □自主学习 ☑翻转课堂 □其他(请填写)_____ ① 线上自主学习:学习相关教学视频、慕课、PPT ② 完成测试题:独立完成学习中心平台中的测试题,对相关知识点进行梳理并预习所有者权益的相关基础内容
师生交互过程	① 教师:播放视频"上市公司的利润是如何分配的?——与投资者同行|读懂上市公司报告04"(4分钟) ② 教师:配合典型例题讲解账务处理,当堂练习类似习题,互动纠错,加深理解,学以致用(4分钟) ③ 教师:与学生共同总结,针对性点拨(2分钟) 让学生充分理解练习题的内涵,理解业务才能更好地按照会计准则要求进行会计处理
学习资源	中国大学 MOOC,《中级财务会计》(实收资本增减变动的核算),哈尔滨工业大学;教学大纲;教学视频;PPT;题库;思维导图库;案例库;拓展资源等
学习成果及评价标准	课堂习题测试正确率达到90%;继续修改和完善思维导图
备注	业务的理解对于没有实际工作经验的同学是非常重要的

4.3.2 内部控制

1. 课程简介

"内部控制"课程是一门专业基础课程,支撑财务报表审计实践等项目化教学课程。"内部控制"课程有很强的知识性和实用性,其目的是让学生理解内部控制基本概念与基本原理,掌握内部控制基本方法,培养学生的应用知识能力和实际操作能力,让学生全面掌握内部控制知识的体系框架和专门方法,为深入学习企业内部控制设计、评价与审计等其他专业课程奠定基础。

"内部控制"课程的设置有其必要性,从现实意义来看,近几年中国证券监督管理委员会披露的《上市公司年报会计监管报告》显示,我国企业内部控制现状不容乐观,我国关于内部控制规范体系的研究和制定日益受到重视,要完善企业的内部控制体系,离不开企业和高校的共同努力;从社会意义来看,按照 CFO 能力框架的要求,其核心课程模块包括核心知识、核心技能和职业价值观三大类(上海国家会计学院),其中核心知识即包括内部控制与审计,"内部控制"课程有效地支撑了高素质财务人员的培养;从教学意义来看,"内部控制"课程有效地支撑了大型企业会计实践、中小企业会计实践、财务报表审计实践、企业财务分析、企业财务预算等项目化教学课程的开展。

通过课程的学习,学生可掌握内部控制相关的知识理论,同时可以运用内部控制知识分析企业实际案例。在学习的过程中,要鼓励学生独立思考,引导学生变注重知识为注重能力,提升学生发现内部控制缺陷并纠正内部控制缺陷的技能,进而培养具备分析能力和创新能力的高层次应用型人才。

2. 课程大纲

"内部控制"课程大纲见表 4-12。

表 4-12　"内部控制"课程大纲

一、课程大纲	
课程代码:kg1910032002	课程名称:内部控制

授课教师:焦爽			
课程性质:a. 必修 　　　　b. 选修	学时:32	学分:2	授课对象:会计学/财务管理
项目来源	① 企业研发类项目 ② 岗位典型任务和研发类项目相结合 ③ 岗位典型任务 ④ 课程领域真实应用案例(仿真模拟) ⑤ 岗位任务真实应用案例(仿真模拟)		
课程目标	① 知识目标:了解并掌握我国企业内部控制基本规范的相关要求;了解 COSO 框架的基本组成;掌握控制环境、风险评估、控制活动、信息与沟通以及监控的基本内容 ② 能力目标:具备从事内部控制设计与评估的基本技能;了解与会计专业、审计专业相关的国家战略、法律法规和相关政策;深入社会实践、关注现实问题,培养经世济民、诚信服务、德法兼修的职业素养		

课程内容	（一）总论
	1. 内部控制的历史演进
	2. 内部控制的现实意义
	3. 我国内部控制法规的发展
	4. 我国企业内部控制规范的框架体系
	（二）内部控制的基本理论
	1. 内部控制的定义
	2. 内部控制的目标
	3. 内部控制的原则
	4. 内部控制的要素
	5. 内部控制的局限性
	（三）内部环境
	1. 组织架构
	2. 发展战略
	3. 人力资源
	4. 社会责任
	5. 企业文化
	6. 诚信和道德价值观
	（四）风险评估
	1. 目标设定
	2. 风险识别
	3. 风险分析
	4. 风险应对
	（五）控制活动
	1. 不相容职务分离控制
	2. 授权审批控制
	3. 会计系统控制
	4. 财产保护控制
	5. 预算控制
	6. 运营分析控制
	7. 绩效考评控制
	8. 合同控制
	（六）信息与沟通
	1. 内部信息传递
	2. 信息系统
	3. 沟通
	（七）业务活动控制
	1. 资金活动控制
	2. 采购业务控制
	3. 资产管理控制
	4. 销售业务控制
	5. 研究与开发控制

课程内容	6. 工程项目控制 7. 担保业务控制 8. 业务外包控制 9. 财务报告控制 （八）内部监督 1. 内部监督的机构及职责 2. 内部监督的程序 3. 内部监督的方法 （九）内部控制评价 1. 内部控制评价概述 2. 内部控制评价的组织与实施 3. 内部控制缺陷的认定 4. 内部控制评价工作底稿与报告 （十）内部控制审计 1. 审计范围与审计目标 2. 计划审计工作 3. 实施审计工作 4. 评价控制缺陷 5. 完成审计工作 6. 出具审计报告
先修课程	专业基础课程：会计学原理、财务会计、公司战略与风险管理 项目化教学课程：财务分析
后衔接课程	审计学原理
课程资源	**自主设计** □声音（请填写）：_____ ☑文本：内部控制题库（自建） □图（请填写）：_____ □实物（请填写）：_____ ☑视频：B 站案例视频集 **现有资源** □声音（请填写）：_____ ☑文本：①方红星，池国华. 内部控制[M]. 大连：东北财经大学出版社，2019. ② 财政部会计司. 企业内部控制规范讲解[M]. 北京：经济科学出版社，2010. ③ 蒙丽珍. 内部控制与风险管理[M]. 大连：东北财经大学出版社，2011. ④ 企业内部控制编审委员会. 企业内部控制基本规范及配套指引案例讲解[M]. 上海：立信会计出版社，2017. □图（请填写）：_____ □实物（请填写）：_____

续表

课程评价方式	① 遵循"过程评价"与"结果评价"相结合、"线上活动评价"与"线下活动评价"相结合的原则 ② 线上活动评价包括参与次数、平台学习完成情况、平台测验、平台任务及讨论等;线下评价包括小组讨论、期末考试等 ③ 由任课老师和行业导师共同评价,保证评价标准的客观性,为实现教考分离做支撑

二、课程教学进度表

周次	课 上				课 下			备注
	课程主题内容	学习资源	教学场所	计划学时	学习主题内容	学习资源	学生用时	
第一周	(一)总论 1.内部控制的历史演进 2.我国企业内部控制规范的框架体系	《内部控制》教材;"内部控制"案例学习视频;学习平台测试题	教室	2	课下任务:内部控制的现实意义及我国内部控制法规的发展(90分钟);内部控制的历史演进(30分钟);1.1～1.3习题(60分钟)	《内部控制》教材;《内部控制习题与案例》中的习题	3小时	
第二周	(二)内部控制的基本理论 1.内部控制的定义 2.内部控制的目标 3.内部控制的原则	《内部控制》教材;《内部控制习题与案例》;德国国家发展银行案例	教室	2	① 课下任务:内部控制的定义、目标、原则(90分钟) ② 课堂任务:2.1～2.3课堂练习(30分钟);内部白皮书编制框架(60分钟)	财政部准则规范体系+《内部控制》教材;《内部控制习题与案例》中的习题	3小时	
第三周	(二)内部控制的基本理论 4.内部控制的要素 5.内部控制的局限性	《内部控制》教材;《内部控制习题与案例》;巴林银行案例	教室	2	① 课下任务:内部控制的要素及局限性(90分钟) ② 课堂任务:2.4～2.5课堂练习(30分钟);案例分组,根据给定的公司,分别选取1～2个案例,并初步了解(120分钟)	《内部控制》教材;《内部控制习题与案例》中的习题	4小时	
第四周	(三)内部环境 1.组织架构 2.发展战略	《内部控制》教材;《内部控制习题与案例》;新东方案例分析	教室	2	① 课下任务:企业组织架构(90分钟);企业发展战略(90分钟) ② 课堂任务:3.1课堂练习(30分钟);3.2课堂练习(30分钟)	《内部控制》教材;《内部控制习题与案例》中的习题	4小时	

续表

第五周	（三）内部环境 3. 人力资源 4. 社会责任 5. 企业文化 6. 诚信与道德价值观	《内部控制》教材；《内部控制习题与案例》	教室	2	① 课下任务：人力资源及社会责任（30分钟）；企业文化、诚信和道德价值观（30分钟） ② 课堂任务：3.3～3.4课堂练习（30分钟）；3.5～3.6课堂练习（30分钟）；案例分析，分析相关案例及其内控薄弱点，完成小组分析报告（180分钟）	课堂案例视频＋翻转校园测试	5小时
第六周	（四）风险评估 1. 目标设定 2. 风险识别	《内部控制》教材；《内部控制习题与案例》；讲座	教室	2	① 课下任务：目标设定及风险识别（90分钟） ② 课堂任务：4.1～4.2课堂练习（30分钟）；听专家讲座（120分钟）	复兴航空＋翻转校园习题测试	4小时
第七周	（四）风险评估 3. 风险分析 4. 风险应对 讨论：选择风险应对策略时应考虑哪些因素	《内部控制》教材；《内部控制习题与案例》；B站；财政部官网	教室	2	① 课下任务：风险分析（120分钟） ② 课堂任务：4.3课堂练习（60分钟）；案例分析，在B站开设账号，试讲（120分钟）；内控白皮书（120分钟）	课堂案例视频＋翻转校园习题测试	7小时
第八周	（五）控制活动 1. 不相容职务分离控制 2. 授权审批控制	《内部控制》教材；《内部控制习题与案例》	教室	2	① 课下任务：不相容职务分离及授权审批控制（90分钟） ② 课堂任务：4.3课堂练习（30分钟）	课堂案例视频＋翻转校园测试	2小时
第九周	（五）控制活动 3. 会计系统控制 4. 财产保护控制	《内部控制》教材；《内部控制习题与案例》；B站	教室	2	① 课下任务：会计系统控制及财产保护控制（90分钟） ② 课堂任务：5.3～5.4课堂练习（30分钟）；案例分析，B站正式上线，完成发布（120分钟）	课堂案例视频＋翻转校园习题测试	4小时

第十周	（五）控制活动 5. 预算控制 6. 运营分析控制	《内部控制》教材；《内部控制习题与案例》；B站	教室	2	① 课下任务：其余控制活动（30分钟） ② 课堂任务：5.5～5.6 课堂练习（30分钟）	课堂案例视频＋翻转校园习题测试	1小时
第十一周	（五）控制活动 7. 绩效考评控制 8. 合同控制 讨论：绩效考评的模式及优缺点是什么	《内部控制》教材；《内部控制习题与案例》；财政部官网	教室	2	① 课下任务：其余控制活动（30分钟） ② 课堂任务：5.7～5.8课堂练习（30分钟）；编制内控白皮书终稿（240分钟）	课堂案例视频＋翻转校园习题测试	5小时
第十二周	（六）信息与沟通 1. 内部信息传递 2. 信息系统 3. 沟通 讨论：针对企业信息系统内部控制，应关注哪些风险	《内部控制》教材；《内部控制习题与案例》	教室	2	① 课下任务：信息系统及沟通（30分钟） ② 课堂任务：6.1～6.3 课堂练习（30分钟）；流程分析图（240分钟）	流程图绘制视频学习＋翻转校园习题测试	5小时
第十三周	（七）业务活动控制 1. 资金活动控制	《内部控制》教材；《内部控制习题与案例》	教室	2	课堂任务：7.1课堂练习（30分钟）	视频学习	0.5小时
第十四周	（七）业务活动控制 2. 采购业务控制 3. 资产管理控制	《内部控制》教材；《内部控制习题与案例》	教室	2	课下任务：采购业务控制及资产管理控制（60分钟）	视频学习	1小时
第十五周	（八）内部监督 1. 内部监督的机构及职责 2. 内部监督的程序	《内部控制》教材；《内部控制习题与案例》	教室	2	课下任务：内部监督（60分钟）	视频学习	1小时
第十六周	（八）内部监督 3. 内部监督的方法	《内部控制》教材；《内部控制习题与案例》	教室	2	① 课下任务：内部控制评价/内部控制审计（60分钟） ② 课堂任务：第（八）（九）（十）章课堂练习（30分钟）；案例分析总结报告（150分钟）	银广夏案例＋翻转校园习题测试	4小时
合　计				32	合　计		53.5小时

3. 教学设计

(1)"内部控制"专业基础课程之"内部控制的历史演进"教学设计见表 4-13。

表 4-13　"内部控制的历史演进"教学设计

2023—2024 学年第二学期第一周

知识建模图

扫码看大图

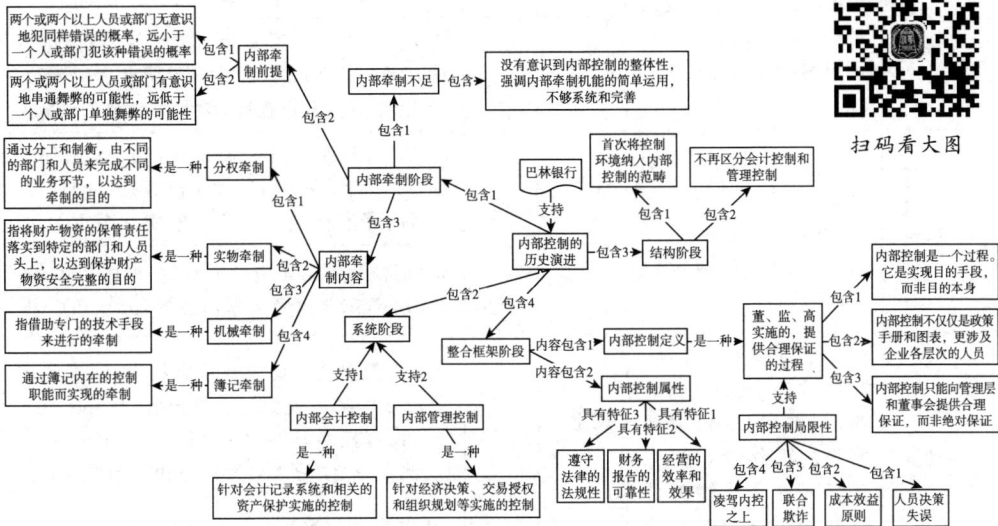

	知识点（学习水平）	素质目标
学习目标	① 内部牵制阶段（理解）[分权牵制（理解、记忆）；制衡（理解）；实物牵制（理解、记忆）；机械牵制（理解、记忆）；簿记牵制（理解、记忆）] ② 系统阶段（理解）[内部会计控制（理解、记忆）；内部管理控制（理解、记忆）；结构阶段（理解） ③ 整合框架阶段（理解、记忆）[经营效率和效果（理解、记忆）；财务报告的可靠性（理解、记忆）；遵守法律的法规性（理解、记忆）；合理保证（理解、记忆）]	① 具备实事求是的精神 ② 不可滥用职权，对权利要适时监督
课上资源	①《内部控制》（第 4 版），方红星、池国华主编，2019 年，东北财经大学出版社（pp1～8） ②《内部控制》第一章"总论"第 1 节 PPT ③ 巴林银行讨论题（学习平台讨论区） ④ 测试题（学习平台第一章第 1 节测验题）	课下资源
		①《内部控制》（第 4 版），方红星、池国华主编，2019 年，东北财经大学出版社（pp1～8） ② 巴林银行案例视频（学习平台视频资源）

续表

课上时间	100 分钟	课下时间		90 分钟
活动序列	活动目标	地点	时间	学习资源
活动1	内部牵制阶段（理解）〔分权牵制（理解、记忆）；制衡（理解）；实物牵制（理解、记忆）；机械牵制（理解、记忆）；簿记牵制（理解、记忆）〕	课上	50分钟	①《内部控制》(第 4 版)，方红星、池国华主编，2019 年，东北财经大学出版社(pp1～3) ② 巴林银行讨论题(学习平台讨论区) ③《内部控制》第一章"总论"第 1 节 PPT ④ 测试题(学习平台第一章第 1 节测验)
		课下	50分钟	①《内部控制》(第 4 版)，方红星、池国华主编，2019 年，东北财经大学出版社(pp1～3) ② 巴林银行案例视频(学习平台视频资源)
活动2	系统阶段（理解）〔内部会计控制（理解、记忆）；内部管理控制（理解、记忆）〕；结构阶段（理解）	课上	30分钟	①《内部控制》(第 4 版)，方红星、池国华主编，2019 年，东北财经大学出版社(pp3～5) ②《内部控制》第一章"总论"第 1 节 PPT
		课下	20分钟	《内部控制》(第 4 版)，方红星、池国华主编，2019 年，东北财经大学出版社(pp3～5)
活动3	整合框架阶段（理解、记忆）〔经营效率和效果（理解、记忆）；财务报告的可靠性（理解、记忆）；遵守法律的法规性（理解、记忆）；合理保证（理解、记忆）〕	课上	20分钟	①《内部控制》(第 4 版)，方红星、池国华主编，2019 年，东北财经大学出版社(pp5～8) ②《内部控制》第一章"总论"第 1 节 PPT ③ 测试题(学习平台第一章第 1 节测验)
		课下	20分钟	《内部控制》(第 4 版)，方红星、池国华主编，2019 年，东北财经大学出版社(pp5～8)

活动 1 知识建模图（课上或课下）

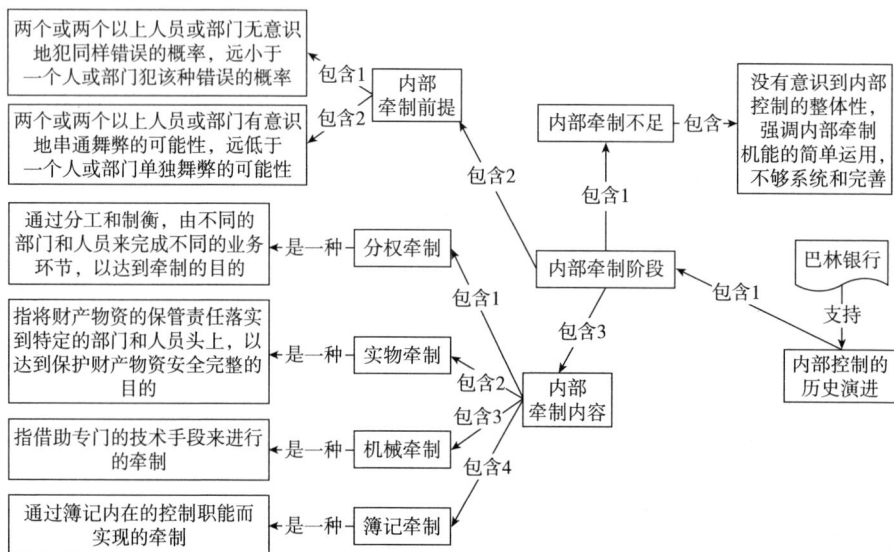

续表

活动目标	内部牵制阶段(理解)[分权牵制(理解、记忆);制衡(理解);实物牵制(理解、记忆); 机械牵制(理解、记忆);簿记牵制(理解、记忆)]

活动任务序列(导入任务描述)
通过中航油新加坡公司的巨亏事件,引出内部控制发展的各个阶段

师生交互 过程	根据课前预习的内容,让学生说说生活中哪些场景涉及内部牵制。通过学生回答,引入保险箱、密码锁、指示标语、道路红绿灯等生活化场景的例子

活动任务序列(任务一)

任务一知识组块

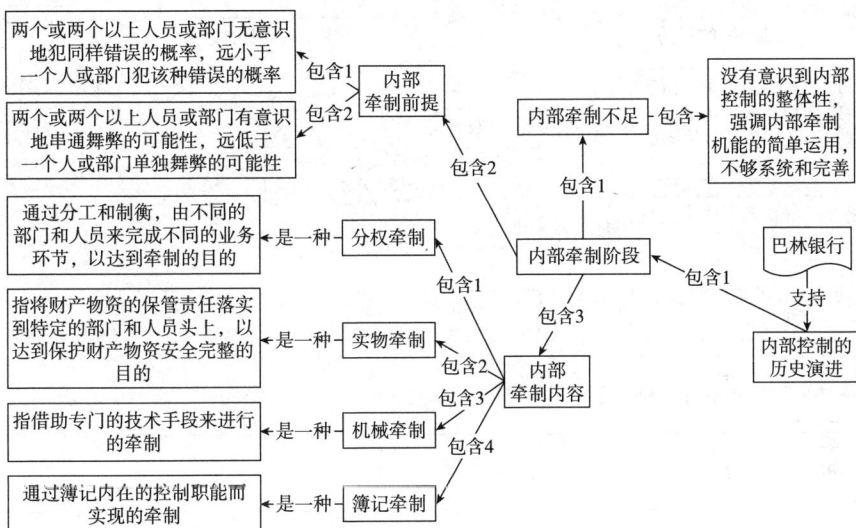

任务描述	观看巴林银行视频,并进行案例分析
任务时长	30 分钟
学习地点	课下
教学方式 (或学习方式)	□讲授 □小组讨论 □答疑 □实验 □实训 ☑自主学习 □翻转课堂 ☑其他(请填写)学习中心案例视频
师生交互 过程	教师在学习中心提前发布案例学习任务,学生自己完成视频学习任务,并撰写案例分析的初稿
学习资源	巴林银行案例视频(学习平台视频资源)
学习成果及 评价标准	① 成果:学生撰写巴林银行案例分析的初稿 ② 标准:完成观看视频的任务(案例视频以任务形式发布,学生不能拖动进度条,后台可提取学生观看记录);学生撰写巴林银行的纸质案例分析(要点回答正确)

活动任务序列(任务二)

任务二知识组块

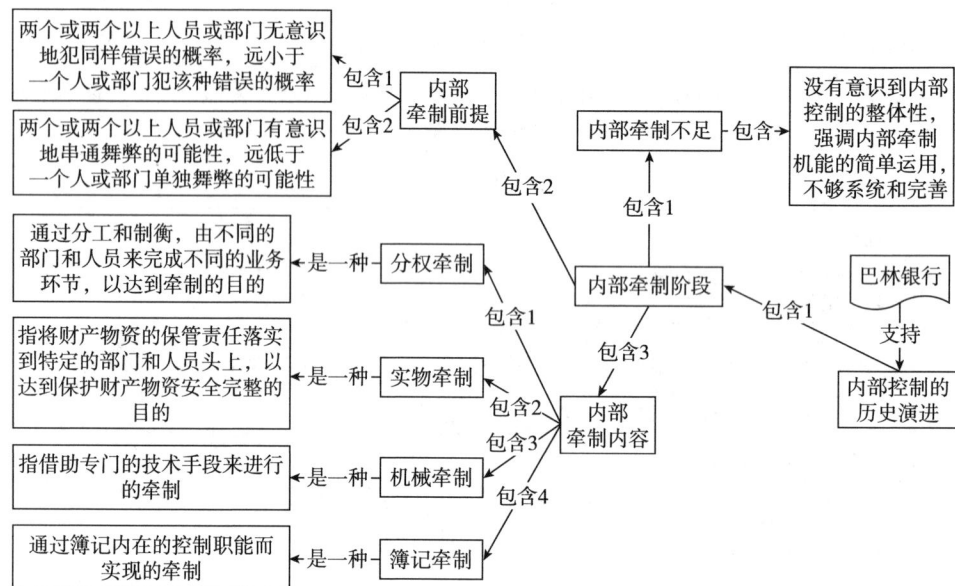

任务描述	巴林银行案例分析
任务时长	25分钟
学习地点	课上
教学方式 (或学习方式)	□讲授 ☑小组讨论 ☑答疑 □实验 □实训 □自主学习 □翻转课堂 □其他(请填写)_____
师生交互 过程	学生在课上主动分享学习案例的心得,老师针对案例中涉及的问题提问"巴林银行的主营业务""巴林银行的造假手段""巴林银行的内控问题",学生回答,然后将回答结果总结上传至讨论区
学习资源	巴林银行案例视频(学习平台视频资源)
学习成果及 评价标准	① 成果:将巴林银行案例分析同步上传至讨论区 ② 标准:金融交易;利用特殊目的的实体操纵利润等;管理层凌驾于内部控制之上;战略过于激进

续表

活动任务序列(任务三)

任务三知识组块

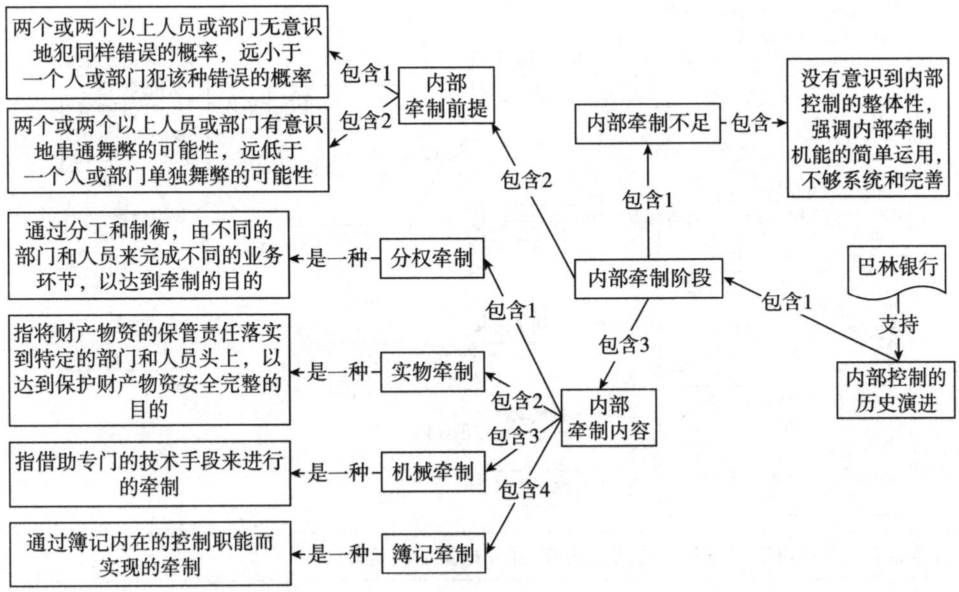

任务描述	熟悉掌握内部牵制阶段的理论知识
任务时长	25 分钟
学习地点	课上
教学方式 (或学习方式)	☑讲授　□小组讨论　☑答疑　□实验　□实训　□自主学习　□翻转课堂 ☑其他(请填写)学习平台
师生交互 过程	老师讲解理论知识,通过情景模拟(如何守护黄金的例子),向学生展示内部牵制的重要性;进一步讲解公司实务中存在的内部牵制岗位,进行理论的阐释和总结,最后在学习平台上发布课堂测验题检验学生对理论知识的掌握情况
学习资源	《内部控制》教材(pp1～3);《内部控制》第一章"总论"第 1 节 PPT;学习平台习题测验(第一章第 1 节 1～5 题)
学习成果及 评价标准	① 成果:测验习题 ② 标准:测验习题是客观题,回答正确即得分

活动任务序列(任务四)

任务四知识组块

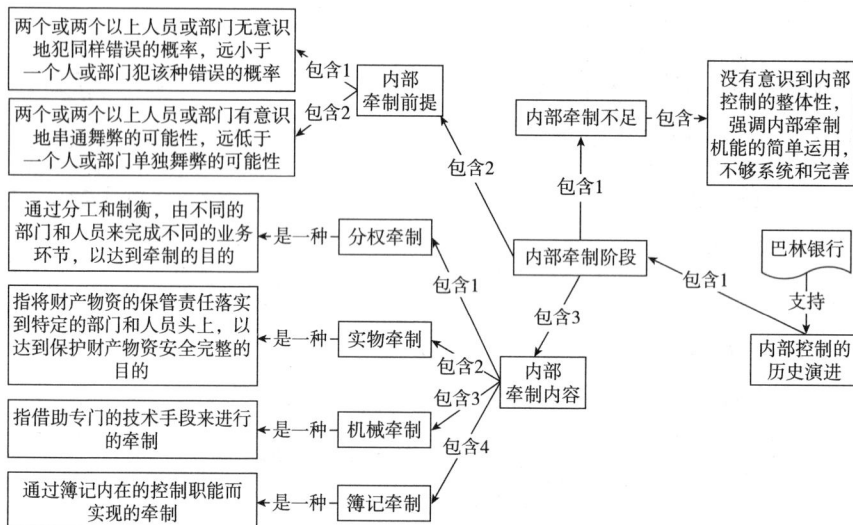

两个或两个以上人员或部门无意识地犯同样错误的概率,远小于一个人或部门犯该种错误的概率 — 包含1 → 内部牵制前提

两个或两个以上人员或部门有意识地串通舞弊的可能性,远低于一个人或部门单独舞弊的可能性 — 包含2 → 内部牵制前提

内部牵制前提 — 包含2 → 内部牵制阶段

内部牵制不足 — 包含 → 没有意识到内部控制的整体性,强调内部牵制机能的简单运用,不够系统和完善

内部牵制不足 — 包含1 → 内部牵制阶段

通过分工和制衡,由不同的部门和人员来完成不同的业务环节,以达到牵制的目的 — 是一种 → 分权牵制

巴林银行 — 支持 → 内部控制的历史演进

内部牵制阶段 — 包含1 → 内部控制的历史演进

分权牵制 — 包含1 → 内部牵制内容

指将财产物资的保管责任落实到特定的部门和人员头上,以达到保护财产物资安全完整的目的 — 是一种 → 实物牵制

实物牵制 — 包含2 → 内部牵制内容

内部牵制内容 — 包含3 → 内部牵制阶段

指借助专门的技术手段来进行的牵制 — 是一种 → 机械牵制

机械牵制 — 包含3 → 内部牵制内容

通过簿记内在的控制职能而实现的牵制 — 是一种 → 簿记牵制

簿记牵制 — 包含4 → 内部牵制内容

任务描述	预习不相容职务分离的内容,并完成课后讨论题
任务时长	20分钟
学习地点	课下
教学方式 (或学习方式)	□讲授 □小组讨论 □答疑 □实验 □实训 ☑自主学习 □翻转课堂 ☑其他(请填写)学习平台
师生交互过程	教师提前发布预习任务,学生完成预习资料的学习,同时完成课后讨论习题
学习资源	《内部控制》教材 pp1~3;《内部控制》第一章"总论"第1节 PPT
学习成果及评价标准	教师在课上针对预习的知识点进行提问"内部牵制的定义""内部牵制的情形",如果学生能准确回答即视为已掌握

活动2 知识建模图(课上或课下)

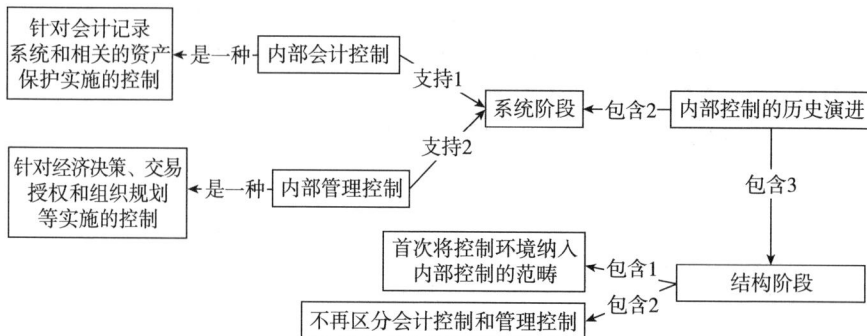

针对会计记录系统和相关的资产保护实施的控制 — 是一种 → 内部会计控制

内部会计控制 — 支持1 → 系统阶段

系统阶段 — 包含2 → 内部控制的历史演进

针对经济决策、交易授权和组织规划等实施的控制 — 是一种 → 内部管理控制

内部管理控制 — 支持2 → 系统阶段

内部控制的历史演进 — 包含3 → 结构阶段

首次将控制环境纳入内部控制的范畴 — 包含1 → 结构阶段

不再区分会计控制和管理控制 — 包含2 → 结构阶段

续表

活动目标	系统阶段(理解)[内部会计控制(理解、记忆);内部管理控制(理解、记忆)];结构阶段(理解)

活动任务序列(导入任务描述)

系统阶段和结构阶段具体包括的内容和原则

师生交互过程	通过课前预习,就生活中有哪些场景涉及会计控制和管理控制举个例子,通过学生的回答,引入生活化场景的例子

活动任务序列(任务一)

任务一知识组块

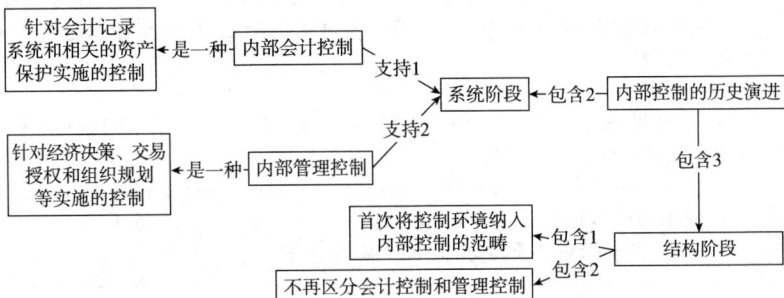

任务描述	预习授权审批的理论知识
任务时长	20 分钟
学习地点	课下
教学方式(或学习方式)	□讲授　□小组讨论　□答疑　□实验　□实训　☑自主学习　□翻转课堂 □其他(请填写)＿＿＿＿＿
师生交互过程	教师提前发布预习任务,学生完成预习资料的学习,同时完成课后讨论习题
学习资源	《内部控制》教材 pp3～5;《内部控制》第一章"总论"第 1 节 PPT
学习成果及评价标准	教师在课上针对预习的知识点进行提问"系统阶段和结构阶段的定义""系统阶段和结构阶段的情形",如果学生能准确回答即视为已掌握

活动任务序列(任务二)

任务二知识组块

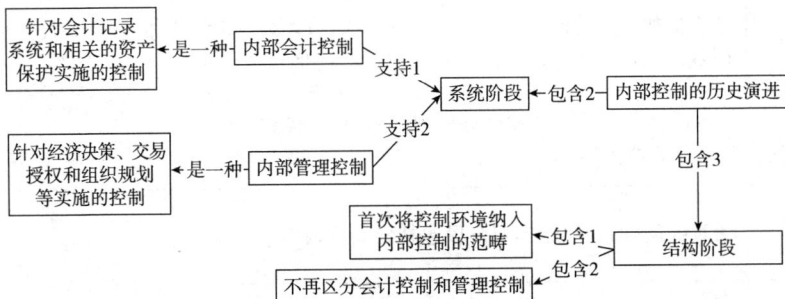

续表

任务描述	熟悉掌握系统阶段和结构阶段的理论知识
任务时长	30分钟
学习地点	课上
教学方式 （或学习方式）	☑讲授 □小组讨论 ☑答疑 □实验 □实训 □自主学习 □翻转课堂 ☑其他（请填写）学习平台测验习题
师生交互 过程	老师讲解理论知识，通过情景模拟，向学生展示系统阶段和结构阶段中内部会计控制和内部管理控制的重要性；进一步讲解理论知识，最后在学习平台上发布课堂测验题
学习资源	《内部控制》教材 pp3～5；《内部控制》第一章"总论"第1节 PPT；学习平台习题测验（第五章第1节1～5题）
学习成果及 评价标准	① 成果：测验习题 ② 标准：测验习题是客观题，回答正确即得分

活动3 知识建模图（课上或课下）

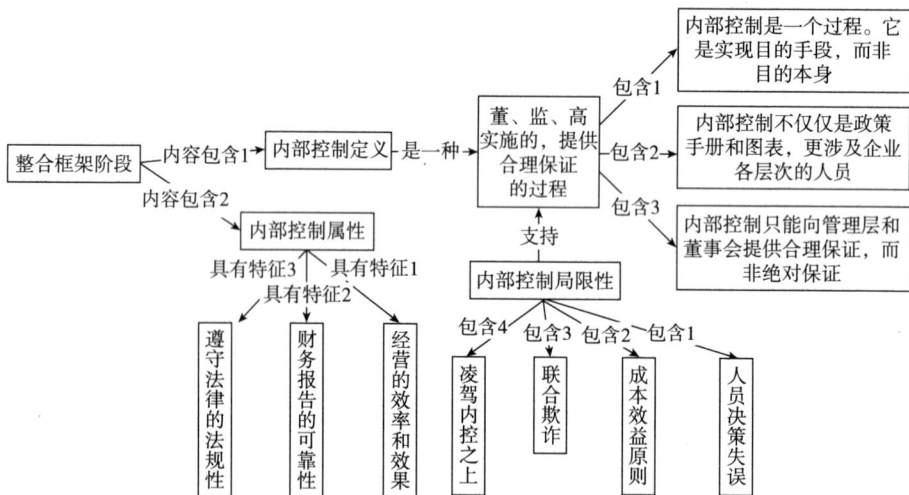

活动目标	整合框架阶段（理解、记忆）[经营的效率和效果（理解、记忆）；财务报告的可靠性（理解、记忆）；遵守法律的法规性（理解、记忆）；合理保证（理解、记忆）]

活动任务序列（导入任务描述）

整合框架阶段包括的具体内容

师生交互 过程	通过提问，回顾整合框架阶段包括的具体内容

活动任务序列(任务一)	

任务一知识组块

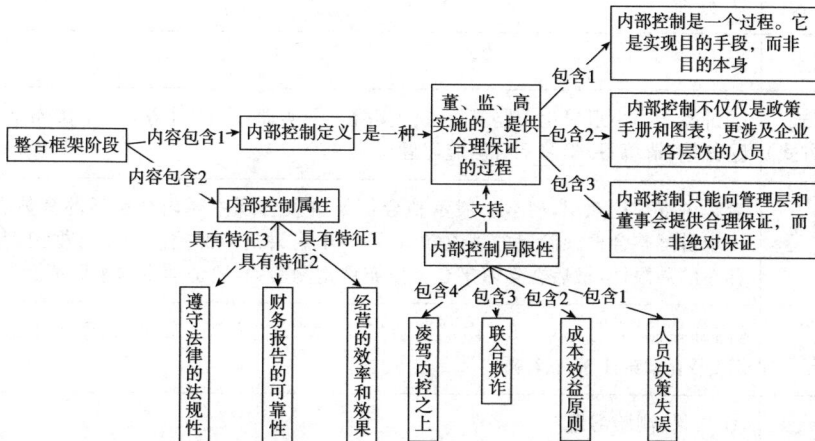

任务描述	预习整合框架阶段的理论知识
任务时长	20 分钟
学习地点	课下
教学方式 (或学习方式)	□讲授　□小组讨论　□答疑　□实验　□实训　☑自主学习　□翻转课堂 □其他(请填写)_____
师生交互 过程	教师提前发布预习任务,学生完成预习资料的学习,同时完成课后讨论习题
学习资源	《内部控制》教材 pp5~8;《内部控制》第一章"总论"第 1 节 PPT
学习成果及 评价标准	教师在课上针对预习的知识点进行提问"整合框架阶段的定义及包括的内容""整合框架阶段可能存在的局限性",如果学生能准确回答即视为已掌握

活动任务序列(任务二)	

任务二知识组块

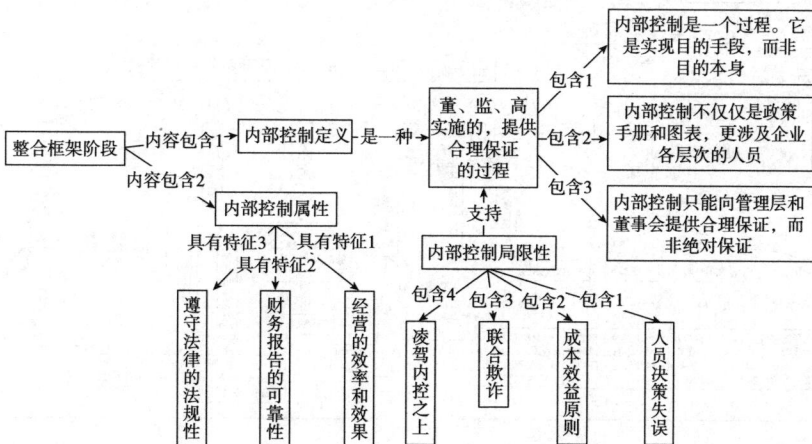

续表

任务描述	熟悉掌握整合框架阶段的理论知识
任务时长	20分钟
学习地点	课上
教学方式 （或学习方式）	☑讲授　□小组讨论　☑答疑　□实验　□实训　□自主学习　□翻转课堂 ☑其他（请填写）<u>学习平台测验习题</u>
师生交互 过程	老师讲解理论知识，向学生展示整合框架阶段各项主要内容包括的具体含义；进一步讲解整合框架阶段的理论知识；引导学生讨论内部控制中整合框架阶段可能存在的局限性，最后在学习平台上发布课堂测验题，验证学生的掌握情况
学习资源	《内部控制》教材pp5～8;《内部控制》第一章"总论"第1节PPT;学习平台习题测验（第五章第1节6、7题）
学习成果及 评价标准	① 成果：测验习题 ② 标准：测验习题是客观题，回答正确即得分

（2）"内部控制"专业基础课程之"内部控制的基本原理"教学设计见表4-14。

表4-14　"内部控制的基本原理"教学设计

2023—2024学年第二学期第三周

知识建模图

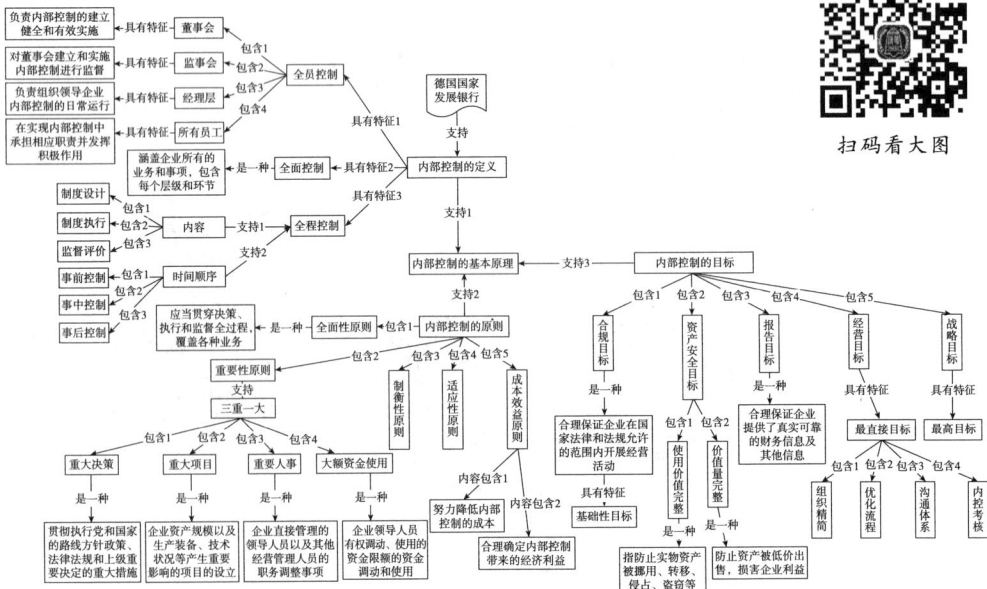

扫码看大图

	知识点（学习水平）	素质目标
学习目标	全员控制（记忆、运用）；全面控制（记忆、运用）；全程控制（理解、记忆）[制度设计（理解、记忆）；制度执行（理解、记忆）；监督评价（记忆、运用）；事前控制（记忆、运用）；事中控制（记忆、运用）；事后控制（理解、记忆）]；全面性原则（理解、记忆）；重要性原则（理解、记忆）；[重大决策（理解）；重大项目（理解）；重要人事（理解、记忆）；大额资金使用（理解、记忆）]；制衡性原则（理解）；适应性原则（理解）；成本效益原则（理解）；合规目标（理解、记忆）；资产安全目标（理解、记忆）[使用价值完整（理解、记忆）；价值量完整（理解、记忆）]；报告目标（理解、记忆）；经营目标（理解、记忆）；战略目标（理解、记忆）	① 具备实事求是的精神 ② 不可滥用职权，对权利要适时监督

课上资源	课下资源
①《内部控制》（第 4 版），方红星、池国华主编，2019 年，东北财经大学出版社（pp23～36） ②《内部控制》第二章"内部控制的基本理论"第 1～3 节 PPT ③ 德国国家发展银行讨论题（学习平台讨论区） ④ 测试题（学习平台第二章第 1～3 节测验题）	①《内部控制》（第 4 版），方红星、池国华主编，2019 年，东北财经大学出版社（pp23～36） ② 德国国家发展银行案例视频（学习平台视频资源）

课上时间	100 分钟	课下时间	90 分钟	
活动序列	活动目标	地点	时间	学习资源
活动 1	全员控制（记忆、运用）；全面控制（记忆、运用）；全程控制（理解、记忆）[制度设计（理解、记忆）；制度执行（理解、记忆）；监督评价（记忆、运用）；事前控制（记忆、运用）；事中控制（记忆、运用）；事后控制（理解、记忆）]	课上	50 分钟	①《内部控制》（第 4 版），方红星、池国华主编，2019 年，东北财经大学出版社（pp23～28） ② 德国国家发展银行讨论题（学习平台讨论区） ③《内部控制》第二章"内部控制的基本理论"第 1 节 PPT ④ 测试题（学习平台第二章第 1 节测验题）
		课下	50 分钟	①《内部控制》（第 4 版），方红星、池国华主编，2019 年，东北财经大学出版社（pp23～28） ② 德国国家发展银行案例视频（学习平台视频资源）

续表

活动2	全面性原则(理解、记忆);重要性原则(理解、记忆)[重大决策(理解);重大项目(理解);重要人事(理解、记忆);大额资金使用(理解、记忆)];制衡性原则(理解);适应性原则(理解);成本效益原则(理解);合规目标(理解、记忆)	课上 30分钟	①《内部控制》(第4版),方红星、池国华主编,2019年,东北财经大学出版社(pp28~32)②《内部控制》第二章"内部控制的基本理论"第2节PPT
		课下 20分钟	《内部控制》(第4版),方红星、池国华主编,2019年,东北财经大学出版社(pp28~32)
活动3	合规目标(理解、记忆);资产安全目标(理解、记忆)[使用价值完整(理解、记忆);价值量完整(理解、记忆)];报告目标(理解、记忆);经营目标(理解、记忆);战略目标(理解、记忆)	课上 20分钟	①《内部控制》(第4版),方红星、池国华主编,2019年,东北财经大学出版社(pp32~36)②《内部控制》第二章"内部控制的基本理论"第3节PPT③测试题(学习平台第二章第3节测验题)
		课下 20分钟	《内部控制》(第4版),方红星、池国华主编,2019年,东北财经大学出版社(pp32~36)

活动1 知识建模图(课上或课下)

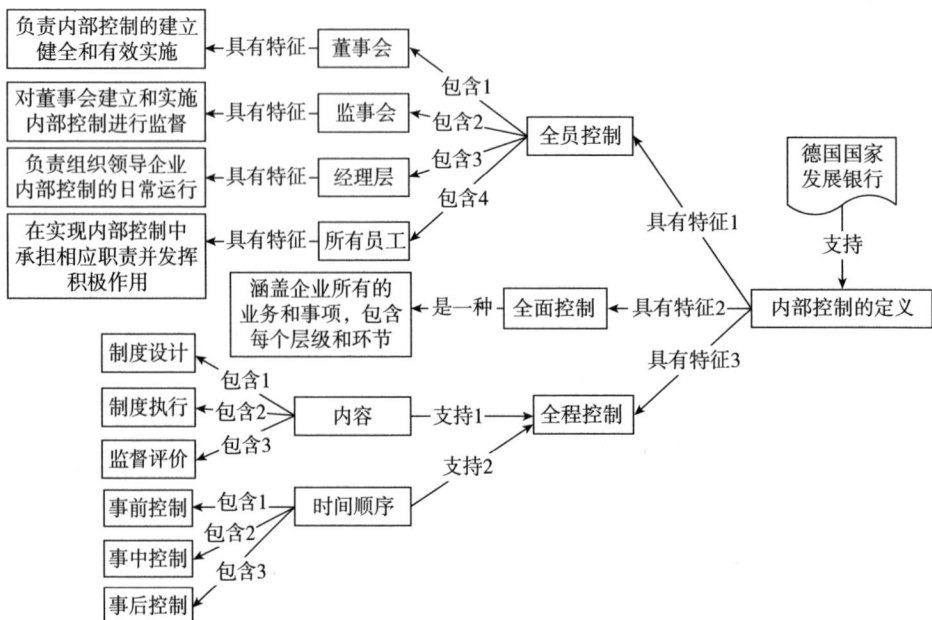

活动目标	全员控制(记忆、运用);全面控制(记忆、运用);全程控制(理解、记忆)[制度设计(理解、记忆);制度执行(理解、记忆);监督评价(记忆、运用);事前控制(记忆、运用);事中控制(记忆、运用);事后控制(理解、记忆)]

活动任务序列(导入任务描述)

通过三鹿集团三聚氰胺添加事件,引出企业建设内部控制的重要意义

师生交互过程	通过课前预习,就生活中哪些场景涉及内部控制简单举个例子,通过学生的回答,引入保险箱、密码锁、指示标语、道路红绿灯等生活化场景的例子

活动任务序列(任务一)

任务一知识组块

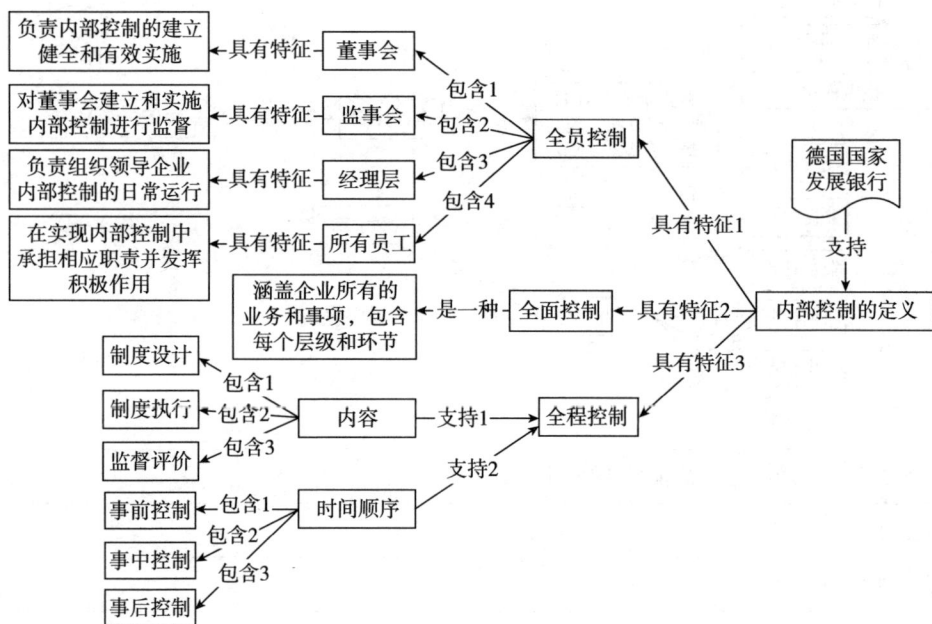

任务描述	学习德国国家发展银行视频,并进行案例分析
任务时长	30 分钟
学习地点	课下
教学方式(或学习方式)	□讲授　□小组讨论　□答疑　□实验　□实训　☑自主学习　□翻转课堂 ☑其他(请填写)学习中心案例视频
师生交互过程	教师在学习中心提前发布案例学习任务,学生自己完成视频学习任务,并撰写案例分析的初稿
学习资源	德国国家发展银行案例视频(学习平台视频资源)

学习成果及评价标准	① 成果:学生撰写德国国家发展银行案例分析的初稿 ② 标准:完成观看视频的任务(案例视频以任务形式发布,学生不能拖动进度条,后台可提取学生观看记录);学生撰写德国国家发展银行的纸质案例分析(要点回答正确)

活动任务序列(任务二)

任务二知识组块

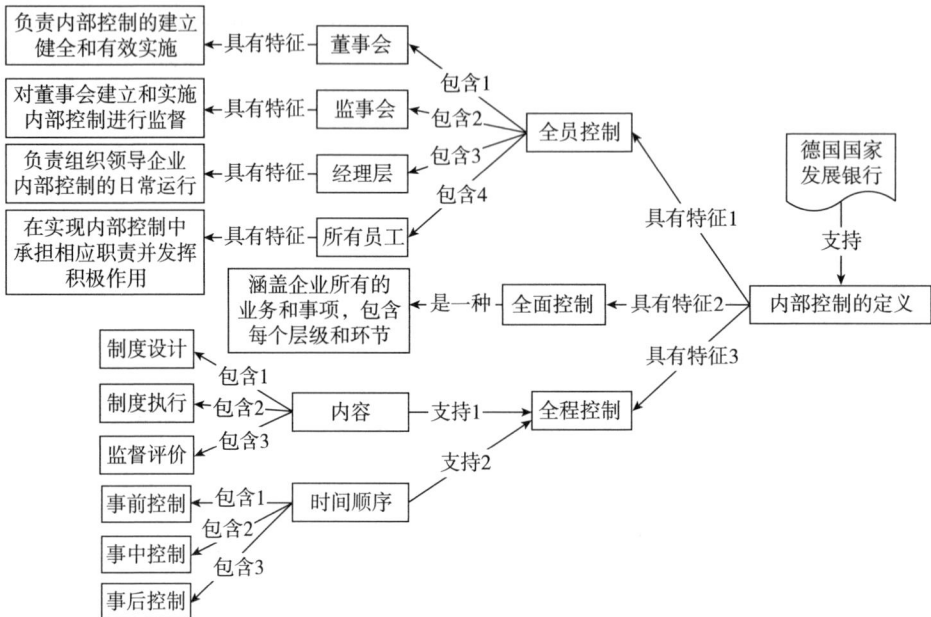

任务描述	德国国家发展银行案例分析
任务时长	25分钟
学习地点	课上
教学方式 (或学习方式)	□讲授 ☑小组讨论 ☑答疑 □实验 □实训 □自主学习 □翻转课堂 □其他(请填写)_____
师生交互过程	学生在课上主动分享学习案例的心得,老师针对案例中涉及的问题提问"德国国家发展银行的主营业务""德国国家发展银行的造假手段""德国国家发展银行的内控问题",学生回答,然后将回答结果总结上传至讨论区
学习资源	德国国家发展银行案例视频(学习平台视频资源)
学习成果及评价标准	① 成果:德国国家发展银行案例分析同步上传至讨论区 ② 标准:金融交易;信息沟通机制不畅通导致信息传递不及时

续表

活动任务序列(任务三)

任务三知识组块

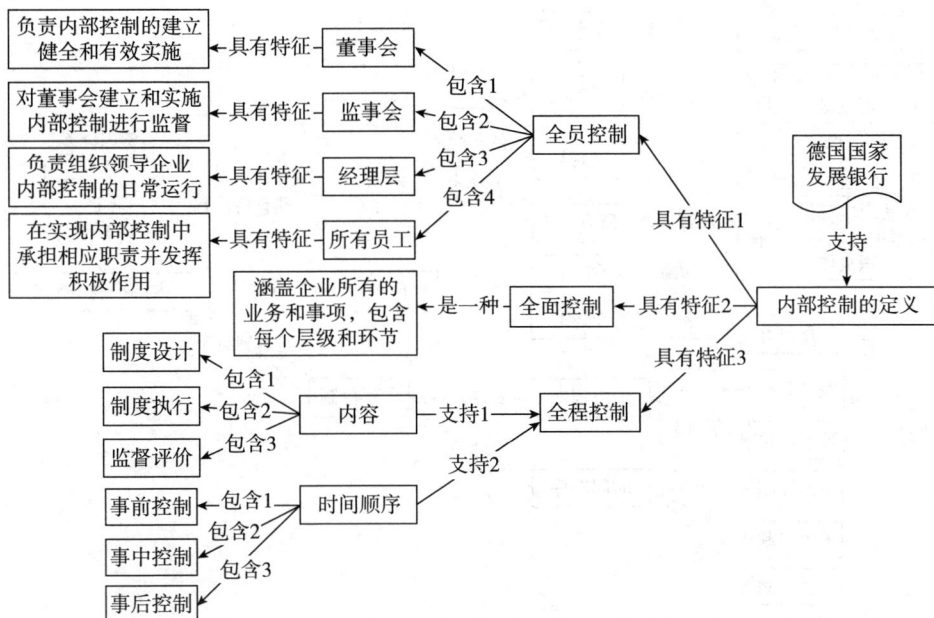

任务描述	熟悉掌握内部控制的定义及相关的理论指示
任务时长	25 分钟
学习地点	课上
教学方式 (或学习方式)	☑讲授　□小组讨论　☑答疑　□实验　□实训　□自主学习　□翻转课堂 ☑其他(请填写)<u>学习平台</u>
师生交互 过程	老师讲解理论知识,通过情景模拟(如何守护黄金的例子),向学生展示内部控制的重要性;进一步讲解公司实务中存在的内部控制岗位,引入国家电网和宝钢关于内部控制建设的案例,加强学生的理解,并进行理论的阐释和总结,最后在学习平台上发布课堂测验题检验学生对理论知识的掌握情况
学习资源	《内部控制》教材 pp23~28;《内部控制》第二章"内部控制的基本理论"第 1 节 PPT;学习平台习题测验(第二章第 1 节)
学习成果及 评价标准	① 成果:测验习题 ② 标准:测验习题是客观题,回答正确即得分

续表

活动任务序列(任务四)

任务四知识组块

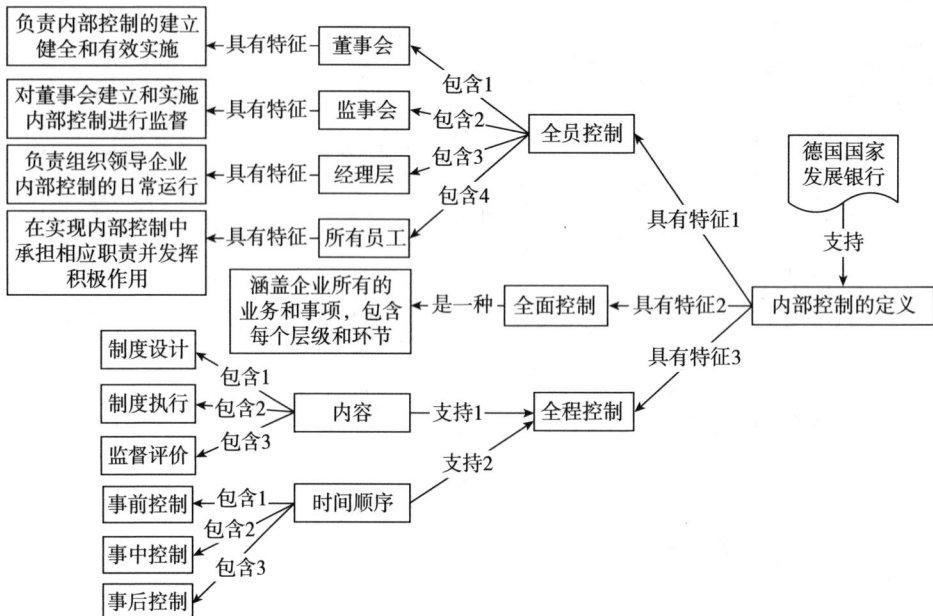

任务描述	预习内部控制定义的相关内容,并完成课后讨论题
任务时长	20 分钟
学习地点	课下
教学方式 (或学习方式)	□讲授　□小组讨论　□答疑　□实验　□实训　☑自主学习　□翻转课堂 ☑其他(请填写)学习平台
师生交互 过程	教师提前发布预习任务,学生完成预习资料的学习,同时完成课后讨论习题
学习资源	《内部控制》教材 pp23~28;《内部控制》第二章"内部控制的基本理论"第 1 节 PPT
学习成果及 评价标准	教师在课上针对预习的知识点进行提问"内部控制的定义""如何理解内部控制", 如果学生能准确回答即视为已掌握

活动 2 知识建模图（课上或课下）

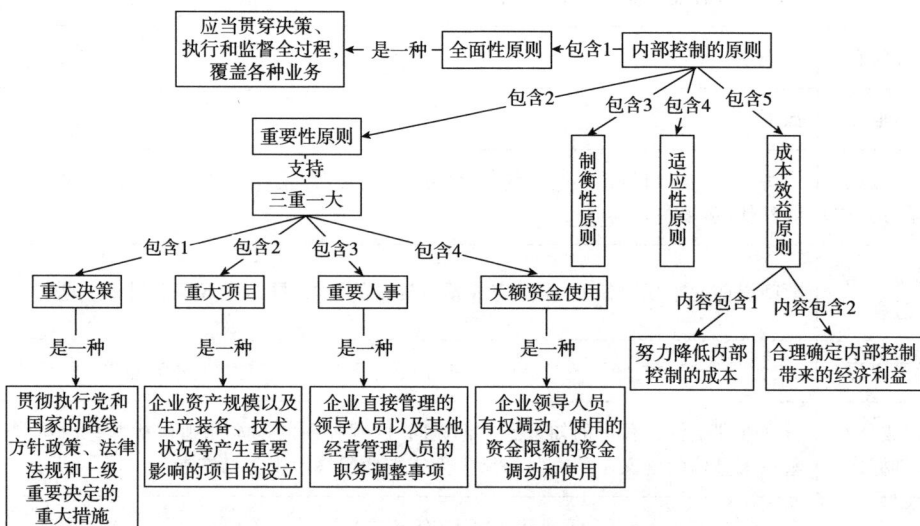

活动目标	全面性原则（理解、记忆）；重要性原则（理解、记忆）[重大决策（理解）；重大项目（理解）；重要人事（理解、记忆）；大额资金使用（理解、记忆）]；制衡性原则（理解）；适应性原则（理解）；成本效益原则（理解）；合规目标（理解、记忆）

活动任务序列（导入任务描述）

内部控制的原则具体包括哪些内容

师生交互过程	通过课前预习，就生活中哪些场景涉及会计控制和管理控制简单举个例子，通过学生的回答，引入生活化场景的例子

活动任务序列（任务一）

任务一知识组块

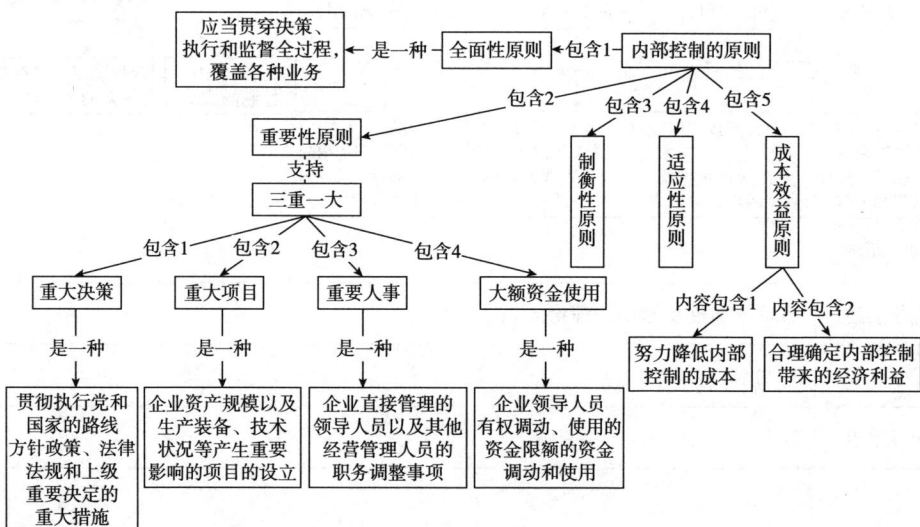

续表

任务描述	预习内部控制原则的理论知识
任务时长	20 分钟
学习地点	课下
教学方式 (或学习方式)	□讲授　□小组讨论　□答疑　□实验　□实训　☑自主学习　□翻转课堂 □其他(请填写)_____
师生交互 过程	教师提前发布预习任务,学生完成预习资料的学习,同时完成课后讨论习题
学习资源	《内部控制》教材 pp28~32;《内部控制》第二章"内部控制的基本理论"第 2 节 PPT
学习成果及 评价标准	教师在课上针对预习的知识点进行提问"内部控制的基本原则包括哪些内容""三重一大具体的含义是什么",如果学生能准确回答即视为已掌握

活动任务序列(任务二)

任务二知识组块

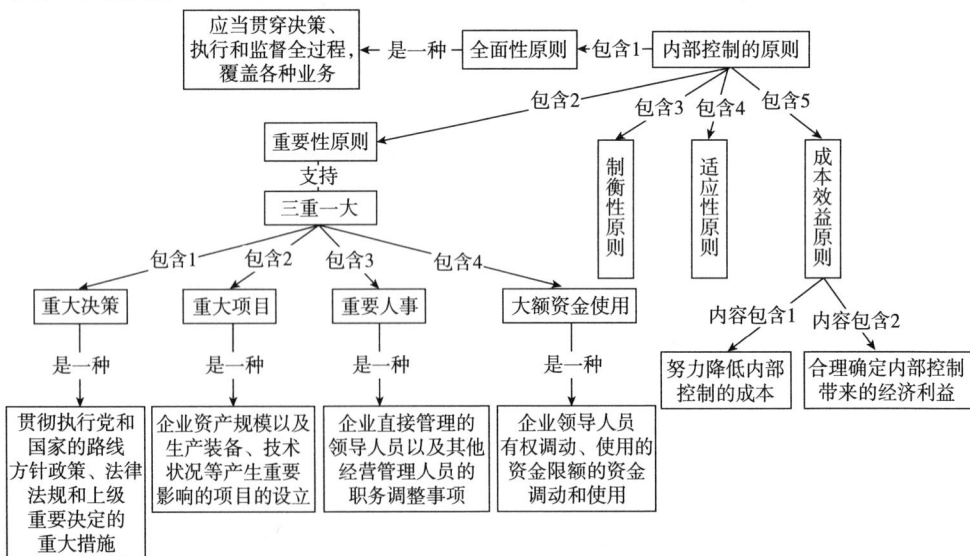

任务描述	熟悉内部控制原则的理论知识
任务时长	30 分钟
学习地点	课上

教学方式 （或学习方式）	☑讲授　□小组讨论　☑答疑　□实验　□实训　□自主学习　□翻转课堂 ☑其他（请填写）学习平台测验习题
师生交互 过程	老师讲解理论知识，通过展示三九集团、法国兴业银行、人寿集团的内部控制建设案例，向学生讲述内部控制的五项原则，具体阐释重要性原则的含义，并进一步讲解理论知识，最后在学习平台上发布课堂测验题
学习资源	《内部控制》教材 pp28～32；《内部控制》第二章"内部控制的基本理论"第 2 节 PPT；学习平台习题测验（第二章第 2 节习题）
学习成果及 评价标准	① 成果：测验习题 ② 标准：测验习题是客观题，回答正确即得分

活动 3 知识建模图（课上或课下）

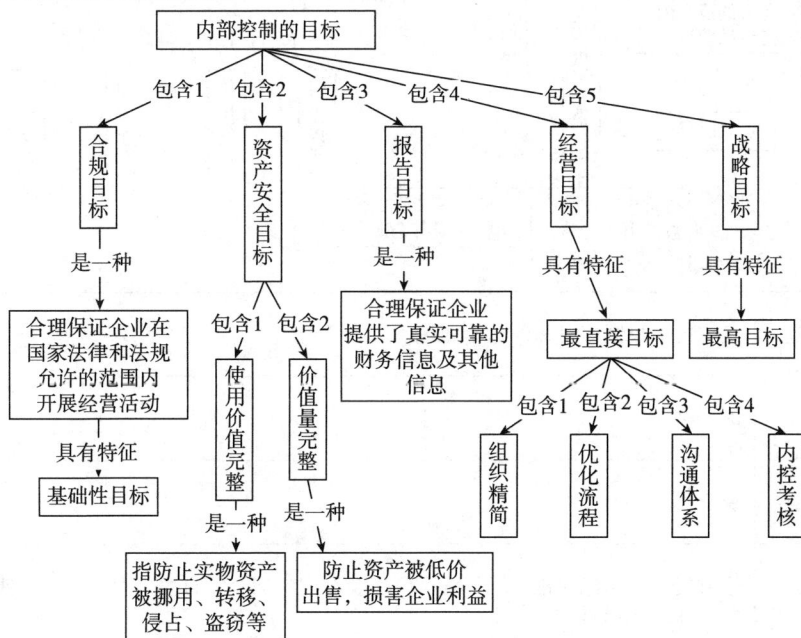

活动目标	合规目标（理解、记忆）；资产安全目标（理解、记忆）〔使用价值完整（理解、记忆）；价值量完整（理解、记忆）〕；报告目标（理解、记忆）；经营目标（理解、记忆）；战略目标（理解、记忆）

活动任务序列（导入任务描述）

内部控制五目标的具体内容

师生交互 过程	通过提问，回顾内部控制五项目标的具体内容

续表

活动任务序列(任务一)

任务一知识组块

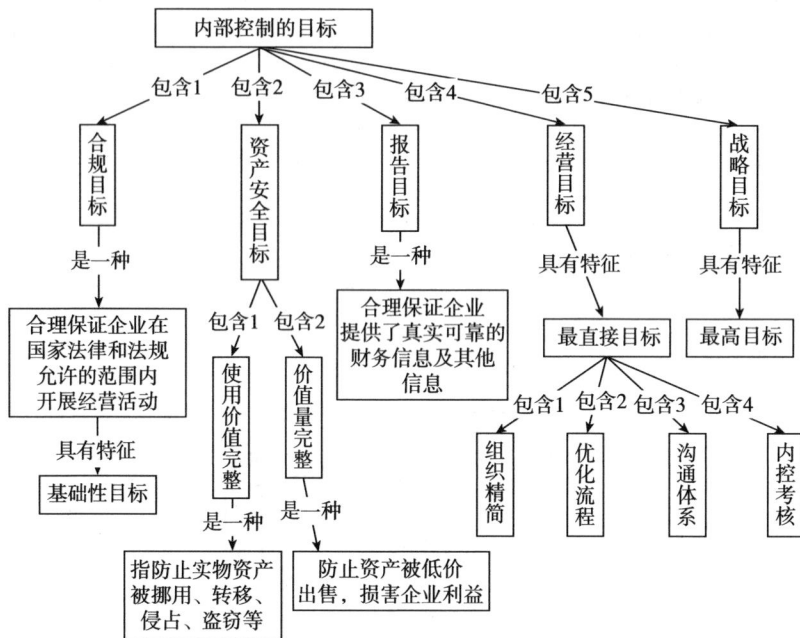

任务描述	预习内部控制五目标的理论知识
任务时长	20分钟
学习地点	课下
教学方式 (或学习方式)	□讲授　□小组讨论　□答疑　□实验　□实训　☑自主学习　□翻转课堂 □其他(请填写)_____
师生交互 过程	教师提前发布预习任务,学生完成预习资料的学习,同时完成课后讨论习题
学习资源	《内部控制》教材 pp32～36;《内部控制》第二章"内部控制的基本理论"第3节 PPT
学习成果及 评价标准	教师在课上针对预习的知识点进行提问"内部控制五目标的定义及内容""资产安全目标的具体内容",如果学生能准确回答即视为已掌握

活动任务序列(任务二)

任务二知识组块

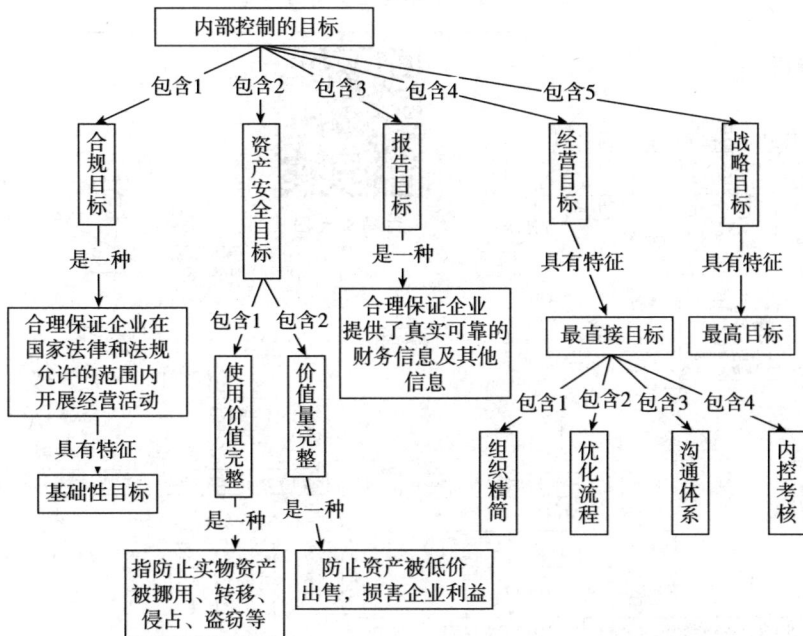

任务描述	熟悉掌握内部控制五目标的理论知识
任务时长	20 分钟
学习地点	课上
教学方式 (或学习方式)	☑讲授　□小组讨论　☑答疑　□实验　□实训　□自主学习　□翻转课堂 ☑其他(请填写)<u>学习平台测验习题</u>
师生交互 过程	老师讲解理论知识,向学生展示出纳侵占公司巨资用于豪赌的案例,阐明五目标各项主要内容包括的具体含义;并进一步讲解五目标的理论知识,最后在学习平台上发布课堂测验题,验证学生的掌握情况
学习资源	《内部控制》教材 pp32～36;《内部控制》第二章"内部控制的基本理论"第 3 节PPT;学习平台习题测验(第二章第 3 节)
学习成果及 评价标准	① 成果:测验习题 ② 标准:测验习题是客观题,回答正确即得分

（3）"内部控制"专业基础课程之"内部环境"教学设计见表 4-15。

表 4-15　"内部环境"教学设计

2023—2024 学年第二学期第四周

知识建模图

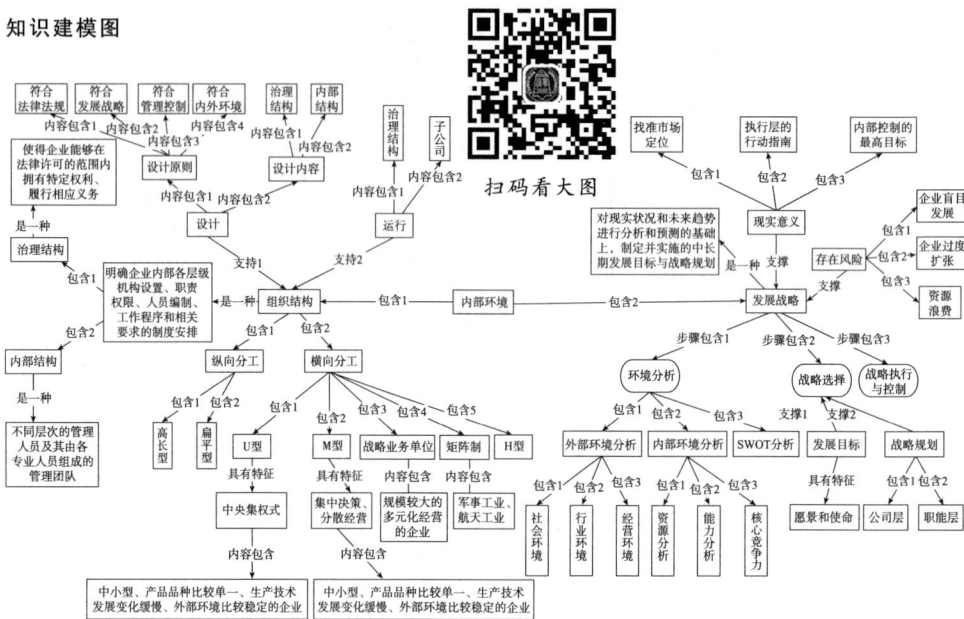

	知识点（学习水平）	素质目标
学习目标	组织结构（记忆、运用）；治理结构（记忆）；内部结构（理解、记忆）；设计原则（理解、记忆）；设计内容（理解、记忆）；组织结构运行（理解）；纵向分工（理解、记忆）；横向分工（理解、记忆）；高长型（记忆、运用）；扁平型（记忆、运用）；U 型（记忆、运用）；M 型（理解、记忆）；战略业务单位（理解、记忆）；H 型（理解、记忆）；矩阵型（理解）；发展战略（理解）；环境分析（理解）；战略选择（理解）；战略执行与控制（理解）；外部环境分析（理解、记忆）；内部环境分析（理解、记忆）；发展目标（理解、记忆）；战略规划（理解、记忆）	① 具备实事求是的精神 ② 不可滥用职权；对权利要适时监督

课上资源	课下资源
①《内部控制》（第 4 版），方红星、池国华主编，2019 年，东北财经大学出版社（pp44～60） ②《内部控制》第三章"内部环境"第 1～2 节 PPT ③ 日本东芝讨论题（学习平台讨论区） ④ 测试题（学习平台第三章第 1～2 节测验题）	①《内部控制》（第 4 版），方红星、池国华主编，2019 年，东北财经大学出版社（pp44～60） ② 日本东芝案例视频（学习平台视频资源）

续表

课上时间	100 分钟			课下时间	90 分钟
活动序列	活动目标	地点	时间	学习资源	
活动 1	组织结构（记忆、运用）；治理结构（记忆）；内部结构（理解、记忆）；设计原则（理解、记忆）；设计内容（理解、记忆）；组织结构运行（理解）	课上	50 分钟	①《内部控制》（第 4 版），方红星、池国华主编，2019 年，东北财经大学出版社(pp43～48) ② 日本东芝讨论题（学习平台讨论区） ③《内部控制》第三章"内部环境"第 1 节 PPT ④ 测试题（学习平台第三章第 1 节测验）	
		课下	50 分钟	①《内部控制》（第 4 版），方红星、池国华主编，2019 年，东北财经大学出版社(pp43～48) ② 日本东芝案例视频（学习平台视频资源）	
活动 2	纵向分工（理解、记忆）；横向分工（理解、记忆）；高长型（记忆、运用）；扁平型（记忆、运用）；U 型（记忆、运用）；M 型（理解、记忆）；战略业务单位（理解、记忆）；H 型（理解、记忆）；矩阵型（理解）	课上	30 分钟	①《内部控制》（第 4 版），方红星、池国华主编，2019 年，东北财经大学出版社(pp48～55) ②《内部控制》第三章"内部环境"第 1 节 PPT	
		课下	20 分钟	《内部控制》（第 4 版），方红星、池国华主编，2019 年，东北财经大学出版社(pp48～55)	
活动 3	发展战略（理解）；环境分析（理解）；战略选择（理解）；战略执行与控制（理解）；外部环境分析（理解、记忆）；内部环境分析（理解、记忆）；发展目标（理解、记忆）；战略规划（理解、记忆）	课上	20 分钟	①《内部控制》（第 4 版），方红星、池国华主编，2019 年，东北财经大学出版社(pp55～60) ②《内部控制》第三章"内部环境"第 2 节 PPT ③ 测试题（学习平台第三章第 2 节测验）	
		课下	20 分钟	《内部控制》（第 4 版），方红星、池国华主编，2019 年，东北财经大学出版社(pp55～60)	

活动 1 知识建模图（课上或课下）

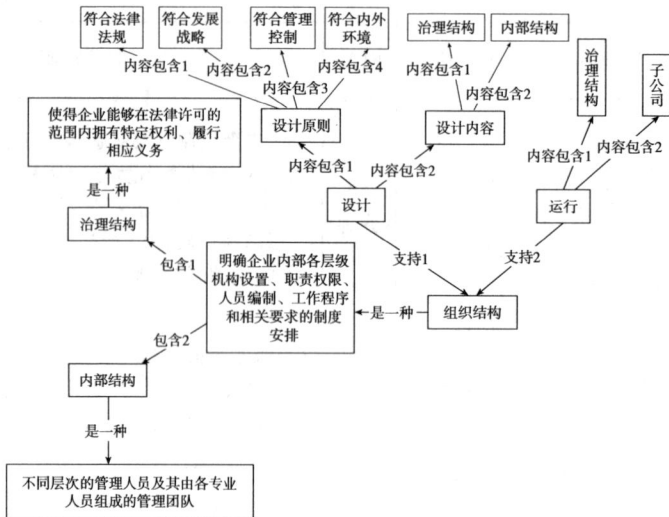

活动目标	组织结构（记忆、运用）；治理结构（记忆）；内部结构（理解、记忆）；设计原则（理解、记忆）；设计内容（理解、记忆）；组织结构运行（理解）

活动任务序列（导入任务描述）

通过东芝财务造假事件，引出企业建设内部控制的重要意义

师生交互过程	通过课前预习，就生活中哪些场景涉及内部环境简单举个例子，通过学生回答，引入社会主义核心价值观、校训、公司的品牌战略等生活化场景的例子

活动任务序列（任务一）

任务一知识组块

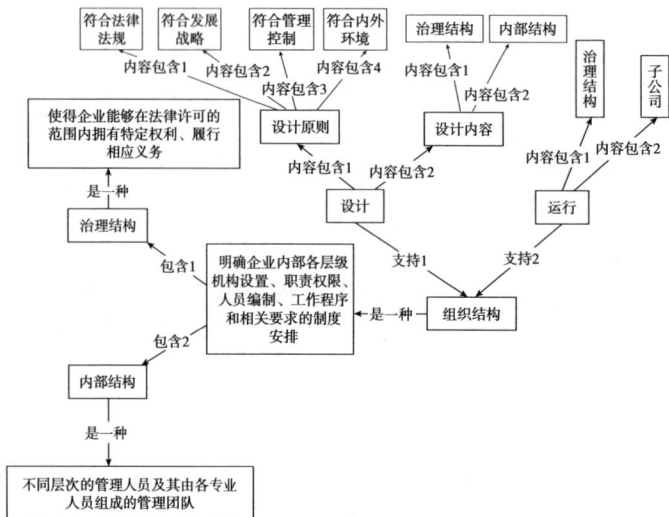

续表

任务描述	学习日本东芝财务造假视频,并进行案例分析
任务时长	30 分钟
学习地点	课下
教学方式 （或学习方式）	□讲授　□小组讨论　□答疑　□实验　□实训　☑自主学习　□翻转课堂 ☑其他（请填写）<u>学习中心案例视频</u>
师生交互 过程	教师提前在学习中心发布案例学习任务,学生自己完成视频学习任务,并撰写案例分析的初稿
学习资源	日本东芝案例视频（学习平台视频资源）
学习成果及 评价标准	① 成果:学生撰写日本东芝的案例分析初稿 ② 标准:完成观看视频的任务（案例视频以任务形式发布,学生不能拖动进度条,后台可提取学生观看记录）;学生撰写日本东芝的纸质案例分析（要点回答正确）

活动任务序列（任务二）

任务二知识组块

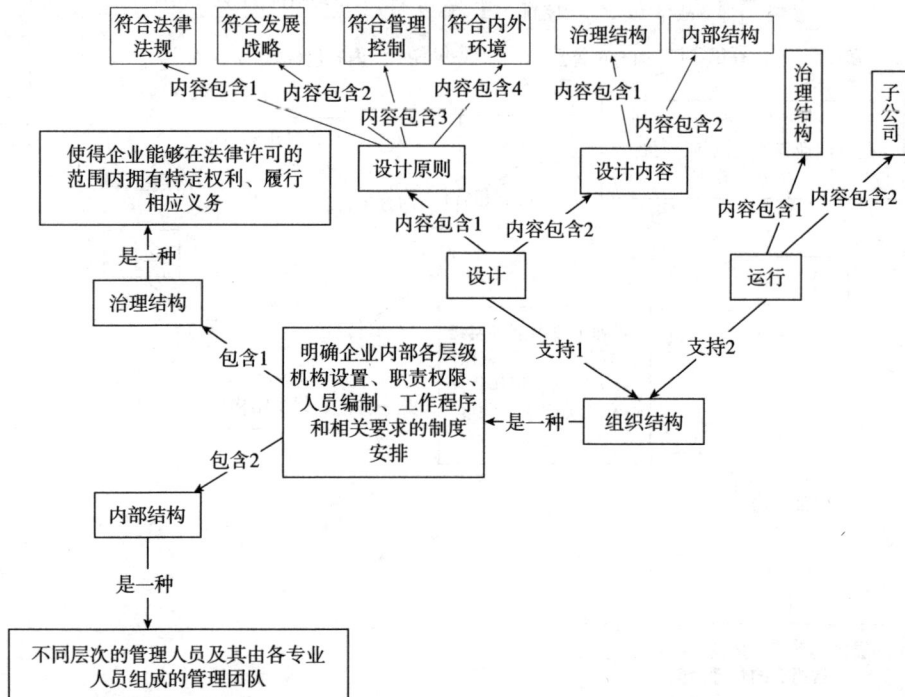

任务描述	日本东芝财务造假案例分析
任务时长	25 分钟
学习地点	课上
教学方式 (或学习方式)	□讲授　☑小组讨论　☑答疑　□实验　□实训　□自主学习　□翻转课堂 □其他(请填写)_____
师生交互 过程	学生在课上主动分享学习案例的心得,老师针对案例中涉及的问题提问"日本东芝的主营业务""日本东芝的造假手段""日本东芝的内控问题",学生回答,然后将回答结果总结上传至讨论区
学习资源	日本东芝案例视频(学习平台视频资源)
学习成果及 评价标准	① 成果:日本东芝案例分析同步上传至讨论区 ② 标准:综合性质的企业;组织架构设置不合理

活动任务序列(任务三)

任务三知识组块

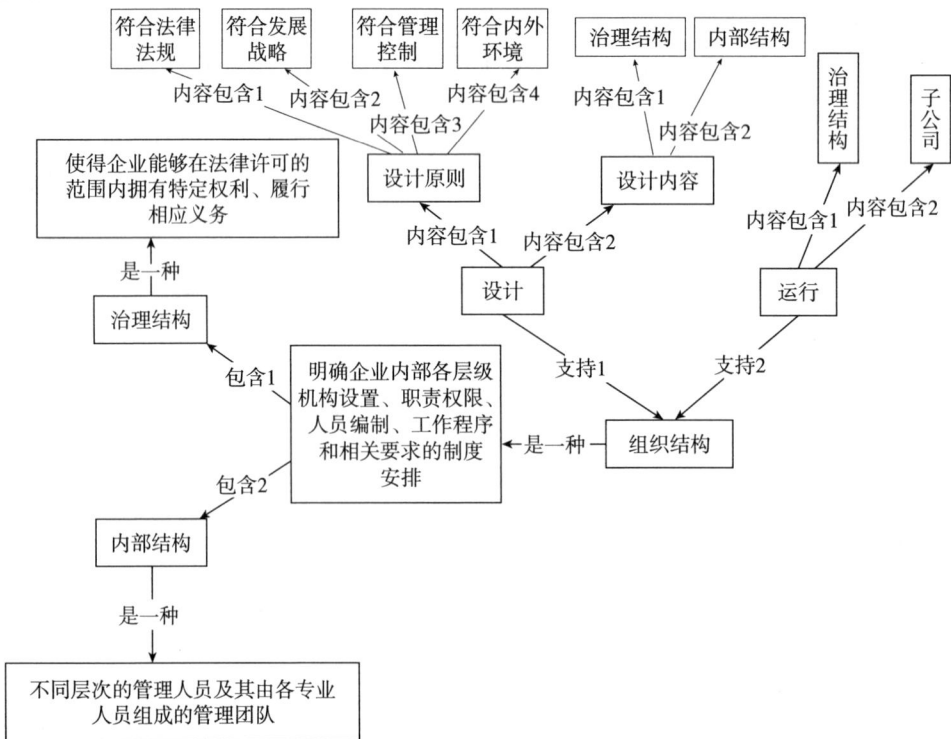

任务描述	熟练掌握组织架构的定义及相关的理论指示
任务时长	25 分钟
学习地点	课上
教学方式 (或学习方式)	☑讲授　□小组讨论　☑答疑　□实验　□实训　□自主学习　□翻转课堂 ☑其他(请填写)<u>学习平台</u>
师生交互 过程	老师讲解理论知识,通过情景模拟(如何构建一个合适的组织架构的例子),向学生展示组织架构的重要性;进一步讲解公司可能存在的组织架构类型,引入华为技术有限公司关于建设治理结构的案例,加强学生的理解,并进行理论的阐释和总结,最后在学习平台上发布课堂测验题检验学生对理论知识的掌握情况
学习资源	《内部控制》教材 pp43～48;《内部控制》第三章"内部环境"第 1 节 PPT;学习平台习题测验题(第三章第 1 节)
学习成果及 评价标准	① 成果:测验习题 ② 标准:测验习题是客观题,回答正确即得分

活动任务序列(任务四)

任务四知识组块

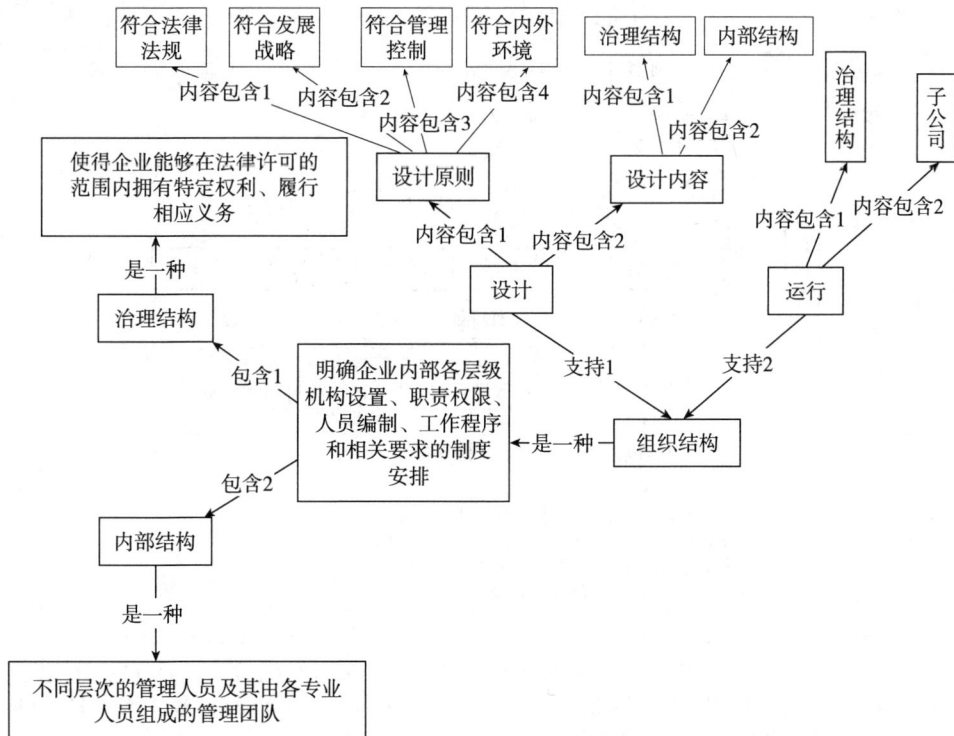

任务描述	预习组织架构定义的相关内容,并完成课后讨论题
任务时长	20 分钟
学习地点	课下
教学方式 (或学习方式)	□讲授　□小组讨论　□答疑　□实验　□实训　☑自主学习　□翻转课堂 ☑其他(请填写)学习平台
师生交互 过程	教师提前发布预习任务,学生完成预习资料的学习,同时完成课后讨论习题
学习资源	《内部控制》教材 pp43～48;《内部控制》第三章"内部环境"第 1 节 PPT
学习成果及 评价标准	教师在课上针对预习的知识点进行提问"组织架构的定义""如何理解公司的组织 架构",如果学生能准确回答即视为已掌握

活动 2 知识建模图(课上或课下)

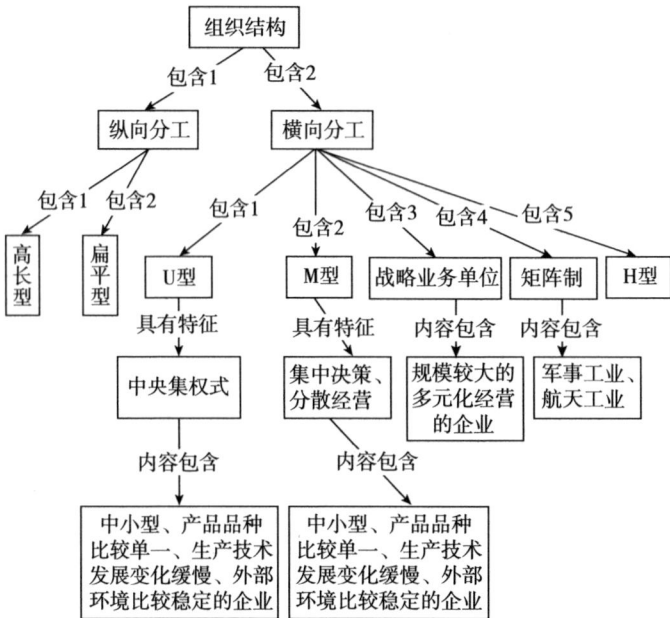

活动目标	纵向分工(理解、记忆);横向分工(理解、记忆);高长型(记忆、运用);扁平型(记忆、运用);U 型(记忆、运用);M 型(理解、记忆);战略业务单位(理解、记忆);H 型(理解、记忆);矩阵型(理解)

活动任务序列(导入任务描述)	
组织架构具体包括哪些类型	
师生交互过程	通过课前预习,就生活中哪些场景涉及组织架构简单举个例子,通过学生的回答,引入生活化场景的例子

活动任务序列(任务一)

任务一知识组块

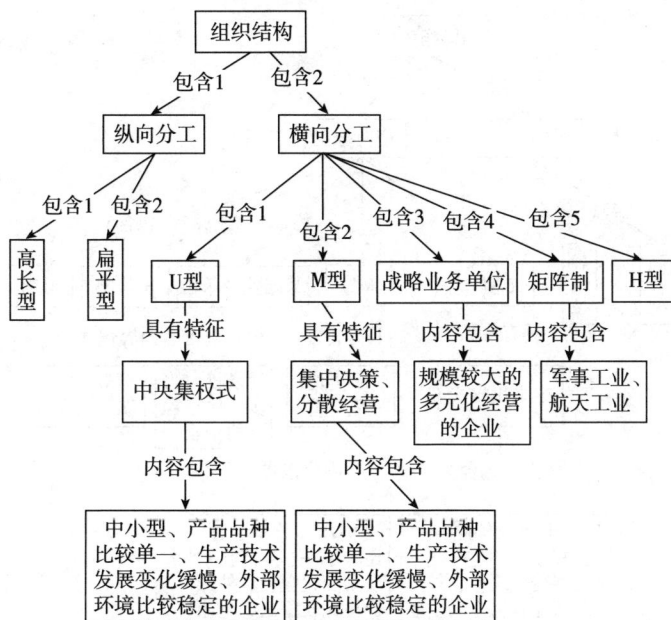

任务描述	预习组织架构的具体分类
任务时长	20 分钟
学习地点	课下
教学方式(或学习方式)	□讲授　□小组讨论　□答疑　□实验　□实训　☑自主学习　□翻转课堂 □其他(请填写)_____
师生交互过程	教师提前发布预习任务,学生完成预习资料的学习,同时完成课后讨论习题

学习资源	《内部控制》教材 pp48~55;《内部控制》第三章"内部环境"第1节 PPT
学习成果及评价标准	教师在课上针对预习的知识点进行提问"内部控制的组织架构包括哪些类型""各种类型的组织架构的具体含义",如果学生能准确回答即视为已掌握

活动任务序列(任务二)

任务二知识组块

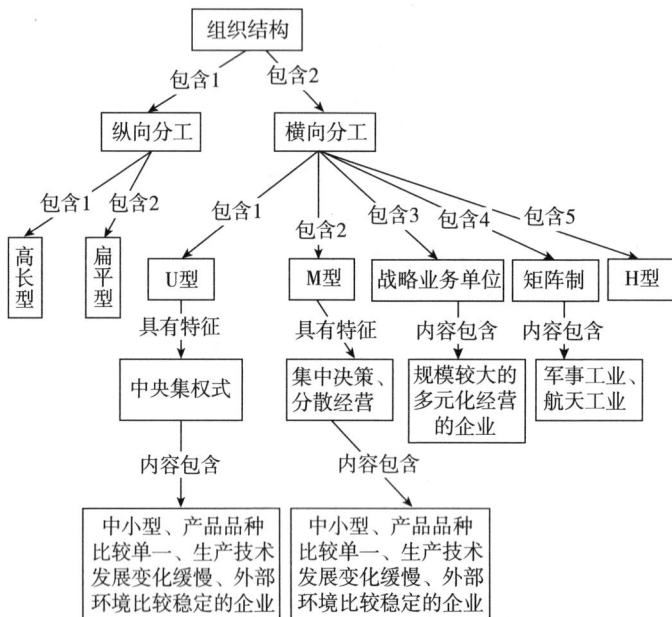

任务描述	熟悉内部控制组织架构的理论知识
任务时长	30分钟
学习地点	课上
教学方式(或学习方式)	☑讲授 □小组讨论 ☑答疑 □实验 □实训 □自主学习 □翻转课堂 ☑其他(请填写)学习平台测验习题
师生交互过程	老师讲解理论知识,通过展示不同类型的组织架构,分别阐述其优缺点、适用范围等内容,向学生讲述组织架构的不同分类,同时引入腾讯三次调整重大组织架构的案例,并进一步讲解理论知识,最后在学习平台上发布课堂测验题

续表

学习资源	《内部控制》教材 pp48～55；《内部控制》第三章"内部环境"第 1 节 PPT；学习平台习题测验(第三章第 1 节习题)
学习成果及评价标准	① 成果：测验习题 ② 标准：测验习题是客观题，回答正确即得分

活动 3 知识建模图（课上或课下）

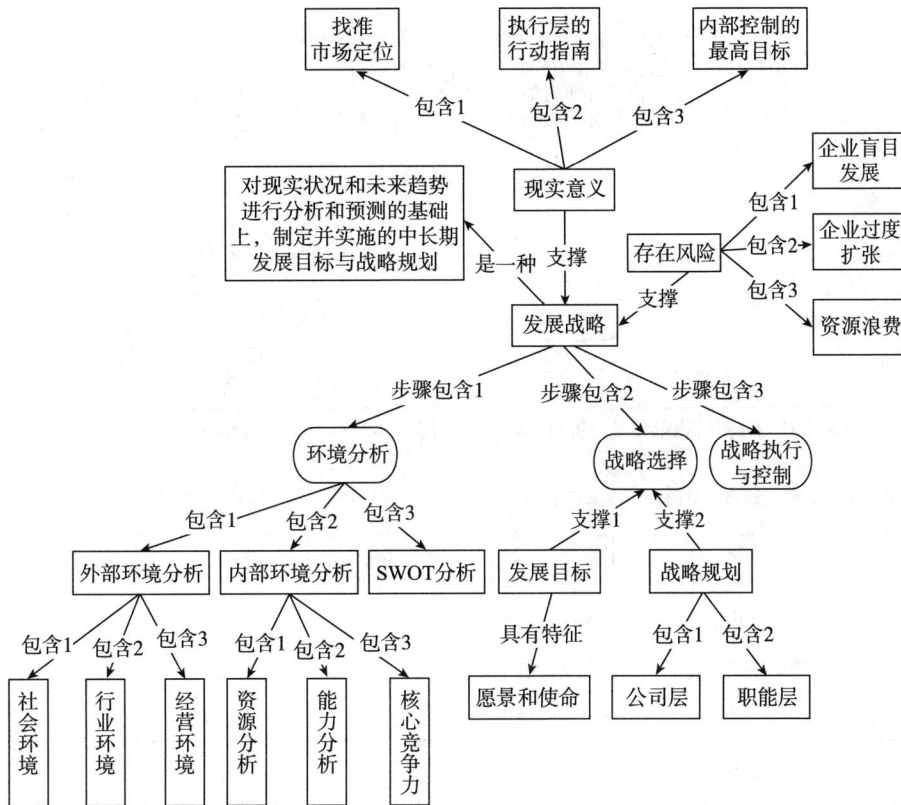

活动目标	发展战略(理解)；环境分析(理解)；战略选择(理解)；战略执行与控制(理解)；外部环境分析(理解、记忆)；内部环境分析(理解、记忆)；发展目标(理解、记忆)；战略规划(理解、记忆)

活动任务序列（导入任务描述）

内部控制发展战略具体包括的内容

师生交互过程	通过提问，回顾内部控制发展战略包括的具体内容

活动任务序列(任务一)

任务一知识组块

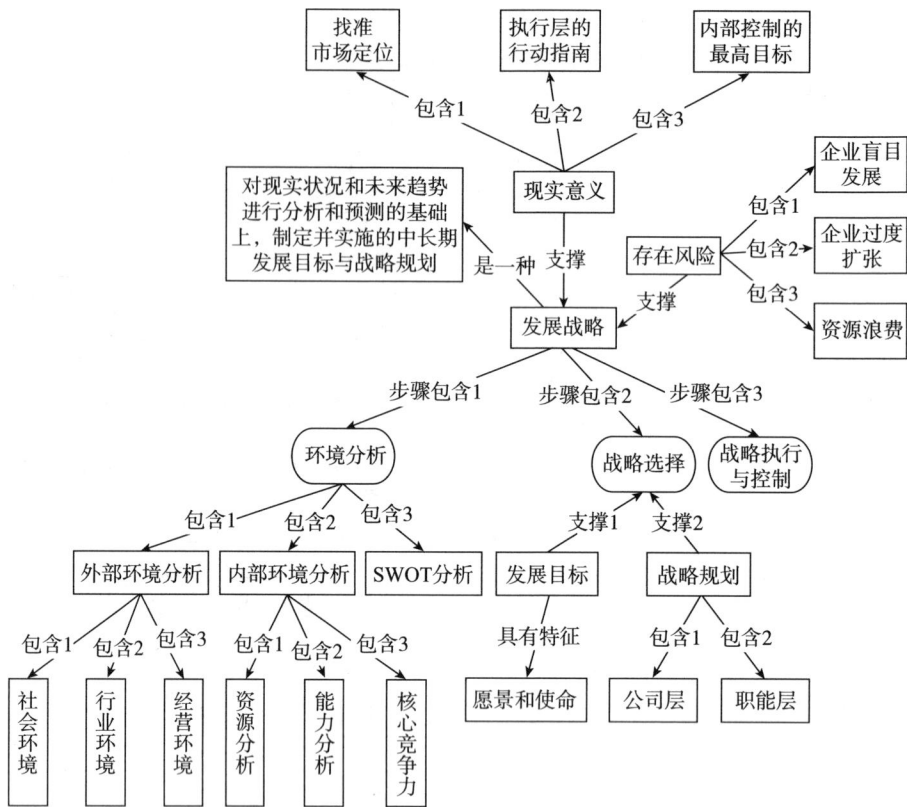

任务描述	预习内部控制发展战略的理论知识
任务时长	20分钟
学习地点	课下
教学方式 (或学习方式)	□讲授 □小组讨论 □答疑 □实验 □实训 ☑自主学习 □翻转课堂 □其他(请填写)_____
师生交互 过程	教师提前发布预习任务,学生完成预习资料的学习,同时完成课后讨论习题
学习资源	《内部控制》教材 pp55～60;《内部控制》第三章"内部环境"第 2 节 PPT
学习成果及 评价标准	教师在课上针对预习的知识点进行提问"内部控制发展战略的定义及包括的内容""内部控制发展战略的具体内容",如果学生能准确回答即视为已掌握

续表

活动任务序列(任务二)

任务二知识组块

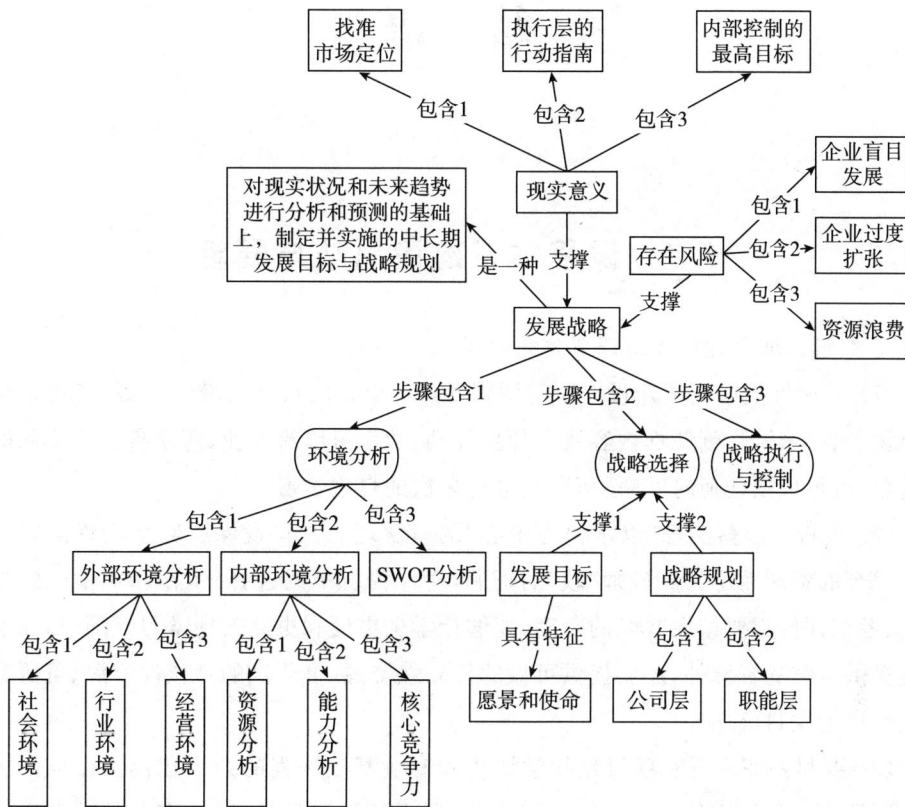

任务描述	熟悉掌握内部控制发展战略的理论知识
任务时长	20 分钟
学习地点	课上
教学方式 (或学习方式)	☑讲授　□小组讨论　☑答疑　□实验　□实训　□自主学习　□翻转课堂 ☑其他(请填写)学习平台测验题
师生交互 过程	老师讲解理论知识,向学生展示 IBM 构建发展战略的具体案例,阐明发展战略主要内容包括的具体含义;并进一步讲解理论知识,最后在学习平台上发布课堂测验题,验证学生的掌握情况
学习资源	《内部控制》教材 pp55～60;《内部控制》第三章"内部环境"第 2 节 PPT;学习平台习题测验(第三章第 2 节)
学习成果及 评价标准	① 成果:测验习题 ② 标准:测验习题是客观题,回答正确即得分

第 5 章

结　语

5.1　课程体系建设总结与展望

1. 继续推进会计学专业课程体系改革

（1）要做好数字资源建设。所有课程要建设丰富的数字化教学资源，实现基础性内容线上自主学习，创新性内容线下师生互动，学生可以跨专业、跨学科选择不同的课程组合，也可以在任何时间、任何空间进行多次的自主学习。

（2）要进一步落实好"以学生为中心"的教学理念。建设课程数字化资源要强调学生"学"的资源而不只是教师"教"的资源，对课程资源的选择、制作和对学生的学习要求、考核评价都要站在"学"的角度，能够让学生更便利更高效地学习。同时，除了给学生提供可学的资源外，还要提供可做的任务性资源、可测试的考核性资源、可研究的开放性讨论题目等。

（3）要尽快完成所有项目化教学课程和专业基础课程的知识建模图。全面梳理要传递给学生的知识体系，科学灵活"裁剪"课程教学活动任务，并在此基础上完善会计学专业的项目化教学课程体系，使课程目标与其知识结构的对应性更加清晰，会计学专业的人才培养目标与课程结构的对应性更加明确，有效促进会计学专业的产教融合型课程体系建设走深走实，教学改革持续深化。

2. 调整传统核心专业课程的课时占比，增设新兴课程

缩减涉及会计基础核算的相关内容学时；重塑企业财务分析等课程；引入大数据等数智化内容融入相关专业课程。使得在人工智能时代，会计学专业学生能够更好地适应会计学工作岗位的需要。

3. 深化考证类项目化教学课程改革

继续推进初级会计师考试课程改革，最终真正实现 100% 的通过率；同时启动资产评估师等相关证书的课程改革。将初级会计师、资产评估师证书的考试内容融入相关理论课程体系之中，实现课证融通。

5.2　课程体系实施的保障条件

1. 不断充实双师型师资队伍

通过参加培训、企业挂职锻炼、开展横向合作等方式,着力提升教师的立德树人能力、教学设计能力、数字素养能力、实践应用能力等四种能力,最终达到会教书、会育人、会创业的三个目标,打造一支师德高尚、业务精湛、结构合理的师资队伍。

2. 建立产学研合作基地,在合作过程中发展教师服务社会的能力

教师不仅要教给学生理论知识,还要培养学生的实践能力,特别是融入社会、服务社会的能力。理论和实践是相互依托,相辅相成的。理论用于指导实践,而实践又来源于理论支撑。因此,建立产学研合作基地,将理论和实践融合为一体,依托项目化教学改革使教师在与社会、企业合作之中得到锻炼,在累积之中发掘创新,不断提出新的理论和观点,并随之投入实践进行检验和调整。如此,才能够形成良性循环,既能达到学校教学科研的要求,又能满足学生接触社会的要求,同时也体现了高校服务社会的社会职能,这将是一个多方共赢的局面。

3. 加强交叉学科研究,锤炼高层次人才

大数据和人工智能的发展对会计学人才培养提出了新的挑战,对会计学的师资人才队伍建设也提出了新的要求,加强对交叉学科的认知,多方位引进人才已成为共识,这就要求有效地整合资源,使会计学教师团队在懂专业的同时也懂技术。

4. 建立高校与行业人才共享机制

为了实现双赢,需要建立高校和行业人才共享机制,加强高校和企业高层人员的合作与交流。一方面,结合课程改革政策鼓励会计学的教师到企事业单位中锻炼,强化高校教师服务社会的意识。另一方面,聘请企事业单位的会计师、财务总监、注册会计师到学校讲学,将最新的行业动态带进学校,使学校教育同企业要求接轨,并邀请他们参与学校教学计划的制订和人才的培养模式的探讨。这样,高校的教学内容会更加符合企业的实际需要,所培养的人才也会更受企业的欢迎。

参 考 文 献

[1] 普通高等学校本科专业目录(2020年版)[J].考试与招生,2022(Z1).

[2] 财政部关于印发《会计信息化发展规划(2021—2025年)》的通知[J].中华人民共和国财政部文告,2022(2).

[3] 关于中央企业加快建设世界一流财务管理体系的指导意见[J].中国管理会计,2022(1).

[4] 杨开城,孙双.一项基于知识建模的课程分析个案研究[J].现代教育技术,2010,20(12).

[5] 顾佩华,胡文龙,林鹏,等.基于"学习产出"(OBE)的工程教育模式——汕头大学的实践与探索[J].高等工程教育研究,2014(1).

[6] 张男星,张炼,王新凤,等.理解OBE:起源、核心与实践边界——兼议专业教育的范式转变[J].高等工程教育研究,2020(3).

[7] 杨保成.数字化转型背景下地方应用型本科高校的教育创新与实践[J].高等教育研究,2020,41(4).

[8] 唐洋,周金标,胡海波.新文科背景下地方高校会计学一流本科专业人才培养模式研究[J].黑龙江教育(高教研究与评估),2022(2).

[9] 杨开城,陈洁,张慧慧.能力建模:课程能力目标表征的新方法[J].现代远程教育研究,2022,34(2).

[10] 杨开城.课程开发:一种技术学的视角[M].北京:北京师范大学出版社,2018.

附录　知识建模法

一、知识建模法简介

（一）概念及应用

知识建模法应用非常广泛，是一个复杂的过程，涉及多个步骤和方法。它旨在创建一个专业知识建模图，为培养新型人才搭建坚实的知识体系基础。

知识建模法将知识域可视化或映射为地图。通过可视化技术，理解知识与知识之间的关系。知识建模法是以图的形式表示知识，其中节点代表实体，如人物、地点或事物；线则代表实体之间的关系。知识建模法在操作中通常需要借助 Microsoft Visio 软件。

（二）作用

知识建模法可以将传统的学科知识体系和企业的实践知识体系用一个逻辑联系起来，形成统一的人才培养的知识点数据库；可实时动态更新"有用"的教学知识、企业任务知识等。知识建模法不仅在技术领域发挥着重要的作用，而且在教育教学领域也带来了革命性的变化，其主要作用体现在以下三个方面。

第一，帮助教师进行课程先后序列的排布。

第二，帮助教师进行每课教学任务的分解。

第三，检查专业的人才培养目标与课程结构之间的对应性，以及课程目标与其知识结构的对应性是否清晰、合理。

二、准备工作

在进行知识建模前，教师需提前做好以下准备工作。

（1）每个专业以一门项目化教学课程及其对应的专业基础课程为分析单位。

（2）本专业参与项目化教学课程及其对应的专业基础课程的所有教师。

（3）项目化教学课程相关的所有资料：教材、企业任务说明书、企业任务工单、视频学习资料、其他资料等。

（4）所有教师携带笔记本电脑，提前安装好 Microsoft Visio 软件。

（5）以 2~3 位教师为一组，合作一个模块的知识建模，可以按照模块内容或者章节内容进行分工。

三、方法与规则

（一）罗列知识点

罗列专业基础课程中要讲授的所有专业知识点，要注意以下事项。

（1）知识点应该是某种学习的结果。

（2）列出不属于教学资料的先决知识。

（3）有些知识点不在教学材料中，但需要学生掌握。

（4）对于无法确定的知识点，只要团队达成共识，就可以罗列进去。

（5）有可能不能完全将知识点罗列出来，后续还可以进一步补充。

以"中国近代史"课程中的"鸦片战争"章节为例，提取出的知识点包括鸦片战争、半殖民地半封建社会、鸦片战争前的中国、马嘎尔尼使团礼仪之争、林则徐虎门销烟、《南京条约》。

（二）确定知识的类型

知识的类型包括：陈述性知识、事实范例、程序性知识和认知策略。

（1）陈述性知识，又称描述性知识，是关于"是什么""为什么""怎么样"的知识，用字母"DK"表示，在知识建模图中用 ▭ 表示。

（2）从本质上讲，事实范例也是一种陈述性知识，如方案、产品、现象、事实、问题、案例、例子，以及命题的推导过程和论证过程，这类知识代表着特定的现实及知识的运用，用字母"FC"表示，在知识建模图中用 ▭ 表示。

（3）程序性知识，又称操作性知识，是关于"怎么做"的知识，这种知识表达的是实物的运动过程或者某种操作的步骤序列，用字母"PK"表示，在知识建模图中用 ⬭ 表示。

（4）从本质上讲，认知策略也是一种程序性知识，但由于其非常特殊，因此单独归类，包括问题解决策略、学习方法、信息加工策略等，用字母"CS"表示，在知识建模图中用 ⬭ 表示。仍以"鸦片战争"章节为例，陈述性知识是近代中国、半殖民地半封建社会、鸦片战争前的中国；事实范例是鸦片战争、马嘎尔尼使团礼仪之争、林则徐虎门销烟、《南京条约》。

（三）绘制知识建模图

使用上述不同类型知识的图例，在 Microsoft Visio 软件中按照知识建模法绘制知识建模图。绘图时，必须标出所有知识点之间的关系，即九种语义关系：各类包含；组成或构成；是一种；具有属性；具有特征；定义；并列；是前提；支持。

绘制知识建模图时，需注意以下事项。

（1）"具有属性""组成或构成"两种关系必须标在最上位概念节点上；"是一种"关系不能跨越概念层级。

（2）原则上禁止出现孤立节点。

（3）最终的知识建模图是共创和共识的结果。

（4）对知识建模图进行优化与定稿。

　　每位教师绘制好知识建模图后,交由另外 1～2 位教师进行检查,直到达成共识。该课程的知识建模图绘制完毕后,汇总并输出文档。

参考文献

［1］杨开城.以学习活动为中心的教学设计实训指南［M］.北京:电子工业出版社,2016.

［2］杨开城,陈洁,张慧慧.能力建模:课程能力目标表征的新方法［J］.现代远程教育研究,2022,34(2):57-63,84.

［3］杨开城,孙双.一项基于知识建模的课程分析个案研究［J］.现代教育技术,2010,20(12):20-25.

郑　重　声　明

　　本书属于黄河科技学院教学改革系列成果之一,著作权属于黄河科技学院,作者享有署名权。

　　任何未经许可的复制、销售行为均违反《中华人民共和国著作权法》,其行为人将承担相应的法律责任。为了维护市场秩序,保护读者的合法权益,避免读者误用盗版书造成不良后果,我社将配合行政执法部门和司法机关对违法犯罪的单位和个人进行严厉打击。社会各界人士如发现上述侵权行为,希望及时举报,我社将奖励举报有功人员。